菁菁校园党旗红

长沙理工大学电气与信息工程学院党建工作实践探索

丁丹 符慧林 邵巧艳◎编著

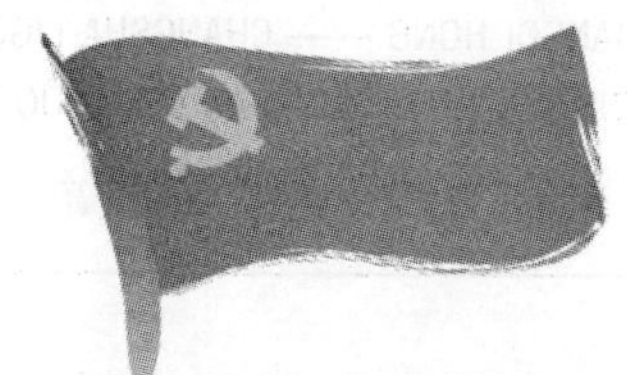

编委◎周敏 李婵 周卓 彭怡峰 彭芳 马晓光

图书在版编目（CIP）数据

菁菁校园党旗红——长沙理工大学电气与信息工程学院党建工作实践探索／丁丹，符慧林，邵巧艳编著．--长沙：中南大学出版社，2018.8

ISBN 978－7－5487－3198－6

Ⅰ.①菁… Ⅱ.①丁… ②符… ③邵… Ⅲ.①中国共产党－高等学校－党的建设－研究－长沙 Ⅳ.①D267.0

中国版本图书馆 CIP 数据核字（2018）第 084413 号

菁菁校园党旗红

——长沙理工大学电气与信息工程学院党建工作实践探索

JINGJING XIAOYUAN DANGQI HONG —— CHANGSHA LIGONG DAXUE DIANQI YU XINXI GONGCHENG XUEYUAN DANGJIAN GONGZUO SHIJIAN TANSUO

丁丹　符慧林　邵巧艳　编著

□**责任编辑**　刘　莉

□**责任印制**　易红卫

□**出版发行**　中南大学出版社

社址：长沙市麓山南路　　邮编：410083

发行科电话：0731－88876770　　传真：0731－88710482

□**印　　装**　长沙印通印刷有限公司

□**开　　本**　710×1000　1/16　□**印张** 21.75　□**字数** 414 千字

□**版　　次**　2018 年 8 月第 1 版　□2018 年 8 月第 1 次印刷

□**书　　号**　ISBN 978－7－5487－3198－6

□**定　　价**　68.00 元

“古今中外，每个国家都是按照自己的政治要求来培养人的，世界一流大学都是在服务自己国家发展中成长起来的。”只有抓住培养一流人才这个根本，才能办出中国特色世界一流的大学。我国独特的历史、独特的文化、独特的国情，决定了我国的大学必须坚持马克思主义、坚持社会主义方向、坚持“四个服务”，决定了我们要旗帜鲜明地培养德智体美全面发展的社会主义建设者和接班人，为实现“两个一百年”奋斗目标和中华民族伟大复兴提供源源不断的人力资源和智力支撑。这既是我们党历来的教育方针，也是新时代我国高等教育的神圣使命。党的十八大以来，以习近平同志为核心的党中央高度重视高等教育事业的领导，强调“我们的高校是党领导下的高校，是中国特色社会主义高校”。

加强党的建设是中国高等教育的优势和特色。坚持党的领导，擦亮社会主义大学的鲜亮底色，才能把立德树人的成效作为检验学校一切工作的根本标准。加强党的建设，永葆社会主义大学的蓬勃生机，才能引领学校的内涵发展和各项事业的行稳致远。基层党组织是党的全部工作和战斗力的基础，是凝聚党员、教育党员，引导群众、团结群众最重要的组织形式。高校基层党组织，肩负着把党的基本理论、路线和方略贯彻到基层，把党的教育方针和政策落实到基层的重要职责。因此，加强基层党组织建设，是坚持党的领导的重要举措。

近年来，学校将党建工作贯穿各项事业的始终，保持党委把方向、谋大局、定政策、促改革的政治定力。同时，学校立足基层、打牢基础，形成了逐级抓好党的基层组织建设和工作队伍的机制，坚持业务工作和党建工作齐抓共进，提升了基层党组织的战斗力，为培养“底色亮、有情怀、能创新、敢担当”的专门人才和行业精英提供了坚强的政治保障。

电气与信息工程学院分党委主动作为、务实创新、科学谋划，不断拓展党建工作新思路，推出基层党组织建设新举措，坚持宏观与微观出实招、教师与学生有互动、实效与特色相结合的原则，坚持用党建引领人才培养、引领科学研究、引领特色发展，为新时代高校基层党建工作做出了有益的探索。学院先后获得全国高校“两学一做”支部风采优秀案例奖、湖南省先进基层党组织等多项荣誉，在长江学者、一级学科博士点、“黄大年式”教师团队等方面取得突破。在工作实践的基础上，丁丹等同志认真总结学院经验、探索基层党建规律，编写了40余万字的《菁菁校园党旗红——长沙理工大学电气与信息工程学院党建工作实践探索》一书，全方位地展现了学院基层党建工作的“有为”与“有味”。这是学院党建工作理论成果的汇编，是我校基层党建工作经验的总结，是唱响长理好声音、讲好长理好故事的有益尝试。

2018年5月2日，习近平总书记在北京大学师生座谈会上提出“要坚持党对高校的领导，坚持社会主义办学方向，把我们的特色和优势有效转化为培养社会主义建设者和接班人的能力”。立足新时代的历史方位，不断加强党的领导和基层党组织建设，落实立德树人的根本任务，凝聚全体师生的磅礴力量，我们有信心、有能力谱写长理崭新篇章，实现“百强”梦想。

付宏渊

2018年7月

（付宏渊：长沙理工大学党委书记）

目录
Contents

一 党建引领发展：让基层党建工作更有“为”

二 党建引领成长：让学生党建工作更有“味”

三 教师党员说：用情怀与坚守筑牢使命

四　学生党员说：用责任与能力坚定信仰

（一）学生党员说责任

党建引领发展：让基层党建工作更有“为”

深入贯彻落实党中央的精神在基层，党建工作的入心入脑在基层，教师队伍建设的培育与发展在基层，人才培养的“最后1公里”在基层，精神的传承与落地在基层。党建工作既要上接天线，更要下接地气。党建能否引领发展，能否有“为”，是新时代高校二级学院努力探索与实践的重大课题。

让基层党建工作更有"为"

——新时代高校基层党建工作的实践与思考

符慧林

党的十九大报告指出：党的基层组织是确保党的路线方针政策和决策部署贯彻落实的基础。要以提升组织力为重点，突出政治功能，把企业、农村、机关、学校、科研院所、街道社区、社会组织等基层党组织建设成为宣传党的主张、贯彻党的决定、领导基层治理、团结动员群众、推动改革发展的坚强战斗堡垒。这就为基层党建指明了方向。作为高等学校二级学院党委，应肩负起管党治党、办学治院、育人育才的主体责任，在落实立德树人根本任务、推进教育改革与发展上精准、持续发力，发挥引领和保障作用，彰显强大的组织力。

一、新时代基层党建工作的新思考、新要求

党的十八大以来，党要管党、从严治党成为政治新常态，二级学院是高校实现其办学职能的主体力量，基层党组织建设是实现立德树人目标的关键所在，信息化、国际化、多元化背景下的二级学院党建工作应立足"思想建设"主体，紧扣"人才培养"中心，创新党建工作途径，创活党建工作方式方法，将"以人为本、统一发展"理念植入学院工作的点点滴滴，从而构建"全员育人、全过程育人、全方位育人"的生态教育环境。党要管党，重在支部；思想建设，重在入心。基层党建工作大有可为。

（一）新时代基层党建工作应以"实"字为基，重在过程建设

组织上入党容易，思想上入党却是一辈子的事。基层党建工作是党建工作的"最后 1 公里"，它牵系着所有党员个体、党员联系群众的落地。因此，过程是关键，必须"实"字当头。这主要体现在：一是作风要实，基层党委要将优良的作风建设作为抓好基层党建工作的重要抓手，要抓住关键的少数，领导班子要齐心、用心，要带头清正廉洁、勇于担当，所做的决策要公平、公正、公开；

二是方案要实，层层部署到基层，一定要有详细的落地方案，杜绝“以文传文”，基层党建工作应以“解决群众的实际问题，着眼单位的发展”为出发点，切忌“空对空”和形式化；三是过程要实，基层党建工作过程到位是关键，“三会一课”要开实，领导深入基层要落实，解决问题要扎实，思想教育要接地气。只有一环扣一环抓实抓细，才能将基层党建的根基扎稳扎牢。

(二)新时代基层党建工作应以“新”字开路，入脑入心

新的时代对党建工作提出了高要求、严标准，基层党建面临着许多新的问题，用浓厚的党建文化与内核凝聚人、影响人、感染人，是当前基层党建工作的重要使命与要求。一是方法要新，党建工作要培育党建文化，注重用浓墨重彩的形式去提升党建工作影响力，增强党员的神圣使命感，增强党建工作吸引力，激发党对群众的感召力；二是思路要活，党建是堡垒，是基础，是灵魂，是引领，但要避免为抓党建而抓党建，杜绝“空对空”，思想的引领唯有与发展中心工作紧密融合，方能发挥实效。因此，基层党建不仅要务得实、做到底，还要站得高、看得远、谋大局。

二、“六个建党”推进基层党建工作主动作为

组织上建党是基础，思想上建党是核心，制度上建党是根本，作风上建党是保障，作用上建党是引擎，作为上建党是目标。

(一)以问题为导向，针对基层组织建设薄弱环节，组织上建党

2015年群众路线实践教育活动中，各个基层党委都收到了来自一线群众的针对性很强的问题。问题就是党委工作的指路标。我院党委根据自查找出的27个问题进行逐项整改，组织领导班子多次学习研究，举一反三、查漏补缺，做到了发展有思路、整改有措施、具体工作有跟进。我们本着“让每个支部有基地，使每个支部有亮点，让支部活动活起来，使支部风采特起来”的原则，抓实支部建设，本科生学生党支部书记全部由辅导员老师担任，做到了支部生活有计划、有落实、有总结、有宣传。创新“推优主题班会”，做到了每一个班每一次班会全员参与、全程记录、全面报道、全面提升，连续十年坚持开展“双联双学”活动，搭建教工支部与学生支部互动的桥梁。积极开展支部风采展、理论知识抢答赛等活动，不断提升支部凝聚力。支部风采不断涌现，个个支部有目标、创特色。电子系教工支部全部参与指导学生电子竞赛与培训，实验中心支部与行政支部被推荐参与全国首届“两学一做”支部风采展(全校仅6个)。

电力系支部着力于实践育人，学生支部呈现出学习型、活力型的风采。

（二）以网络为媒介，线上线下联动，思想上建党

学院的发展，人是核心力量，思想决定行动。为了激发学院全体党员在党言党、在党爱党的内在核力，激发全体教工学生向上向善的正能量，学院充分发挥网络思政力量，立足原创，覆盖全体，打造了4大微、66个班级小微的“网络E家”微平台，更针对性地结合党建工作打造了“党员E家”微平台，旨在用“电气身边故事”去影响身边人。通过设立“两学一做”“每周微党课”“党员的一天”“我身边的优秀共产党员”“榜样的力量”等栏目，培育了“创特色、接地气、有温度”的二级学院党建文化，在电气与信息工程学院真正唱响了“电气好声音”，传递了党建巨能量。三年来，“党员E家”共发布微推884条，阅读量达118467次，点赞量达8192个。成效在于坚持，学院“网络E家”被列为2016年湖南省网络文化精品项目，“党员E家”微平台更获得2016年全国高校“两学一做”支部风采优秀案例奖。此外，学院努力打造党建文化氛围，狠抓教工、学生思想政治教育工作，构建“一名党员一面旗帜”的“传帮带”力量格局，注重用浓墨重彩的形式去唤醒灵魂，感召思想。四年多来，学院教师、学生的思想状态发生了显著的变化。

（三）以规范为原则，修订并落实各项规章制度，制度上建党

2016年，学院对党建工作、科研工作、行政管理、人才培养等各项制度进行了修订，实行分管领导责任制，成立了教授委员会，牵涉全体教职工切身利益的均由学院教代会通过，牵涉学院发展等重大事项的均由党政联席扩大会议和教授委员会通过。

（四）以务实为根本，做实做细党建工作，作风上建党

深入群众、联系群众是党建工作做实做细的重要基础。党委书记亲自带头，带领班子深入教师学生当中，倾听师生意见想法，针对学院文化建设、学风建设、实践育人等近十个专题开展调研；带领教师走出去，关心家庭困难的教职员工。学院党政领导班子积极参与学生活动、教工活动，与师生打成一片；师生沟通大门全部敞开，大家畅所欲言。学院师生凝聚力不断增强，2016、2017年学院领导班子均有3人考评为优秀。

（五）以人才为核心，充分发挥队伍力量，榜样力量，作用上建党

学院发展，关键看人。一直以来，我院着力打造两个团队——学科团队和

教学团队，聚焦提升队伍“两化”——工程化和国际化。我院与国家电网济南技术学院联合开展教师实践技能提升专项培训，利用暑假组织教师深入企业一线开展参观学习和工程教育实践活动，支持青年教师出国访学交流，定期带领教师深入企业洽谈交流。拔尖人才引进培养取得新突破，曾祥君教授入选“长江学者”特聘教授，他带领的团队被评为全国高校首批“黄大年式”教师团队，孟科博士入选湖南省“青年百人计划”，唐欣、夏向阳、李泽文提拔为副院长，丁丹副书记获全国高校辅导员年度人物提名奖，周任军、李茂军、李鸿、彭曙容老师获教学奉献奖，成功地引进陆佳政博士担任学院院长。我院充分发挥榜样力量，用精神引领精神，用行动感染行动，用平凡震撼平凡，用信仰激发信仰，通过微平台推出“我的导师”“榜样”“下班党员风采”“党员的一天”“校友风采”专栏人物共计300余人，一大批优秀的电气人跃入全院师生眼中。榜样力量润物无声，党员作用下笔有痕。

（六）以发展为要核，围绕学院中心工作，作为上建党

学院发展，外延与内涵是推动。学院立足发展大势，外树形象，加强对外拓展与宣传，如2016年结合学校60周年校庆对学院硬件文化进行了全面提升，领导班子带领学院近20名专业教师前往江苏、山东、四川、广西、河北、北京、新疆以及岳阳、娄底等省市召开电气与信息工程学院人才培养校友座谈会，共计10个专场，走访用人单位近30家，走访校友1000余人次，新增社会实践基地4个，极大地提升了学院在社会上的影响力。学院主动出击，走进国家电网人资部，促成了电气专业研究生校招、国网“订单式”培养班两项重大利师利生的事项达成。获得认捐电气与信息工程学院创新创业教育基金达73万元。学院注重内提质量，连续三年召开人才培养工作会议，来自全国的11家单位亲临学院共商育人合力，聚焦“全员育人、全过程育人、全方位育人”理念，打造了基于“过程育人、文化育人、科技育人、实践育人”的全员育人模式，《中国教育报》对此进行了专题报道。学院连续四年获得三项省级思想道德素质提升工程立项；2016年3月在湖南省大学生思想政治教育工作视频会议上作了题为《带队伍、建平台、促合力，切实提升院系大学生思想政治教育质量》的发言；学院实践育人模式两次在国家电网就业论坛上做典型经验交流；受邀在2017年湖南省高等教育热点论坛上做全员育人模式的经验分享，党建与思想政治教育成效显著。

三、新时代基层党建工作的思考

1. 新时代基层党建工作地位更高了，要求更严了，工作难度也更大了。党要管党，从严治党，党建人身上的担子越来越重，工作要求越来越高，面临的问题越来越多，难度越来越大。这就要求我们应该更新思维，与时俱进。工作中要更加注意方法、艺术，将以前的“被”工作局面化为主动作为。功不在一时，但久必有回响。

2. 新时代基层党建工作需要建立一支思想政治素质高、具备党建工作专业化能力的队伍。在党言党，在党爱党。党建工作是一门系统工程，也是一门艺术，它既有高深的思想理论指引，又有贴近最基本的工作方法的应用，因事而化，因时而进，因势而新，新的时代对我们提出了新要求。党建工作关键在人，一支专业化的党建工作队伍是当前形势所趋。

主动作为：党建引领学院发展

——电气与信息工程学院分党委书记2017年抓基层党建述职报告

符慧林

2017年是对电气与信息工程学院的发展是具有关键作用与意义的一年。这一年，学院党政领导班子结构发生重大变化，学科发展面临重要节点，在校学生人数达到历史新高，人才培养面临新的要求。如何蓄力、聚力，如何推动学院快速发展，是对学院党委的重大考验。一年来，学院党委勇挑重担，主动作为，将党建工作与学院的发展紧密融合，构建合力，推动学院在学科与科研、师资队伍、本科教学、人才培养等全方位达到新的发展高地，成绩喜人。

一、党建引领学院发展，充分发挥人的核心力

党建工作抓什么？怎么抓？如何破除党建与行政“两张皮”的问题？电气与信息工程学院将党建引领与学院发展紧密联系，重点抓好三支队伍建设。

（一）深入基层，书记带头干，彰显核心作用力

学院党建工作，党委书记是排头兵、领路人。本人坚持以身作则，把牢党建总开关。学院党务、院务公开透明，做到把握好学院卓越班选拔、转专业面试、研究生复试等重大环节的廉政谈话与过程把控，扎实筑牢党风廉政与作风建设的防线；重要工作亲自抓，如本科教学评估、学位点申报、实验室建设等；深入一线调查研究，掌握实情。一年来，本人听课12节，参与教工、学生活动20余次，找教师谈话90人次，开展学生成长辅导38次，长期关心特殊情况教师；暑期组织相关人员实现了对1例研究生危机事件的成功干预，到学校扶贫点2次，召开座谈会、看课查课、安全督查等60余次。本人主动对外拓展，带领支部、教师先后走进湖南省电力公司、大唐湖南分公司、岳阳电力等16家单位。2017年组织开展了学风建设、心理健康教育、社会实践方案、学院文化建

设方案、2017 届毕业生情况分析、人才培养工作研讨等专项调研活动。

（二）以身示范，领导班子争着干，提升班子战斗力

在学院领导班子占有 40% 的非党员情况下，实行两手抓：一方面，做好统战工作，加强沟通，积极关心、支持、培养民主党派和党外知识分子。杨洪明入围省政协委员候选人，唐欣当选为天心区政协委员，杨珏担任学院工会委员。另一方面，发挥党建力量，打造示范型、服务型班子队伍，完善民主决策机制，学院班子人人都是学院工作的排头兵、领头羊。2017 年，召开了 9 次党委（扩大）会议研究，部署学院党建工作，召开了 21 次党政联席会议，对学院发展的重要事项进行研究和做出决策，并对照 2016 年所找出的 4 大问题逐项进行整改。

（三）融入学院，党员抢着干，发挥榜样示范力

大力加强党员作风建设，将“党性意识与学院主人翁意识”紧密融合，充分发挥党员的榜样示范力，涌现出教学奉献奖李茂军、周任军等一大批优秀教师党员。学院获得各类荣誉的师生中，有 80% 是党员。

二、夯实党建基础，充分发挥支部的保障力

聚焦基层支部建设，破解个别教工党支部和研究生党支部松、软、散问题，用制度规范管理，筑牢党的最基层组织，提高党支部的凝聚力、创造力和战斗力。

1. 对学生党总支和学生支部进行了调整，将研究生党总支并入学生党总支一个总支书记管理，研究生支部由之前的 6 个支部调整到现在的 4 个支部。

2. 选强、配强党支部书记。坚持本科生支部书记由辅导员老师兼任，研究生支部书记选拔优秀的研究生担任，对电力系党支部书记进行了调整，在选拔党支部书记时，实行政治和业务双标准，使支部书记不仅是贯彻党的方针、路线、政策的模范，而且是学院的业务骨干和能手。这样，既有效增强党支部的凝聚力和向心力，也保证党支部工作始终围绕学院的中心工作来开展。同时，提高教工支部书记待遇，确保支部书记的稳定性与持久性。

3.“两学一做”常态化、制度化。注重加强制度建设，出台《电气与信息工程学院关于“两学一做”常态化、制度化实施意见》等 7 个文件，以良好的机制推动工作开展。建立领导机制，成立党支部规范化建设工作领导小组，加强组织领导。健全工作机制，坚持目标管理，建立台账，把规范化建设目标与教学、

科研、学生管理等实际工作目标相结合，狠抓制度落实，完善考核机制。

4. 创新支部管理常规工作，提升管理水平。2017 年重点对学生党员发展的“入党推优主题班会制”“发展材料审核制”和“学生党建工作团队管理培养”进行了创新探索，试点成效显著。

三、党建推动中心工作的提升，充分发挥党委的号召力

为破解党建工作“空对空”问题，学院党委一直明确一个中心，那就是将党建工作与学院的“人才培养”这一中心工作紧密融合，充分发挥党委的号召力、向心力，对内对外搭建平台，有效搭建学校、企业、学生、家长多方合力，推进人才培养供给侧改革，构建全员育人合力。

1. 勤学善思，将党建理论入心入脑。认真制订和严格执行学院中心组理论学习和全院职工政治理论学习计划，学《党章》和习总书记系列讲话精神等，并适时组织对党的十九大精神的学习，其中，组织学院中心组专题学习 9 次，全院教职工政治学习 4 次。作为党委书记，本人更是率先学，除参加校院学习活动和自学外，完成了省干部教育网络学院 50 个学时的专题学习，撰写了《以问题为导向、以改革为手段，全面驱动学院教育事业快速发展》等 3 篇学习心得，主讲党课 4 次。

2. 抓实、抓细师生思想政治教育，做好分类引导与教育工作，提升师生对学院的认同感、归属感、自豪感。经过我们持之以恒的建设，教师与学生的主人翁意识不断增强，卓越意识不断增强，战斗力不断增强。

3.“请进来，走出去”，用“电气文化”构建人才培养合力，实现了家校联动、校企联动、师生联动。学院人才培养模式获得了湖南省教育厅的肯定，实践育人、科技育人、文化育人不断创新，硕果累累，为学校的重点工作贡献了力量。

四、党建文化催生党建工作载体的创新，充分激发党员的活力

党建文化是党建工作的“魂”，学院一直注重“用浓墨重彩的党建文化浸润党员心田”，不断创新党建工作载体，充分利用网络媒介记录党建工作，讲好党员故事，指导共青团、工会开展丰富多彩的主题教育活动，营造风清气正的党建文化，不断激发党员活力。

1. 利用新媒体，打造“党员 E 家”精品微平台。继获得全国“两学一做”支部风采优秀案例奖后，继续抓好“党员 E 家”微平台建设，确保党建工作线上线

下联动，实现网络化、持续化、常态化。电气与信息工程学院党建网络文化已成为全院党员生动展示形象、立体联动学习的有效平台。一年来，“党员E家”微信公众号累计关注人数1298人，在2017年1月1日至2018年1月1日总共推送285篇文章、44篇新闻稿。其中，文章阅读总数为25478人次，单篇文章最高点击量达518次，最高转发量达30次，最高评论量为15条。

2. 创新活动载体，党建文化主题化、内涵化。做到了党委对活动安排有主题部署，如我院坚持了9年的“双联双学”活动，每一次活动有主题、有方案、有过程、有记录、有报道；“不忘初心，牢记使命，高举旗帜，砥砺前行”，我们赴古田主题党日活动就将参观学习、十九大知识抢答、支部理论学习、唱红歌比赛紧密结合，形式生动，内容丰富；将党建文化与工会活动、团学活动紧密相连，如工会活动开展过程中，以支部为单位开展竞赛，迎新晚会中将新党员宣誓融入其中等。这些创新润物无声地激发了全体党员的使命感、庄严感。此外，支部对主题党日活动有创新，将党日活动与各支部中心工作紧密结合。如电力系支部走出去，与国家电网湖南省电力公司计量中心党支部联合开展科研类主题党日活动，自动化系党支部与楚天科技联合开展校企联合主题党日活动，将学生党员活动与社会实践活动有机融合，增强活动的趣味性与新颖性。经过近一年对党建载体与内容的创新实践，学院已在无形之中营造了浓厚的党建文化。

五、党建特色激发党建品牌的生成，充分展现基层党建的生命力

1. 把好“三关”，促进“三快”，对青年教师思想政治教育工作凸显党建牵引力。

青年教师是学院师资队伍的重要新生力量，对青年教师的培养决定着未来师资的整体质量。学院一直高度重视青年教师的思想政治教育工作，重点把好“三关”。一是把好入职关，学院在教师入职时重点审查其思想品质、成长经历、学术水平、教学能力，保证将热爱教育、阳光向上、有发展能力的“潜力股”青年教师引进来。学院高度重视青年人才的引进，2017年在电气专业教师难招的情况下引进应届博士生4人，引进“国家青年千人计划”特聘教授徐岩博士。二是把好培养关，学院建立了17个教学团队，让每一名青年教师都融入团队，由名师带领，有教学课程发展方向；科研上，将青年教师纳入学院学术带头人团队，帮助其规划研究方向，确保青年教师科研发展与教学能力提升；综合能力上，给青年教师舞台，鼓励青年教师出国访学拓宽视野，选拔优秀青年教师担任学院系部级的副主任、支部书记。三是把好思想关，关心关爱青年教

师的思想发展与生活，及时帮助青年教师解决刚入职的生活困难；通过“网络E家”微平台营造“追求卓越、勇于创新”的学院氛围，弘扬正能量；引导青年教师积极向上，院领导定期找青年教师谈心，帮助其做好职业规划，把握入职后的“黄金五年发展期”；开展提高凝聚力的工会活动、学习活动，激发活力；带领青年教师走出去，加强与企业沟通联动，拓宽视野。

经过持之以恒的思想引领与“传帮带”，我院青年教师(45岁以下)呈现出融入快、成长快、发挥作用快三个特点，减少了青年博士入职后“脱离团队、现实与理想差距大”的不适应感，大家争先恐后担任班主任，主动深入学生，涌现出了“网红班主任”周游老师，被学生称之为“男神”“女神”的王媛媛、张静、唐夏菲、王文、邓丰老师，在湖南省教学竞赛中获得大奖的“教学能手”邓丰、雷辉、彭曙蓉老师，2017年获得高被引用论文的胡建文、王文、莫红老师。苏盛老师虽然身患疾病，却坚持在科研一线，2017年获得国家自科面上项目。同时，还有主动担当、勇挑重担负责系部工作的王媛媛、汤赐、张辉、吴军、贺科学、陈立福、陈众、刘铮、何青、席燕辉等老师，积极指导科技竞赛的陈众、贺科学、马钧、王文、邓丰等老师。青年教师积极参与学院各项重点工作建设。在社会实践活动中，一批批青年教师深入一线，带领学生实习。近三年来，我院做到了青年教师工程化、国际化覆盖面近80%，教学科研业绩贡献率超过60%。

2. 打造学生党建工作品牌，构建学生党建工作规范化、体系化、科学化管理机制，实现了“五化”。

整改建设了“学生党员之家”，对学生党员发展环节进行了“推优主题班会制”和“党员材料审核”两个环节的创新，搭建电气与信息工程学院“一二三四五”学生党建工作体系，逐步向纵深化开展，即一个平台——“党员E家”微信公众号，两个阵地——线上与线下，三支队伍——党建骨干(工作部与支部书记)、全体党员、积极分子，四项工作——“三会一课”“两学一做”、主题党日、示范岗，五种氛围——浓厚的政治氛围、认真的学习氛围、激烈的竞赛氛围、积极的实践氛围、温馨的文化氛围。这一体系实现了学生党员骨干标杆化、学生党建工作网络化、下班党员工作品牌化、党员理论学习常态化、学生党员活动多元化。2014年至今，成功树立了3名“湖南省百优大学生党员”、1名“先进事迹报告团成员”、16名校优秀学生党员、50名院优秀学生党员等典型。学生党员参与竞赛比例达92%，获奖比例达75%，任职比例达84%，真正成为学生中“靠得住、敢担当、有情怀、能创新”的优秀群体。

六、党建工作成效显著，彰显基层党委的有效力

2017年电气与信息工程学院在学科建设、人才培养、队伍成长上均硕果累累，为长沙理工大学的发展贡献了电气力量与智慧。在此仅列举几项重点突破的指标。

1. 学科建设新突破：电气工程一级学科博士点接受国评，新增一级学科硕士点1个(控制科学与工程)，电气工程学科评估排名第26位，获得B－等级。

2. 重大项目新突破：教育部国际合作联合实验室1项(湖南高校唯一立项项目，我校首个)。国家自科基金项目7项(重点项目1项、重大研究计划培育项目1项、面上项目2项、青年项目3项)。

3. 教师团队新突破：由曾祥君教授领衔，我院18名专业教师、思想政治教育工作者组成的“智能电网协同创新育人教师团队”被评为全国“黄大年式”教师团队(全校首个)；“长江学者”特聘教授——曾祥君；聘任陆佳政教授担任院长；引进“国家青年千人计划”特聘教授——徐岩博士。

4. 高被引论文新增长：发表学术论文143篇(SCI、CSCD论文70余篇)，高被引论文3篇，作者分别为莫红、王文、胡建文。

5. 科研成果奖新增长：共获得13项(陆佳政院长获湖南省科技发明一等奖，樊绍胜、杨洪明、夏向阳等三位教授分别获得湖南省科技进步一、二、三等奖)。

6. 本科教学新发展：建立17支教学团队，每个团队1万元资助经费；省教学竞赛三等奖——朱豆；校教学奉献奖——李茂军、周任军。“2016年度推进信息技术与教学深度融合”优秀案例奖——彭曙蓉的“《电路》SPOC课程中信息技术与教学的深度融合”；全国万名创新创业导师——曾祥君、樊绍胜。

7. 党建思政工作新成绩：“微党建·巨能量——电气与信息工程学院行政党支部微平台建设”获2016全国“两学一做”优秀案例奖。学院获“湖南省五四红旗团总支”、校“唱响新时代”合唱比赛一等奖等近20项集体荣誉。电气1405班团支部入围全国活力团支部评选。

8. 凝心聚力，党建引领发展：召开了“不忘初心，牢记使命，夯实党建，促进发展”学院党建工作会议，是学校首个召开党建工作会议的二级学院。

9. 全员育人模式获得湖南省教育厅的高度肯定：受邀在2017年湖南省高等教育学会学术年会暨高等教育热点论坛上做《构建全员育人模式，深化人才培养改革》专题交流。

10. 科技育人新增长：在挑战杯、电子设计、“互联网＋”学科竞赛中获省级

及以上奖项 74 项，获奖人数达 212 人，本科生获得发明专利 6 项，发表论文（含著作、作品）共计 18 篇。特别是在“互联网 +”“挑战杯”竞赛中，我院以国赛一银一铜、一银两铜，省赛三金一银、一特两金一银为学校连续三年来在该项目赛事上保持湖南省第一贡献了力量。

11. 实践育人特色鲜明：在第十二届国家电网就业论坛上做典型经验交流；在学校召开“实践育人成果推广会”；新增 3 个实践基地；暑期实践人数提升到 216 人，实践育人全覆盖不断推进，社会影响力大大提升，中国大学生在线、红网等多家媒体进行报道；实践育人版本不断升级。

12. 文化育人成效显著：学院“网络 E 家”微平台一年内共推送 4633 条原创文章，阅读量达 965084 次。

七、2018 年党建引领发展工作规划与设想

1. 夯实党建，筑牢思想，建设一流学院：提升思想政治教育工作能力与水平。继续加强贯彻和学习十九大精神，用新时代新理论新思维新要求引领学院发展。2018 年努力实现大项目、大成果、大平台、大方向的突破，向着电气工程学科跻身学科前 15% 的目标不懈努力；破解专业发展不平衡的问题，提升自动化、轨道交通与信号工程专业的发展空间。

2. 党建引领，党员带头，培育一流教师队伍：继续夯实青年教师思想政治教育，分类、分层次做好教师队伍发展规划，发挥党员标杆作用和示范引领作用，继续推进“教师三化”和名师工程。

3. 党建统领，全员育人，培养一流人才：深入学习和推进思想政治教育十大育人提质工程，继续夯实电气与信息工程学院人才培养特色，打造“新工科”成果品牌，培育有理想、能担当、有情怀的优秀人才。

4. 党建保障，夯实作风，从严管党治党，继续做好统战工作，加强廉政建设，密切干群关系，牢牢把握廉洁防控点。

5. 党建强基，夯实阵地，做实做细基层党建：加强支部书记、支部委员、学生党员干部的培训与教育，聚焦“三会一课”“主题党日活动”提质建设，将“两学一做”抓小、抓细、抓实。

把牢党建总开关：问题引领　创新突破

——电气与信息工程学院分党委书记2016年履行党建工作责任述职报告

符慧林

2016年，电气与信息工程学院紧扣“党建保稳定、党建促发展、党建提质量”的中心任务，紧密结合“两学一做”专题教育活动要求，以问题为导向，创新方式方法，把牢党建总开关，开创了党建和思想政治教育的新局面。

一、党建工作，书记先行

学院党建工作，书记先学、先行先做是关键。学院拥有140名教职员工和2600多名全日制学生，对学院的党建工作，本人始终牢记自己的使命与责任，思想上不放松，并从以下几个方面做实做细。

（一）带头学习，固本强基

2016年，本人结合“两学一做”教育实践活动，重点加强对党的十八大和十八届四中、五中、六中全会精神的学习，对习近平同志系列讲话及《党章》《条例》的学习，并完成学习笔记近6万字，撰写中心发言稿4篇、心得体会4篇，履行党建第一责任的意识和能力明显增强。

（二）问题导向，抓实抓常

本人主动把党建和思想政治工作融入学院各项工作中，工作上做到了“全覆盖、全方位、全过程”，有计划、有落实、有总结、有成效。2016年，组织院领导班子中心组学习共8次，召开了12次党委（扩大）会议研究、部署学院党建工作，并对照2015年自查找出的27个问题进行逐项整改。组织领导班子两次学习研究省委巡视组对学校的反馈意见，举一反三、查漏补缺，做到了发展有思路、整改有措施、具体工作有跟进。

（三）深入基层，沟通调研

认真贯彻“从群众中来，到群众中去”的思想。一年来，本人听课12节，下学生宿舍4次，参与教工、学生活动10次，找教师谈话70人次，看望慰问退休教师20人次，开展学生成长辅导38次，利用周末时间带领近20名专业教师前往江苏、山东、四川、广西、河北、北京、新疆以及岳阳、娄底等省市召开电气与信息工程学院人才培养校友座谈会10个专场，走访用人单位近30家，与近400名校友交流座谈。2016年，本人组织开展了学风建设、心理健康教育、社会实践方案、学院文化建设方案、2016届毕业生情况分析、人才培养工作研讨、“网络E家”建设与运行等专项调研活动。

二、队伍建设，同心同力

学院发展，关键在人。班子建设是核心，同心同力是关键。

（一）思想建设，学习护航

学院全年开展分党委中心组学习8次，每位班子成员能积极主动参加学习，并撰写心得体会。2016年，我们较快适应了因班子较大调整带来的变动（一人转岗到机关，一人提拔为校长助理，一人调回学院担任副院长，两人新提拔为副院长，引进新院长一人），工作稳中有进，这些均得益于班子的思想统一、行动统一、目标一致。领导班子形成了分工负责、协调配合的机制，重大问题由党政联席会议决定，事关职工利益的问题由职工大会决议。学院班子深入教师、学生中，发挥了引领和表率作用。2016年，在学校处级干部年度考核中，学院有三位班子成员被评为优秀等级。

（二）廉政建设，持之以恒

完善各项权力清单机制，认真落实党风廉政建设主体责任和监督责任，使各项制度健全，责任层层落实，做到重大事项、重大决议均通过学院党政联席会议做出，院务、党务工作公开透明。对涉及资产采购管理、考试学籍管理、研究生招生、党员发展、学生资助、转专业审批、经费审批等工作的人员，均进行廉政谈话，做到预警在前。

（三）统战工作，协同发展

学院的班子成员中有近40%为统战对象，统战工作尤为重要。党委在听取意见、接受监督、主动沟通、促进发展等方面下功夫，积极关心、支持、培养民主党派和党外知识分子，一批优秀人才脱颖而出：曾祥君同志担任校长助理，杨洪明同志担任学院领导，唐欣同志当选为区政协委员。

三、“两学一做”，常抓常新

（一）抓思想，提作风

我们制订了详实的活动方案，与学院“建设一流学科、建设一流专业、培养一流人才”的目标结合起来，通过学习教育活动进一步增强全体党员的责任感、使命感和荣誉感，聚焦学院四大问题清单进行整改。一年来，共组织集中学习4次，分支部学习8次，上党课4次，使学习形式丰富多样，通过观看电影、红色基地考察等方式提升学习效果。分党委对“四个专题”的学习务实认真，党委成员对每个专题的学习均有发言稿和学习心得，在领导班子专题民主生活会上直面问题、查找不足，共找出问题20个。通过持之以恒地抓学习、抓思想，使严于律己、乐于奉献的精神深入人心，方式方法不断创新，干部工作能力和管理水平不断提高。

（二）抓支部，强根基

院党委始终将基层组织建设作为党委工作的重点，注重做实做细，所有本科生党支部书记均由辅导员老师兼任，教工支部书记均选拔优秀的共产党员担任，院领导全部下到支部参与活动，坚持每学期开展主题明确、教工支部联系学生支部的“双联双学”活动，加强对支部的引导和指导，明确了将“教工支部建设与系部中心工作发展紧密结合”“学生支部建设与成人成才紧密结合”的思路，涌现了电子、实验中心等一批优秀教工党支部和自动化轨道优秀学生党支部。通过开展线上线下联动的支部风采展，增强支部凝聚力。学院重视学生党员的发展和培养工作，针对《中国共产党发展党员工作细则》（2014年6月发布），创新形式，实行入党积极分子管理动态化、推优班会主题化。统一制作了电气与信息工程学院入党积极分子档案袋，将教工、学生党员之家建设进一步规范，做到支部活动有阵地、有形式、有内容。学院党建活动经费实行专款专用，党务工作队伍健全，支部活动经费到位，具有相应的激励和保障措施。

（三）抓落实，树典型

以“讲好电气故事，树立电气典型”为目标，本着倡导每一名党员从严要求自己、做合格党员、从身边普通党员身上挖掘正能量为出发点，学院“两学一做”线上线下联动，大力培育支部典型和个人典型。2016 年，电子支部全体党员利用课余时间参与指导学生电子竞赛，实验中心党支部获评“校优秀党支部”，实验中心支部和行政支部分别被学校推荐参与全国高校“两学一做”支部风采和案例展示（全校仅 6 个），张卫明同学被评为“湖南省百优大学生党员”（全校 4 个）。我们通过微平台，推出“榜样的力量”“我的导师”等专栏，一大批热爱教育、热爱学生的好老师及一群品学兼优、全面发展的学生党员成为引领全院师生的正能量。

四、把握中心，全员育人

分党委把习总书记关于高校意识形态工作重要讲话精神贯穿于学院文化建设的内核中，全面落实责任，守好学院宣传舆论阵地，发挥了引领和主导作用。

（一）教师学生联动

“让教师乐教，让学生乐学”是学院党委提升工作质量的重要基石，学院高度重视这两大主体的互动互赢。一方面，通过政治理论学习提升教师的素养，激发教师的内在热情，强化责任意识。一年来，我们带领 30 多名老师走进企业，接受企业文化的熏陶。另一方面，通过学生好学激发教师的教书育人热情，引导学生用文字展现当代大学生的思想与活力。一年来，覆盖全院所有班级的微媒体以其原创性、精品化让老师更好地懂得了学生的特点与个性。越来越多的老师主动申请担任班主任，越来越多的老师主动指导学生参与各类竞赛，学院教师学生联动成为常态，学风教风大为改善。

（二）线上线下联动

我们牢牢把握舆论导向，打造了“一网（学院网站）四大微（电光火时、党员 E 家、E 家之研、EIE 就业）66 小微（66 个班级微信公众号）”的宣传舆论阵地，立足“原创性、精品化”，讲好电气故事，宣传电气正能量，记录电气风采，营造了“线上线下联动，用身边人影响身边人”的二级学院网络思政教育氛围。2015 年，电气与信息工程学院“网络 E 家”微平台建设被立为湖南省网络文化精品项目。两年多来，通过微平台，学院开辟了“我眼中的导师”“电苑榜样”“党员风采”“我的大学我来说”“书香有约”等栏目，充分展现学院师生风采。李鸿、彭曙蓉、邓丰、张静、雷辉等一大批扎根教学、热爱学生的教师典型被树立，一大批充满激情与活力的电气学子的形象跃然纸上，彰显了社会主义核心价值观。2016 年，学院微平台共推送 3067 篇文章，点击量达 304320 次。

(三)基础特色联动

日常养成是基础，特色文化是提升。学院利用长沙理工大学六十年校庆来临之际，对文化建设进行了全盘规划，用“团结、进取、向上”的家文化凝聚人。经过多年的积累与凝练，电气与信息工程学院育人特色不断凸显，并在全省乃至全国形成一定的影响力。一是学生创新创业能力培养模式日趋完善，成效显著。2016 年，学生参加各类竞赛，取得了国家、省部级奖励共63 项。二是社会实践与专业实习相融合的实践育人模式成效显著，实践育人经验在全校推广。三是学院文化育人气氛日趋浓厚，“书香有约”“蓝丝带”“文化讲堂”“文化早餐”“网络 E 家”微平台等已成为学院文化精品项目。特别是学院贴近当代学生需求，立足网络打造的“线上线下联动，电气文化育人”“网络 E 家”微平台已成为凝聚电气师生力量、讲好电气师生故事、唱响电气师生“好声音”的有效载体。

五、夯实特色，引领发展

(一)工作扎实，成效显著

在学院党委的正确领导下，电气与信息工程学院在 2016 年的各项工作中稳中有进，学生工作考评全校第一，本科生教学第五，学科和研究生教育第二，科技工作第三，实现了学校本土长江学者零突破，在“创青春”“互联网 +”大学生创新创业大赛中为学校争得 2 银 2 铜的荣誉，实现了国家电网研究生校招和本科生订单式培养的突破，学院社会影响力不断增强。

(二)思想建设，彰显生机

将教工、学生思想政治工作做牢做实是学院 2016 年党建引领发展的重要目标，学院党委注重与教师学生融为一体，处处为教师学生着想，有爱的电气家文化不断形成，教师、学生中的集体荣誉感、自豪感、主人翁意识不断增强，大家纷纷发出为电气党建点赞的呼声。

(三)特色党建，激发活力

一年来，学院的党建工作深入人心、接地气、有温度，党建特色不断凝练与凸显，各项工作活力四射，具体表现在以下两方面。

一是分党委积极创新形式，利用新媒体，打造“微党建 · 巨能量”“党员 E

家”微平台，让党建工作“活”起来。该平台面向电气与信息工程学院全体教工、学生党员和入党积极分子，以“原创性、生动性、一线性”为原则，打造“二级学院红色党建文化”专题微平台，传递正能量。“党员 E 家”微平台主要由“机构介绍”“党建动态”“争优创先”三大版块组成，下设“党校培训”“下班党员”“党建小组”“支部风采”及“理论学习”等 12 个专栏，以贴近教工、学生学习生活为原则，在“既要接天线，又要接地气”思想的引领下，结合党的历史教训，结合党的理论思想及最新理论成果和最新思想，如“两学一做”“双联双学”，紧跟时政要点与热点开展思想教育，紧跟上级党委的指导和要求开展宣传工作，全方位展现党员真实的精神面貌，使“精神引领精神”“灵魂震撼灵魂”，在全院形成了巨大正能量。2016 年，“党员 E 家”共发布微推 463 篇，点击量达 95700 余次，单条微推最高访问量达 3964 次，最高转发次数达 124 次。获得全国高校支部风采展“两学一做”优秀案例奖，为全校唯一获奖学院。

二是分党委做实做细，以人为核心，让师资队伍“活”起来。分党委把师资队伍建设作为夯实学院发展基础的头等大事，作为党建引领发展的重要标志，坚持学科团队与教学团队建设并举的思路，加强学科骨干的培养，推进教学名师工程。2016 年暑期，组织 23 名教师赴国家电网技术学院进行了为期半月的培训，组织教师 30 余人次赴全国各地企业调研学习，选派 4 位教师出国访问学习，选派 4 位教师到教育主管部门挂职锻炼。队伍建设效果逐步显现：曾祥君获评“长江学者”特聘教授，许昭入选湖南省“百人计划”，孟科入选湖南省“青年百人计划”，李鸿、彭曙蓉获得学校教育贡献奖，马瑞等获湖南省教学成果一等奖，马钧等教师获湖南省教学成果三等奖，曾祥君等教师获教育部电气类专业教学指导委员会专业教学改革项目和国家教学成果培育学校立项。学院教师指导学生参加各类竞赛获省、部级奖项 63 项，其中国家级奖项 32 项。

六、现存的问题及努力方向

回首过去，着眼当前，我院党建工作主要还存在四个问题：一是教工思想政治教育工作的实效性、持续性不强，教师思想建设问题依然存在；二是从严治党、党要管党做实做细不够，教工支部组织建设形式主义现象依然存在；三是学风建设、人才培养做优做强不够，全员育人不平衡问题依然存在；四是书记带头、班子率先深入群众不够，浮于表面的现象依然存在。

我们将从三个方面努力改进：一是夯实思想建设，将教工思想政治教育与人才培养紧密结合；二是加强作风建设，将从严治党与班子建设、队伍带动紧密结合；三是推动特色建设，将目标管理与学院长远发展紧密结合。

提升归属感 增强凝聚力

——电气与信息工程学院分党委书记2015年履行党建工作责任述职报告

符慧林

2015年，电气与信息工程学院紧密围绕“三严三实”专题教育精神，紧扣“党建保稳定、党建促发展、党建提质量”的中心任务，将党建工作“做实做细”“创活创新”，有力地保障了一年来学院各项工作的运行，在稳定中求发展，在发展中求突破。

一、认真抓好“三严三实”专题教育，思想提升与行动务实同步进行

1. 严格落实专题教育学习，确保学习有计划、有落实、有效果。专门制定了《电气与信息工程学院党委“三严三实”专题教育实施方案》，召开了全院党员“三严三实”专题教育动员大会，举办了三个专题的院中心组扩大会议学习，专题讨论“三严三实”。通过专题学习，提升了党员对“三严三实”的深度领会与认识，统一了“领导干部就是为民服务”的思想。

2. 工作上做实做细，针对群众路线实践教育活动提出的问题进一步整改，确保“三严三实”见实效。在群众路线实践教育活动中，群众意见最大的是“官本位”思想严重，服务师生意识不强，对教师反映的问题关心不够，解决实际问题不多。针对这些存在的问题，学院党政领导班子积极听取意见，严抓整改落实，如针对电气与信息工程学院酬金分配方案问题，学院在2015年1月19日召开的第三届第二次(扩大)教代会上，与会人员一致通过酬金分配方案。获得这么好的效果是源于学院前期深入基层，将筹备工作做实做细：成立筹备组，三次下到系部向老师通报、反馈方案、征求意见，前后召开四次扩大会议，收集意见78条，反复修改方案近10稿，打通了学院领导班子与教师沟通的桥梁。在2015年的各项工作中，学院坚持各项工作均向全体老师及时收集意见、及时反馈意见、及时通报情况，院务公开透明。一年来，学院教师QQ群里发牢骚的声音少了，正能量的声音多了，大会缺席和早退的人少了，积极参加各项活动的教师多了，教师主人翁意识不断增强。

3. 统一思想，从严要求，打造“团结、和谐、务实”的领导班子。一个团结的领导班子是一个学院发展的基础和关键。学院班子成员分工调整后，顺利完成交接和过渡，统一思想，领导班子分工协作，分管领导独立行使职权。班子所有成员做到廉政务实，各项工作亲力亲为带头干，如学院每个领导人手一本“深入本科生、研究生班级、宿舍、课堂记录本”，将人才培养工作作为全院中心工作。院领导基本上都兼任班主任，联系班级，并经常参加学生活动。曾祥君院长、樊绍胜副院长、丁丹副书记亲自指导学生开展科技活动与科技竞赛，获得了全国“互联网 +”大学生创新创业大赛金奖。班子一起走访企业和校友，实行产、学、研三维联动，将有更多的科研合作项目拉开帷幕。一年来，班子廉政爱生，在全院师生中深受肯定。

二、认真抓好基层支部建设，分类别、分层次、分主题做好基层党建工作

针对基层组织凸显的战斗保垒作用不实的问题，我院在 2015 年有针对性地抓好基层支部建设，做到了分类别、分层次、分主题。

(一) 分类别

我们针对教工、学生群体的不同特点，有的放矢做好基层支部建设工作。教工党建紧密围绕“提升归属感、增强凝聚力”的思路，通过“优秀党员引领、全体党员发动”促进师德师风建设，增强组织在教工中的影响力和向心力。2015 年共发展教工党员 3 名，实现了 6 年未发展教工党员的突破。

学生党建紧密围绕“转作风、树形象、创先进”的思路，通过“支部建设规范化、教育活动常态化”促进学生党员思想道德提升建设，增强学生党员的责任心和旗帜意识。2015 年，我们将学生本科支部从 16 个调整为 6 个，破解了两校区管理困境，实行专业、年级纵向划分支部，强化高年级带低年级的思路，并且支部书记全部由辅导员老师兼任。全年举办了 3 期党校培训班，共培训入党积极分子、预备党员和发展对象 376 人，发展本科生和研究生党员 105 名。

针对党外人士，我们紧密围绕“统一思想、和谐发展”的思路，通过定期沟通交流，促进党外人士的思想认同，引导、强化其服务意识。

(二) 分层次

我们针对党委、支委、支部成员的不同群体特点，分层次开展思想引领教育工作。

学院党委班子成员统一思想，任何大的决策和事项党委班子成员均参与讨

论，献言献策，发挥引领作用，加强能力和水平的提升。

按照“选好配强”的要求，我们在开学初对院属各党支部书记和支委进行了调整，重视对支部书记的培训和培养。一年来，院党委找支部书记谈话10人次，开展专题培训3次。电子系支部书记贺科学在学校支部书记培训班上做典型发言，介绍经验。所有支部书记均全程参与学院的中心工作，突出支部书记在系部的保障和带头作用。

针对全体党员，我们重在以活动为引领，以先进为带动，激发全体党员的活力与团队精神。学院以庆祝建党94周年和抗战胜利70周年为契机，召开青年博士党员、有特殊贡献老党员和生活困难党员参加的座谈会；开展了党员谈心活动，一年来共找40名教工党员开展谈心谈话，学生党员谈心谈话全覆盖，表彰了12位优秀党员；慰问和看望了有特殊贡献的老党员。我们通过开展一系列的活动，了解党员的思想动态，增强了普通党员对党组织的归属感，增进了党组织的凝聚力。

(三)分主题

我们针对当前思想多元化、教育信息化的大背景，分时段开展基层党建主题教育活动。

建好一个平台，线上线下教育联动。电气与信息工程学院“党员E家”学生党建工作微信公众号平台，以全体入党积极分子、学生党员为对象，以学生党建工作为主要内容进行具体的建设，旨在把握网络思想政治教育新阵地，唱响电气“好声音”，传播电气正能量，建立积极、向上、创新的电气学生党建文化平台。目前，该平台已覆盖全体学生党员和入党积极分子，做到了党员教育不断线。

坚持做好一个品牌，教师学生交流联动。“双联双学”是我院坚持打造的一个党建主题教育活动(从2009年9月份开始，每学期一次主题活动，截至目前已举办78场次)，旨在通过教工支部与学生支部的联动，教工党员和学生党员联动，加强学习和交流，形成互学互动的师生交流联动格局。2015年，“双联双学”进一步提升凝练，做到了活动有主题(上半年“四个全面”主题，下半年“践行社会主义核心价值观”与“爱国爱校爱家”主题)、有计划、有落实、有宣传、有效果，并做到了三个突破——研究生支部加入、活动主题明确、宣传多样化。

把握好关键节日，党史党性教育联动。在建党94周年之际，为回顾党的光荣历史，加强党员的思想认识，电气与信息工程学院于2015年7月4日上午组织部分教工党员和全体学生党员走进湖南党史陈列馆，举行新党员入党宣誓暨老党员重温誓词活动。本次活动以其组织认真、形式庄重、内容丰富获得全体党员的高度好评，加强了党员的凝聚力和战斗力，提升了党组织的号召力，展现了当代党员应有的良好形象和蓬勃朝气。

发挥好先进作用，优秀党员激励带动。我们在学生党员中成立党员责任示范岗，在迎新、新生入学教育及学院一些重大活动中亮形象；坚持开展“下班党员引领”工程，做到每个班级都有下班党员，每名下班党员都是旗帜引领者，并通过微信平台宣传“我心中的下班党员风采展”。一年来，党员获奖人次占获奖总人次的27.62%，获奖党员人数占党员总人数的68.98%。其中，谢李为被评为“湖南省百佳大学生党员”，芮可辛、张卫明在全国“互联网+”大学生创新创业大赛中获得金奖。

教工党员中党员示范引领作用突出。如实验中心张一斌教授，在休息时间，坚持带领一批青年教师党员在实验中心指导学生参加科技竞赛，2015年夺得了全国电子竞赛两个国家一等奖、三个国家二等奖、五个省一等奖；邓丰老师在全省高校教师信息化教学竞赛中获得一等奖，为学校争得荣誉；王英健教授、马士英副教授等虽然都已快退休，但凡学院有事，总是积极响应，带头落实，并协助院领导开展有关工作；周力行、叶青、夏向阳等党员教授都担任系(中心)负责人，其他党员老师大多数都是教学科研方面的骨干，是学院各项工作的中坚力量，特别是在一些危机事件处理过程中，发挥了骨干作用。

开展好主题活动，集体凝聚力推动。一年来，学院创新形式，由党员牵头负责组建男子篮球队、气排球队、舞蹈队，带动全体老师积极参与各项活动，提升教师蓬勃的朝气与活力；创新形式，由党委、工会牵头，精心策划组织了教职工素质拓展活动，打破系部壁垒，增强凝聚力，提升学院核心价值的认同感，为确保学院和谐稳定和可持续发展营造了良好的文化氛围。

结合人才培养中心工作，学院组织全体教师、部分学生代表召开了“适应高等教育发展，培养创新创业人才暨“十三五”规划研讨会，凝练专业特色、梳理挖掘问题、更新理念、交流教学经验，提升了学院核心价值体系的认同感。

三、党建促发展、提质量，努力提升学院发展的核心竞争力，确保学院发展实现新的突破

一年来，在学院党委的领导下，学院各项工作取得长足发展，主要体现在以下几个方面：

1. 教师“三化”工程继续推进。3位教师被派出国学习，引进国内“985高校”教授1人、博士毕业生3人，新毕业在职博士1人。专业教师参与社会实践带队，1人被评为湖南省社会实践优秀指导教师。

2. 学科建设取得新成绩。曾祥君、杨洪明两位教授入选湖南省“芙蓉学者”

计划，青年博士培养稳步推进，学科团队成员承担学院主要的科研任务。

3. 学术交流获得重大突破。学院成功主办了第五届电力解除管制与重建及电力新技术国际会议（DRPT）、首届中国电力海归大会与中韩继电保护论坛，邀请了来自加拿大、美国、英国、澳大利亚、新加坡等国的专家来院举办学术活动及讲座20余场，组织老师参加校外学术活动50余人次。

4. 教学工作成绩显著，青年教师茁壮成长。雷辉、邓丰两位老师在省级教学竞赛中均获一等奖，杨鑫老师获省级教改立项，马瑞、马钧、周任军获校级教学成果一、二等奖。

5. 研究生人才培养质量不断提升。学院以评促建和促改，并通过科研平台和人才培养基地等方面的创新，实现研究生培养工作的创新，应届毕业研究生发表EI、CSCD和中文核心期刊论文60余篇，20余名研究生在国家级学科或科技竞赛中获奖。

6. 科技工作保持良好势头。获国家自然科学基金项目6项，科研进校经费1200多万元，发表高水平学术论文43篇，授权专利23项，获省部级以上科研奖励3项，获研究生科研创新项目省级3项、校级2项，获研究生教研教改校级课题1项。

7. 学生思想政治教育工作形势喜人。“心情驿站”特色成长辅导室被评为湖南省首批优秀特色成长辅导室。“网络E家——二级学院网络文化平台建设”被立为2016年湖南省高校网络文化精品项目；《培育实践创新文化，培养科技创新型人才》研究生工作案例获湖南省研究生思想政治教育研究与实践优秀案例奖；暑期社会实践与专业结合模式全面推广，被新华网、今日头条等多家媒体报道；学生获首届中国“互联网+”大学生创新创业大赛金奖，国家级学科、科技竞赛奖励9项，省部级奖励10项。

四、特色：做实做细，创活创新

坚持党建是龙头、党委是保障，将党建工作做实做细，创新创活，带动和引领学院教学、学工、科研等各项工作共同发展，形成合力，营造全员育人的氛围。

1. 做实做细：以人才培养为中心，整合全院工作，形成合力。党建工作如何引领，关键看党委如何牵头，如何将思想引领与学院的发展中心工作紧密结合。如学院首次召开的人才培养工作会议旨在统一思想、凝心聚力，16个专题报告全部来自学院人才培养各块工作，颇“接地气”。由党委牵头制订的院领导深入学生班级、课堂制度，旨在领导要多深入基层，将“三严三实”落实到一线。如何营造良好的学风？我们由本科生和研究生党总支牵头，开展全体学生分年级的学风调研，形成调研报告供全体老师思考分析。为了加强对国有资产的管理，学院开展国有资产的清查，把安全责任和资产监督管理落实到人。为了确保实践平台的建设质量、防控违规违纪事件，学院全面推行建设项目“后评估”制度。

2. 创新创活：以联动为机制，创新形式，激发活力，推动发展的内在动力。学院发展到今天，虽然成绩不少，但问题依然存在，发展壁垒依然存在，挑战依然艰巨。如何进一步适应新形势，激发全体教职员工的内在激情与活力，需要在形式上、引领上多下功夫。为了了解专业建设发展的前景，由院党委牵头，带领专业教师主动走进企业，2015 年下半年共走访了 14 家企业，初步达成战略合作协议的有 3 家，初步达成科研项目意向的有 3 项。2016 年开学预计有 3 个专项奖学金落地。面对学生专业实习“只能看不能动”的难题，学院主动出击，在 2014 年社会实践探索经验的基础上，2015 年实现了经费保障、带队教师保障、制度保障等多项突破。教学、学工工作全面联动，学院人才培养特色进一步挖掘与凝练，教师和学生的内在积极性全面调动和激发。

以问题为导向，以改革为手段，全面驱动学院教育事业快速发展

——《将改革进行到底》专题片学习体会

符慧林

一、“将改革进行到底”是国家发展富强、民族复兴的必由之路

大型政论专题片《将改革进行到底》自 7 月 17 日在中央电视台播出以来，在社会中引起强烈反响，成为师生热议的话题。这是迄今为止，首次对党的十八大以来中国深化改革的进展与成就进行全面总结和展示。我院认真地组织进行了学习，针对“为什么改”“往哪儿改”“为谁改”“怎么改”“如何改到位”等问题，结合我们高等教育的现状和发展进行了深入的思考。

作为一名高校管理工作者，要从政治上、思想上、行动上始终与党中央保持高度一致，坚持社会主义道路自信、理论自信、制度自信、文化自信，结合学校学院实际情况，坚定攻坚克难的决心和毅力，坚持以问题为导向、以改革为手段，深化教育教学管理体制改革，不畏重担、不怕担责，全面推动学院教育事业快速发展，为推进“双一流”大学创建、服务经济社会发展贡献力量。

二、全面深化高等教育管理体制改革是提升人才培养质量、教育兴国的必要途径

2010 年 7 月 29 日，中央发布了《国家中长期教育改革和发展规划纲要(2010—2020 年)》及中央一系列关于教育教学的政策方针，掀起了高等教育的系列改革，在高等教育大众化、国际化、信息化、多元化的今天，我们的教育手段、教育内容、教育形式都面临着挑战，唯有改革才能促推教育教学质量的提升，才能促进人才培养质量的提升。特别是“大众创新、万众创业”呼声辈出的

今天，高等教育如何培养具有创新创业思维能力的高素质人才，是我们高校不断改进与探索的课题。

从1999年大学扩招至今，我国高等教育已实现了毛入学率40%，但在由“教育大国”向“教育强国”发展的历程中，我们还有很长的路要走。如我们的创新意识能力还有差距，我们的科研贡献力还不强，我们的国际化水平还有距离，我们的教学方式还比较陈旧，我们的育人理念亟待更新，我们的大学管理还不够科学，我们的卓越人才还比较匮乏……因此，只有深入推进改革，才能不断提升高等教育质量与办学水平。正如习近平总书记在全国高校思想政治教育工作会议上指出的“我们对高等教育的需要比以往任何时候都更加迫切，对科学知识与卓越人才的渴求比以往任何时候都更加强烈”。国家的需要就是教育的责任，就是改革的动力。

三、深化改革是推进学院发展、保障学院可持续发展的有效武器

结合具体负责培养人才的二级学院工作情况，对于改革的意义我们深有体会。2014年至今，我们通过“群众路线”与“三严三实”专题教育活动的调研与查找问题，总结出制约我院发展的问题有：学院管理体制滞后于发展、师资队伍的规模与结构不合理、人才培养的体系和机制与社会经济发展不相匹配等；具体表现为规章制度不健全、教师与科研团队不成梯队、年轻教师实践能力的不足等。因此，近几年来，电气与信息工程学院在学院管理、教师队伍、人才培养、科学研究上开展了一系列改革，是改革让我们看到了不断发生变化的学院新气象。细细梳理，我们主要进行了以下改革。

(一)完善管理体制，激发教师教书育人的热情与学生潜心问学的动力

加强和规范科学研究的规章制度，完善教师分类管理与激励机制，调整教师绩效分配制度向教学一线倾斜，老师们的教学积极性得到进一步提高。

根据行业发展需求，加强创新创业人才培养，充分发挥实践育人与科技育人作用。

进行课程体系与专业教育改革，完善学生激励机制，充分激发学生的学习动力、挖掘学生的潜力、展示学生的魅力。

(二)优化师资结构，强化两个团队与学工队伍建设

学院的深化改革需要强有力的组织保证和人才支撑，基于此，电气与信息工程学院以打造高水平学科团队为目标，成立科研团队与教学团队，助力科研

项目成果化，重点培养优秀的教学能手。培育芙蓉学者2位，长江学者1位，5人获教学成果一等奖，4人获教学奉献奖。

成立了教师发展中心，力推教师的工程化、国际化。鼓励教师出国留学，组织教师参加企业工程化训练，加强高水平人才引进。选派50余名教师奔赴山东、甘肃、湖南等地国网培训中心、基层电力公司开展产学研合作，并指导学生“三下乡社会实践与生产实习”工作。

深入贯彻落实全国高校思政会议精神，推动学工队伍的专业化、职业化，强化学生思想教育工作显成效。学院辅导员专业持证率达到150%，近三年主持省级思想道德素质提升工程项目3项，辅导员获省级及以上奖项20余项。

(三)改变培养模式、改革课程体系，将人才培养质量的提升落到实处

学院积极推动教育教学改革，以本科教学审核评估为契机，以评估指标体系为抓手，大力开展教育教学改革，强化教学环节管理。各专业经过深入的调研，经过多次的教学工作会议讨论，修订专业教学培养计划，编写新版教学大纲，切实提升人才培养质量与效果。

四、取得了显著的成效

在学院党委的正确带领下，学院各项工作井然有序，稳步上升，学院全员育人氛围浓厚，文化力量不断彰显，基于过程育人、文化育人、实践育人、科技育人的全员育人模式逐渐完善，成效显著。

2014年以来，学院共完善制度4项，整改问题21项；年入校科研经费从2014年的800多万到2015年的900多万，2016年突破1500多万元；国家级项目2016年达到26项；学生在省级以上学科竞赛奖项从2014年的36项到2015年43项，再到2016年的63项，逐年递增。

实践育人成效显著，社会实践从2014年省内的1支队伍发展到2015年的2支，到2016年的3支，再到2017年的10支(省外4支)，实现了受益学生人数的增多与地域的扩展。实践育人成果也在国家电网、全校做经验推广交流。2016年，电气与信息工程学院赴基层电力公司暑期社会实践被评为全国大中专学生“三下乡”社会实践优秀团队。

在文化育人上，构建了“网络E家”微平台，全院共“4大微66小微”，工科学生动起了笔，张开了嘴，一篇篇记载着电气学子生活成长印记的微推获得了巨大的社会影响，“党员E家”微平台获全国高校“两学一做”支部风采优秀案例奖。

创新创业人才培养成效显著，在目前全国最具影响力的赛事“互联网+”大学生创新创业比赛中，三年来我们从省赛摘1金到2金再到3金，国赛也斩获

1金2银2铜，形势喜人，获奖数居全省前列。

回首过去，展望未来，任重而道远。教育就是用一个灵魂唤醒另一个灵魂，我们会不忘初心，潜心育人，将教育改革进行到底，为培养高水平的卓越人才而不懈努力。

二

党建引领成长：让学生党建工作更有“味”

成长是一个永恒的话题，伴随生命始终，思想上的成长却是其方向标、指路灯。在高校大学生中发展党员、培养信念坚定的共产主义接班人是我们的使命。面对成长于和平年代和信息化时代的“新”青年，让学生党建工作更有“味”是我们在理论与实践的碰撞中、在心与心的交流中不断探索的课题。

让学生党建工作更有“味”

——新时代高校基层学生党建工作的思考

丁　丹

党要管党，从严治党。党的十八大以来，党的领导对党的建设、管理提出了更高要求，高校作为高素质人才的聚集地，是共产党员新生力量发展、培养的重要阵地，在大学生中发展党员，加强大学生理想信念教育是高校党建工作的重要部分。截至2017年5月，我国高校仅在校大学生党员总数就逾211万人，占全国高校学生总数的7.7%，学生党支部7.96万个。① 但当前高校基层党建工作还存在“基层组织弱化”“理想信念教育不均衡”“思想政治教育手段单一”等问题，学生党建工作作为高校党建工作的重要组成部分，加强基层建设是关键，做实做细创新创活是重点。本人在一线负责学生党建工作已有15个年头，从学生支部书记、学生党建辅导员再到现在的学生党总支书记，多年的一线基层党建工作带给我的感受与体会是“学生党建工作可以做得更有味”，但做好学生党建工作绝不是一朝一夕的事情，这需要持之以恒的制度管理、思想教育、精神引领。学生党建工作是一项系统工程，但也是一门艺术，现结合近五年电气与信息工程学院学生党建工作的改革与发展谈谈对学生党建工作的思考。

一、思想建设是学生党建工作的魂

要抓好学生党建工作，思想建设是关键，必须将思想建设牢牢地贯穿始终。学生党建工作是大学生思想政治教育工作的龙头，学生党员是学生中的排头兵，一名党员一面旗帜，通过党员的示范带头作用去带动影响入党积极分子，并进一步覆盖至全体学生。因此，学生党员的思想教育效果会潜移默化地

① 来源：人民日报，2017-05-04.

影响到所有学生。同时，学生党建工作的开展效果好坏与学生党员的思想建设息息相关，而有的大学生是在“蜜罐”中长大的，对于为何要加入共产党，何为责任、担当，何为理想、信仰，都是纸上谈兵，纸间学习，父母教导式输入，缺乏体验式的成长和发自内心的理解认同，因此需要在大学期间重视“三观”的教育，帮助学生特别是学生党员坚定理想信念，将信仰融入血液与灵魂。加强思想建设应重点抓好以下几个方面。

(一)不断加强学生党员和入党积极分子的政治理论水平教育

“天下兴亡，匹夫有责。”关心国家大事是每一名青年大学生应尽的责任与义务，心中有国，方有天下，才能大爱。政治理论素养需要培养与沉淀，特别是对于工科学生来说，培养学生的政治理论素养显得尤为重要。一方面要充分利用课堂阵地，加强学生的政治理论教育，引导学生认真了解掌握国情政策，要让思政课堂成为学生政治理论水平提升的主渠道，要让课堂成为爱国主义教育的有效阵地；一方面要充分利用党课、支部学习、主题党日活动等所有课堂外的阵地提升学生的政治理论水平，将党课上得不仅接天线，更要接地气，要用当代青年学生能接受的语言、思维来激发他们关注“大国”与“小我”的内在联系。

(二)不断加强青年大学生的共产主义理想信念教育

理想是什么？是对未来事物的美好想象和希望，是人们的世界观、人生观在奋斗目标上的集中体现。信念是什么？坚信不疑的想法。很小的时候，我们经常会说“我的理想”，会畅想未来，但到了大学，学生们反而很少会去谈“我的理想”，更多地会说我毕业后要怎样，似乎随着年龄的增长，理想提及得越来越少。但事实证明，一个有理想的青年在成长的路程中会更加信念坚定、坚定不移。因此，理想与信念是互相影响与相伴的。我们仍然要经常去激发学生的鸿鹄之志，要用“中国梦”去激发学生的理想与凌云壮志，要将理想教育与专业教育紧密结合起来，让学生懂得学业能力提升就是实现理想的基础。

(三)不断加强学生党员体验式教育，激发学生内在的责任担当

当代青年大学生思想教育最大的制约点就是单一的说教形式，缺乏体验式成长教育，导致有的学生党员在成长过程中容易出现思想动摇、起伏波动的问题，特别是“入党前”与“入党后”容易呈现出两种状态，入党前积极上进，努力追求，入党后判若两人，消极懈怠，这归根结底还是思想建设根基不牢，学生理想与责任意识不深，入党动机不纯。以我院近四年学生党建工作中探索的

“下班党员制”为例，通过给学生党员设定岗位，明确职责，体验式成长，学生在服务、引领他人的过程中真正体会到了何为“责任”，从以前的任务式“被安排担任下班党员”到现在的“争先恐后担任下班党员”自觉作为，我认为变化的内核是学院优化了下班党员工作机制，充分利用网络媒介宣传优秀下班党员先进事迹，建立了优良的下班党员作风，形成了“传帮带”的下班党员机制，学生党员更是在这放手的体验式成长中收获了无言的成就感与幸福感。

二、队伍建设是学生党建工作的基

学生党建工作是一项工程，之所以说是工程，是因为它既宏观，又微观，事务既琐细，又粗放，对于二级学院来说，要将学生党建工作做实做细，必须要加强党建工作队伍建设。没有一支优秀的学生党建工作队伍，要想将党建工作抓出实效是空谈。

（一）党委的引领、宏观布局与谋划是核心

对于二级学院来说，学生党建工作是学院党建工作的一个重要组成部分，培养怎样的人才，培养了怎样的人才，党员队伍是关键。这需要学院党委重视学生党建工作，在人、财、物上给予支持，在思想建设上重在引领，在政策谋篇上重在联动，在具体工作上重在放手。以我们学院为例，党委书记统管全院党建工作，党委副书记负责学生党建工作，兼学生党总支书记，近几年来，学院各项工作统筹协调，紧密融合，学院党委关心重视学生党建工作，在党员之家的建设、党员活动的开展、党员的思想教育给予大力支持，党委副书记全面负责学生党建工作，统筹谋划，确立了抓好学生党建工作重点就是“风清气正的学生党员风气”的思路，经过近四年持之以恒地坚持，学院学生党建工作逐步建立了自己的体系与特色，更抓出了实效。

（二）一支优秀的学生党支部书记队伍是将基层学生党建工作落实落细创新创活的根本

1999 年大学生扩招后，随之出现了大力发展学生党员的高潮，数的提升伴随而至的是量的下滑，也因为人数的增加，学生党支部书记由以前的辅导员老师担任变为由学生担任，很多学生在大学里刚刚加入党组织，再经历转正期，自己刚刚经历完一轮程序又马上担任支部书记，无论在思想、阅历、政治水平等方面离支部书记的要求还甚远，更无从说兼负一个支部的引领，也因此，前些年出现过学生党建工作质量滑坡、学生党员发展质量不高的现象。十八大以后，从严治党，党要管党，对学生党建工作提出了更高要求，党员发展数量相

比以往减少了近 50%，数量减少，要求更高，管理更细，监督更广，我院从 2014 年开始对原有学生支部进行了整合，将学生支部按专业、年级纵向编排，避免了大四学生单独成立支部由于实习等各种问题无法召开支部大会的窘境，更重要的是让辅导员全部兼任支部书记，对支部工作进行质量提升工程。支部书记的水平高低决定着支部工作开展的优劣，三会一课，主题党日活动，民主生活会，党员发展、考核，一切的党建工作均是以支部为单位开展，而支部书记就是支部工作开展的领头羊，支部书记水平的高低更决定了支部工作开展的优劣。因此，要加强对支部书记的配备，配强配优，要重视对支部书记的培训，不断提升支部书记的政治能力水平，用强大的理论武装支部书记的头脑，通过支部书记去带动支部的发展。

（三）培育一名优秀的专职学生党建辅导员和一支优秀的学生党建工作骨干队伍是抓好学生党建工作的有效支撑

任何工作要抓出质量与水平，关键在人。二级学院学生党建工作，党建辅导员是具体的执行者，也是具体工作执行落实的统领者，要求党建辅导员应该专职化，持久化，必须热爱党建工作，愿意沉下心去脚踏实地地抓党建工作。党建工作与其他专项工作（如团学工作）不同，它不是热热闹闹轰轰烈烈，也不是易出成绩的工作，它是安静如磐石，做了很多也许也没有一点声响，但稍不留意却容易出现问题，也因此，这对于选择这项工作专职化的辅导员是一份耐心与毅力的考验。以我们学院为例，这几年荣誉很多，成绩很多，但学生党建工作一直坚持改革做实做细到第三年，效果与成绩才慢慢彰显，而之前，一直都是问题更容易看到，但效果却不易呈现，现在回想，如果不是这支队伍的坚守，又怎会有今日的曙光。另外一个方面，就是学生党建工作要做出成绩，做出特色，应加强学生党员的能力培养，要充分利用学生党员这支队伍做好学生党建工作，培养一支党建工作学生干部队伍是我们这几年探索的一个举措。即在学生党员、入党积极分子中选拔一批有意愿从事学生党建工作具体事务管理的学生，成立宣传组、理论学习组、发展转正组、活动组等部门，对他们开展事务工作的培训，使之协助党建辅导员开展学生党建工作。事实证明，此举措让学生党建工作更系统化、条理化，工作开展速度更高效，也给学生提供了更多锻炼与提升的平台。

三、作风建设是学生党建工作的根

学生党员是旗帜，学生党员的作风直接影响着广大学生的作风。学生党员不是官，学生党员不是荣誉，不是证书，它是奉献、先进、优秀、担当的代言人。如果一个学院学生党员作风不正，那么这个学院的学风、院风要想提升是很艰难的。

（一）澄清入党动机，从源头抓作风

要让学生明白入党是一种信仰追求，不要为入党而入党。当前，受社会大环境的影响，有的学生都是由家长安排了这样一项任务，“到大学里要入个党，到时找工作好一些”。简单的教导到了学生耳中便变成了一种单纯的“遵照执行”，而缺乏自我判断力，缺乏自己的思考，认为父母说的肯定是好的、是对的，也因此，这样的动机便失去了自我的内在动力。其实，我们的大学生都已成年，大学里培养学生的思考力和思维力是一项很重要的内容，大学生完全有能力通过自己的认识和思考对自己未来的选择做出判断。因此，我们要跟学生讲透入党是一种信仰，不是一块奖牌，也不是一份荣誉，它是一种追求，一种精神的追求。作为一名党员，你不一定是要轰轰烈烈，但一定要内心信念坚定，要有正气，要心地善良，要甘于奉献，要服从大局，要吃得苦，要做一个品德高尚的人、积极上进的人、勇于争先的人，只有这样，才能让我们的学生懂得什么叫“党员”。

（二）澄清“优秀”的定义，从过程中抓作风

要让学生党员懂得“优秀是一种习惯”，只有内化为素质，才能获得持久的发展。如今的学生优秀的有很多，一时优秀的也有很多，但难在持久的优秀，其实，我们对于优秀的定义可以突破传统的，不是说门门考试第一就是优秀，我们所谓的希望学生党员做到优秀关键在于有思想、有态度、有行动，也就是认识问题的思想要深，看待问题的态度要端正，落实到行动上要持久和坚持。如果说能做到这些，时间长了，自然而然地就养成了一种习惯，也就是我们经常谈到的“养成教育”，在学生党员中也应给他们开展这样的“优秀养成教育”，是让他们读透读懂自己的责任，并将它转化为自己的内在素质，这样，才会真正的、持久的优秀。

（三）澄清“执行力”的内核，一抓到底强作风

就是对学生党员的教育要深层次、高标准，对学生党员的考核要严要求，重落实。90后的大学生成长于信息时代，生活于“糖罐”中，大多习惯了“以我为中心”，缺乏团队精神，缺乏合作能力，要引导学生由“单我”变成“多我”，由“自我”变成“无我”，不是一朝一夕的事，也不是几句口号、一次主题教育就可以达到的，需要持之以恒的教育和培养，需要在过程中去提升，需要能触动

他们心灵和灵魂的教育。这就要做到考核必须要严，要一视同仁，否则极易前功尽弃。

四、能力建设是学生党建工作的叶

学生党员都是大学生中优中选优的一群人，入党前入党后极易犯的一个错误认识就是认为自己什么都有了，可以不用再努力了，于是经常在现实生活中会出现这样的现象，大一大二非常努力，担任学生干部，积极参加活动，因为各方面表现突出，成为班里最早发展的一批党员，但一旦发展后，进入大三，便会萌生"我什么都有了，不想再奋斗了，我要专注于个人学习"的想法，于是躲进小楼成一统，而组织的培养正当要发挥更大影响力时，却被个人意志所阻隔了，因此，学生党建工作应该注重党员的持续培养教育，思想培养是关键，能力培养同样需要坚持，长此以往，才能让这样一批优秀的后备军步入社会后真正成为挑起重担的开拓者和践行者。

（一）高标准，严要求，加强对学生党员的考核，提升学生党员的个人素质

要充分利用三会一课、民主生活会、支部活动这些载体，创建"人人都有锻炼成长空间"的平台，让每一名学生党员不断加强理论修养，提升理论水平。组织上入党容易，思想上入党是一辈子的事情，学生党建工作要将学生党员个人能力素质提升作为其枝繁叶茂的核心工作，不断提升党员个人能力素质，让优秀呈现递进式增长。

（二）搭平台，建舞台，让学生党员有更多锻炼自我的机会，激发学生党员的内在潜力

党建工作内容重要，形式一样重要，浓墨重彩的形式往往会激发学生的神圣使命感、庄严感，可以创新创活学生党建工作载体，创新形式，让学生党员彰显其内在价值与生命力。我院在这几年的具体工作实践中，多次创新探索学生党建活动形式，如统一制作学生党员文化衫，提升学院党员团队的归属感；将党日活动形式创新，将党史知识竞赛与植树节相融合，活泼了形式，生动了内容；2017 年校企联合育人晚会上，我们将新党员宣誓搬上舞台，学生党员自创自演的诗歌朗诵与铿锵的誓言响彻整个大会堂，更响彻所有学子心间；我们创建"党员 E 家"公众号，让学生党员自己运营、创造，讲好党员故事，发出党建声音，打造有温度、有内涵、有效力的基层党建公众号，更重要的是培养了一大批优秀的学生党员骨干。正是在这种党建文化的影响与感召下，我院学生党员的形象更立体化了，学生党员的号召力更强了，学生党员的先进性更突出了。

多年的一线基层党建工作，感受着培育和影响一批又一批大学生党员的责任与担当，这份使命太大，因为这支优秀的种子队伍未来也许是各个领域的重要担当者，他们的思想、能力、作风也许都会影响到更多更多，也因此，每每想到这些，我们便感觉肩上的担子更重，也唯有更用心用情去做好基层学生党建工作。实践出真知，这几年向实践要答案，在电气与信息工程学院学生党建工作中探索适合高校学生党建工作的有效途径与机制是我的梦想，也因此一直在思考，在实践，几年的坚持，不是说取得了多少成绩与荣誉，而是说看到了学生党员精神、作风、能力的蜕变，看到了这个群体的上进与坚持，感慨着持之以恒的教育的魅力，更感受到学生党建工作的内核力量，原来，学生党建工作真的可以做出独特的芳香“味道。”

党建引领成长：把学生党建工作做出彩

——电气与信息工程学院学生党建工作纪实

邵巧艳

前言

在人生的路上，思想指引方向滋养灵魂，学习提供动力驱动前行。

菁菁校园里的莘莘学子，从来没有像今天一样渴望更多更好的成长，需要更为丰富的知识滋养，希望更多的价值彰显。处于价值多元、文化多元的社会大潮中，三观的磨砺对学子们而言，是重要的考验。党建工作如何与思政教育、与三观教育相结合，如何做得润物无声，入脑入心，在无形中助力学生全面发展，是学院学生党建工作需要把握的根基。

自2014年以来，长沙理工大学电气与信息工程学院乘着十八大的春风，紧跟时代发展节奏，将学生党建工作融入学生教育管理的实践中，将理论与实践相结合，实施了一系列改革措施，将学生党建工作做得有为有味又出彩。

作为一个高校二级学院，电气与信息工程学院的学生党建工作是如何引领学生成长的呢？且听我来为大家从“我们是谁？我们做了什么？做成了什么？”三个方面讲述长沙理工大学电气与信息工程学院学生党建的故事。

一、我们是谁？

我们是二级学院学生党建工作者，党委书记、副书记、全体辅导员，还有党建工作部与党支部全体干部，全体学生党员，全体入党积极分子，乃至全体学生。

我们把学生党建看作是传播理想信念的工作，视为高校思想政治教育工作的核心与基础所在，把自己视为学生的思想摆渡者，用思想带动思想、用灵魂影响灵魂。虽然事实与经验告诉我们，想要做好学生党建工作并非易事，但我们凭借坚定不移的信念、长期不懈的坚持、勇敢的开拓创新，以及用心的关爱守候，一直坚守在学生党建工作第一线，引领学生的成长，在有为、有味的基础上，把学生党建工作做出彩。

二、我们做了什么？

在2014年群众路线教育实践活动中，通过走访谈话、问卷调研，我们对学生党建工作中的一些问题有了更为深刻的认知，比如：分校区管理给党支部管理带来的多重考验，学生党员身份意识淡化引发的思想问题，发展党员考虑不全面带来的负面影响，党员理论学习形式化带来的长远隐患等，这些引发了我们的思考。于是，我们电气与信息工程学院学生党建工作者齐心协力，一起开展了支部调整、团队整合、平台搭建、品牌打造等系列举措，将学生党建工作做实做细，入脑入心。

我们坚持问题导向与创新引领，深化学生党建管理改革，以思想建设为基础，以组织建设为重点，以作风建设为抓手，以榜样示范为引领，进行四次机构调整，努力构建更加完善的学生党建工作体系，并坚持与时俱进，在实践中不断改进完善。

（一）通过调研解民情

在2014年党的群众路线教育实践活动中，电气与信息工程学院开展了一次学生党建工作专题调研，就“对学院学生党建工作、加强党员管理有哪些意见和建议”设置了专项表格进行征集，在全院发放1460份问卷，回收1426份有效问卷，回收率高达97.67%。调研结果显示，同学们对学院的学生党建工作给予殷切的期望，希望能够提升党建的知名度与透明度，提高学生对党员的认同感，提高党员的党性修养，丰富党建活动形式，增进党员与学生之间的交流，促进公平公正。这些都是后期我们开展学生党建工作的依据与所要重点解决的课题。

如：在接受调查的学生中，80%希望“多多宣传先进事迹与先进人物，提高党建的知名度”，“可以组织活动，增加对基层的了解”；56%希望“多注重实际活动，开展一些与联系群众相关的实践活动”；54%希望“工作更加贴近学生，加强与学生之间的联系”；34%希望“提高党员的党性修养”；25%希望“可以开展一些让全体群众都参与的活动，比如晚会，等等”；21%希望“不应该单凭一张试卷来决定到底有没有资格成为党员”；20%希望“增加党建透明度”；还有部分同学认为“党员与学生之间的交流不够，要与身边同学打成一片”“选举等地方应公平公正”“党员管理比较分散，不集中”“党校考试应该要保证公平公正”。

2018 年学院又组织开展了一次学生党建工作调研、一次下班党员工作调研。结果显示：79.75%的同学认为学院党建工作进步非常明显；81.01%的同学认为学院党建工作做得很好，很贴近新时代，有活力；88.97%的同学对学院学生党建工作比较满意；89.24%的同学对学院发展党员工作比较满意；95.57%的同学认为开展党员理论学习活动非常有必要，应积极参与。这些数据的改变是对我们工作的最好肯定与认可，也是我们扎实开展工作的基础。

(二)凝聚骨干建团队

在开展具体的学生党建工作中，党支部支委、党建工作部、下班党员队伍是核心骨干力量，成为做好学生党建工作的重要的“三支力量”。

支部作为学生党建工作的基础阵地，是入党积极分子培养选拔、预备党员发展转正、党员理论学习组织、民主评议等工作的组织者。党建工作部是协助党总支统筹各项工作、对具体工作进行落实的协调者。下班党员是直接深入班级团支部进行思想引导、落实推选入党积极分子与重点培养对象的实施者。三者的相互配合、协调是我们开展学生党建工作的重要抓手。

四年以来，我们摸索出一个凝聚骨干建团队的思路：以支部建设为“经”，培养好支部的支委班子；以专项工作为“纬”，实现学院基层学生党建工作开展统筹协调；布好党员骨干在基层的“点”，做到党员干部对学生的示范引领；铺好学院学生党总支的“面”，实现对学生党员骨干的坚强领导。“经”“纬”交错，“点”“面”结合的高校学生党建工作队伍建设方法，实现了思想政治教育与学生党建工作对青年学生的全程全覆盖。

(三)搭建平台传能量

除了支部、党员活动室等传统的线下工作阵地与平台，我们于 2015 年 5 月 8 日创立“党员 E 家”微信公众号平台，对学院党建工作进行实时、多维、全方位的宣传报道。三年多以来，“党员 E 家”微信公众号平台一直坚持以传播党员正能量为原则，寻找“正”能量，挖掘“真”感情，传播“党”文化，成为电气与信息工程学院党建工作的一张靓丽名片。

在“做合格党员”“优秀党员”“党员的一天”等微信专题中，平台把党员的积极进取，勇于担当的精神传播；在“两学一做——做合格党员”的专题中，平台对在学生中深受欢迎具个人魅力的老师进行宣传，受到师生喜爱；在“手抄党章 30 天”的活动中，平台每天准时发布党员手抄；在“我们一起来答题”中，平台通过线上与线下互动的形式宣传的党章党规；在每次的“理论学习”，“双联双学”活动中，它成为必不可少的小喇叭。

学院党委书记、副书记带头转发“党员 E 家”微信公众号平台的好文章，辅导员们齐聚力，学生党员积极支持，365 天如一日的坚持，将长理电气“党员 E 家”微信公众号平台打造为党建宣传品牌，营造温馨、友爱、积极、团结的氛围。截至 2018 年 6 月底，“党员 E 家”微信公众号关注总人数达 1492 人，发文总数达 884 篇，浏览量达 118467 次，点赞量达 8192 次。

（四）调整支部顺机构

学生党建工作能够顺利开展、有效落实，与学生党支部的设置密切相关。群众路线调研结果显示：分校区、分年级横向设置学生党支部在开展日常工作中存在机构庞杂、难于管理的问题，不利于高低年级的交流、支部活动的组织。在充分征集同学们意见的基础上，学院学生党总支分别于 2014 年 10 月、2015 年 10 月、2016 年 9 月、2017 年 9 月做了四次机构调整，主要将本科生党总支与研究生党总支合并为学生党总支、减少支部数量、变分年级横向设置支部为分专业纵向设置支部。这四次调整，进一步理顺了学院学生党建工作的基本机构，为开展工作提供了坚实的组织保障。

在第一次支部调整过程中，结合调研结果与实际问题，我们克服了重重困难，将本科生支部书记由学生党员全部调整为辅导员老师，为后期规范化开展学生党建工作打下了坚实的基础。

（五）搭建体系领全局

结合近几年学生党建工作组织建设、队伍建设、平台建设、阵地建设等方面，搭建电气与信息工程学院“一二三四五”学生党建工作体系，逐步向纵深化开展。一个平台——“党员 E 家”微信公众号；两个阵地——线上与线下；三支队伍——党建骨干（党支部支委、党建工作部、下班党员队伍）；四项工作——“三会一课”“两学一做”、主题党日、示范岗；五种氛围——浓厚的政治氛围、认真的学习氛围、激烈的竞赛氛围、积极的实践氛围、温馨的文化氛围。通过思想引领与典型示范，让学生体会责任与使命，懂得奉献与感恩，在高校思想殿堂里汲取精神食粮，把学生党建工作做得有为有味又出彩！

三、我们做成了什么?

学院学生党建工作逐步规范化、体系化、品牌化、特色化，打造了一批优秀支部及个人典型。以“党员E家”为依托的“微党建·巨能量——电气与信息工程学院行政党支部微平台建设”获2016年全国高校“两学一做”优秀支部风采案例奖。树立了3名“湖南省百优大学生党员”、1名群众路线“先进事迹报告团成员”，54名校优秀学生党员等典型。学生党员获校级以上奖项比例87.30%，任职比例84%，真正成为学生中的“靠得住、敢担当、有情怀、能创新”的优秀群体。打造了校优秀学生党支部：自动化轨道支部、电气四支部，在学生中营造了风清气正、凝聚团结、温馨有爱、积极向上的浓厚氛围。

1. 学生党员骨干标杆化。七个党建工作部骨干与十个学生党支部支委个个堪称标杆，思想觉悟高，工作能力强，团队成员相互协调，相互配合，促进学生党建工作的创新与落实。

2. 学生党建工作网络化。“党员E家”微信公众号自2015年5月创建以来，开辟网络思想政治教育新阵地，“党员E家”从无到有，从有到精，打造了富有二级学院特色的网络思政平台，已成为电气与信息工程学院党建工作的优秀品牌。

3. 下班党员工作品牌化。一批批下班党员在引领学生思想成长的过程中，逐渐变得优秀。变“以前不想当下班党员”为“现在不当下班党员，是大学里的遗憾”。下班党员真正地成为了师生间的桥梁，毕业后，还在牵挂所下班级的情况、学弟学妹们成长，也收获了一封封沉甸甸的“情书”与学生真挚的爱。

4. 党员理论学习常态化。自2009年至今，理论学习开展44场，参加学生党员9087人次；“双联双学”活动累计开展18期，参与教工党员900余人次、参与学生党员3020人次。学院全体支部互联互动、共学共建，成为学院党建工作长期坚持的特色学习活动。

5. 学生党员活动多元化。“手抄党章”、知识竞赛、“双联双学”等理论学习，植树节活动、环保宣传活动、“三下乡”社会实践活动、“为什么入党”大讨论、学生支部风采展、迎新示范岗、毕业生党员示范岗、寝室示范岗、实验室示范岗等实践活动，丰富了学生党员的活动形式，在全体学生中传递正能量、营造好风气。

6. 支部建设特色化。自2017年9月，学院启动“特色型学生党支部建设”以来，全体学生支部均申报了特色建设，并且把特色建设与专业学习、与支部全体党员表现、与支部构成相结合，把特色建设做在日常。

2018年7月9日，学院召开了“以‘两项工程’建设为契机，全力打造党建精品”主题特色学生党支部创建验收现场答辩会，10个学生党支部凭借扎实的基础工作与显著的特色建设成效，全部通过验收，进入“特色型”支部建设的第二阶段。

从 2014 年到 2018 年，四年多时间，我们长理电气党建人携手共进，将智慧与汗水融入学生党建工作，与使命同在，与青春同行。陪伴、引领着一批又一批学子成长的同时，我们也更加深刻地感知到共产主义信仰的力量，体会到作为育人者肩负的重大责任。

党的十九大提出：不忘初心，牢记使命，高举中国特色社会主义伟大旗帜，决胜全面建成小康社会，夺取新时代中国特色社会主义伟大胜利，为实现中华民族伟大复兴的中国梦不懈奋斗。展望未来，站立于新时代，我们电气与信息工程学院学生党建工作团队将不忘初心，牢记使命，凝心聚力，砥砺前行！

微党建·巨能量

——电气与信息工程学院“党员E家”微平台建设

丁　丹　邵巧艳

践行社会主义核心价值观是高校思想政治工作的重要任务，在当今价值观多样化、文化多元化的社会，在青年大学生中倡导社会主义核心价值观，能够深层次地影响青年大学生思想认识与行为方式，提高思想政治教育实效。然而，信息化时代，网络的发展日新月异，高校大学生思想政治工作的开展平台也在不断朝多元化模式拓展，建立和运用网络新媒介、新载体、新平台开展思想政治教育工作，对于增强大学生思想政治教育的实效性和吸引力，形成线上线下思想政治教育合力具有重要的理论和实践意义。电气与信息工程学院行政党支部在党委的正确领导下，立足本职岗位，打造“党员E家”微信平台，实行“线下党建与线上党建”双重互动，有效利用互联网传递学院正能量，讲好学院党建故事，弘扬社会主义核心价值观，有效地发挥了党建在学院思想政治教育工作中的龙头作用。

一、主题与思路

(一)电气与信息工程学院“网络E家”微平台建设理念

人才培养是教育工作者孜孜以求、不断探索的主题，在德育教育的征途上，文化的影响根深蒂固，潜移默化。作为直接管理和教育学生的二级学院，学院文化的培育和塑造尤为重要。“互助、创新、坚持、自我”是我院“网络E家”“家文化”的主要元素，以“E”(取自“电气与信息工程”英文“electrical and information engineering”的首字母)为主要元素，以“团结、向上、友爱”为宗旨，通过“用身边的人影响身边的人，用身边的故事感染身边的人”，贴近学生需求，让社会主义核心价值观培育融入“网络 E 家”网络文化，引导青年、凝聚青年、服务青年，覆盖全院学生，促进青年健康成长与成才。“网络 E 家”微平台以学院四个公众微信平台“电光火时”“党员 E 家”“EIE 就业”“E 家之研”为“大 E 家”，以 66 个班级微信平台为“小 E 家”，自上而下、分层覆盖、分类覆盖，以全体老师和全体电气学子(包含校友)为家庭成员，唱响“电气好声音”，传播“电气正能量”，建立温馨、友爱、向上、创新的 E 家文化平台。

2. 电气与信息工程学院“党员 E 家”微平台建设思路

“党员 E 家”作为“网络 E 家”的分支，立足于“网络 E 家”建设理念，旨在面向电气与信息工程学院全体教工、学生党员和入党积极分子，以“原创性、生动性、一线性”为原则，打造“二级学院红色党建文化”专题微平台，传递正能量。主要由“机构介绍”“党建动态”“争优创先”三大结构组成，下设“党校培训”“下班党员”“党建小组”“支部风采”“理论学习”等 12 个专栏，以贴近教工、学生学习生活为原则，在“既要接天线，又要接地气”思想的引领下，结合党的历史教训，结合党的理论思想及最新理论成果和最新思想，如两学一做、双联双学，紧跟时政要点与热点开展思想教育，紧跟上级党委的指导和要求开展宣传工作，全方位展现党员真实的精神面貌，用“精神引领精神”，“灵魂震撼灵魂”，在全院形成了巨大正能量。

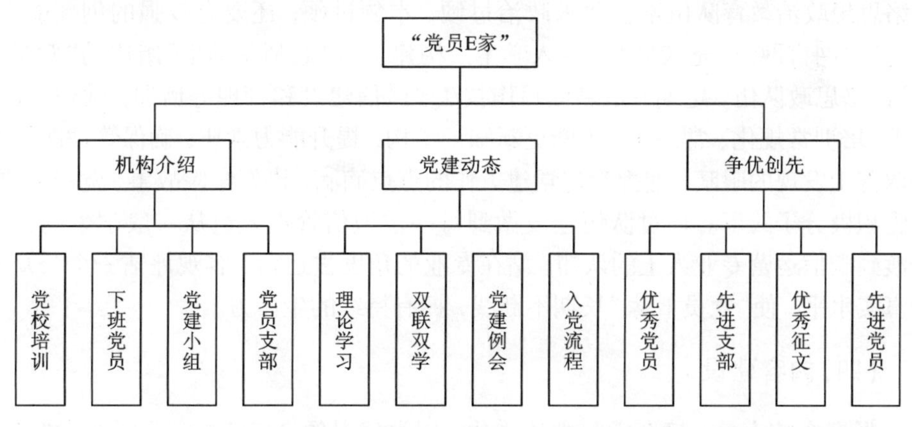

电气与信息工程学院“党员 E 家”网络文化平台结构体系图

二、实施方法与过程

（一）基本情况

“党员 E 家”从 2015 年 5 月 8 日创建开始，到 2018 年关注总人数达 1492 人，共发表 884 篇推送文章，访问量达 118467 次，点赞量达 8192 次。

（二）制度建设

建设一套完善的学院网络思想政治教育制度，保障“党员 E 家”微平台建设持续有效地进行。网络思想政治教育的开展需要制度作为保障，电气与信息工程学院已出台《关于加强和改进电气与信息工程学院网络思想政治的意见》，对学院网络思想政治教育制度化建设进行了探讨，从工作内容、经费保障、队伍建设等多层面探讨，并举办了三届“卓越之路，E 起走”微媒体彰大会，保障网络文化持续有效地开展。

（三）队伍建设

培育一支政治过硬、本领过硬的网络思想政治教育队伍，保障“党员 E 家”网络文化平台建设健康创新地开展。队伍建设是打造“网络 E 家”文化的坚实基础，网络思想政治教育队伍不仅要求政治过硬、本领过硬，还要有较强的创新能力，方能让“网言网语”充满温度，深入学生。构建了由“老师 + 学生”组成的“党员 E 家”网络思政队伍，定期开展新闻写作技法、微信建设和管理等培训，做到“线上线下”培训常规化、常态化，不断更新知识结构，提升能力素质，确保管理队伍有一双善于发现的眼睛，捕捉学院党建工作的点点滴滴，讲好学院故事、党员故事、入党积极分子故事。通过队伍建设做到每一位微信管理人员从一般学生的认知过渡到微信运营专业人士的认知，站在专业的角度去运营、客观评估一个公众号的真实水平，使“党员 E 家”长期不断线，拥有持续的生命力。

（四）内容建设

凝聚全院力量，培育学院党建文化，用党建引领全院工作，不断激发“党员 E 家”的创造力与生命力，保障“党员 E 家”平台的吸引力和影响力。“党员 E 家”文化的灵魂来源于始终充满活力、健康向上的学院文化，因此，不断创新、创活学院的思想政治教育工作，让学院的文化氛围彰显持久的生命力，让学生始终保持探索和记录传播的欲望方能保障“党员 E 家”文化具备持久的吸引力和影响力。我院以“党员 E 家”文化引领思想政治教育，育精英人才，通过打造“电苑·党员的一天”“电苑·下班党员”“电苑·入党”“电苑·理论学习”“电苑·两学一做”“电苑·手抄党章 30 天”等一系列特色活动，确保了“让每一名党员”都有成为“党员 E 家”文化发言人的平台与机会，让每一名学生都能了解到真实的支部风采、党员风采。

三、主要成效及经验

（一）“党员 E 家”贴近一线，用微平台建设了二级学院浓厚的党建文化，传递了巨能量

电气与信息工程学院基层党建工作一直以“务实、求新”为基础，但在以往的工作中难免存在宣传不够、效果发挥不够、辐射不够的弊端，开通“党员 E 家”微平台后，每一项党建工作都真实、细致地展现在平台上，让广大师生能更好地了解党建工作、接触党建工作。支部风采、支部生活都有了向全院师生展示的平台。如“电苑·两学一做”学习教育中，我们开辟了“微党课”，一起学党章、一起来答题；如“电苑·党员的一天”以纪实的手法真实地展现了学生党员忙碌而紧张的学习工作生活，让广大学生懂得了“党员的优秀源自持之以恒地勤勉。”

（二）“党员 E 家”凝聚全体，用微平台搭建了党员与群众的“心连心”桥梁，发挥了巨大的能量

“为有源头活水来”，“党员 E 家”所有素材来源于现实，立足原创，生动地展现了电气与信息工程学院党建工作风采、党员风采，接地气的故事讲述拉近了党员与群众的心的桥梁，让党员懂得了“付出的快乐”，让群众了解了“党员奉献的无私”。如学生下班党员是我院学生党建工作的优良传统，下班党员无私的付出一直是学子们前行的榜样和动力，每年毕业季时，“党员 E 家”推出的“写给下班党员的一封情书”系列由低年级学生送给他们的毕业生下班党员的心语祝福，浓浓地展现了学弟学妹对下班党员的充分肯定与感谢，展现了他们“要成长为他们一样的人”的决心；如“两学一做·做合格党员”中推出的教师党员系列，展现了普通的教师党员如何坚守教育、奉献学生的风采让广大学生更好地走近了老师；在对优秀党员徐元璨的宣传中，我们将一个全能学霸亲切地展示在了读者面前，最后徐元璨的学习建议也给了很多学生前进的方向，这条微推在多位同学和老师的转发下达到了 300+的访问量。这一切一切正能量的传递很好地占领了学生网络世界的思想引领，用身边人影响身边人，也让群众更好地懂得了党员的风采。

（三）“党员E家”引领全体，用微平台提升了党员综合素质，展现了巨能量

“党员E家”的培育、经营立足于党员群体，为学院党建文化的培育提供了一个优良平台，由“老师+学生”的建设队伍不仅要有过硬的本领、可靠的政治素质，还需要有善于发现美的眼睛和心灵，在创作、探讨的过程中培育了一批又一批的学生党员骨干队伍，通过“自主经营、自主管理、自主维护”的模式提升了党员队伍的综合素质。四年来，我院先后有三名学生被评为“湖南省百优大学生党员”，两名教工党员在湖南省教学竞赛中获得一等奖，四名教工党员获得“教学奉献奖”，学生党员在各类竞赛、争先创优活动中获奖比率不断提升，校级以上获奖比例达84%。学生党员已成为我院“引领发展、带动发展”的重要力量。

关于做好高校共青团“推优入党”工作的实践浅谈

邵巧艳

“推优入党”，即共青团组织积极向党组织推荐优秀团员青年（入党积极分子）做党的发展对象。此举是团组织发挥党的助手与后备军作用的集中体现。做好“推优入党”是做好党员发展工作的必要前提。

1990年，中共中央组织部印发《中国共产党发展党员工作细则（试行）》，正式提出发展党员的“十六字方针”，即“坚持标准、保证质量、改善结构、慎重发展”。这一方针对规范发展党员工作发挥了重要作用。但随着改革开放的不断深入，发展党员工作面临的形势任务发生深刻变化，《中国共产党发展党员工作细则（试行）》已经不能完全适应新时期发展党员工作的需要。

2014年6月10日，中共中央办公厅印发了《中国共产党发展党员工作细则》（以下简称《新细则》），提出了发展党员的新十六字方针——“控制总量、优化结构、提高质量、发挥作用”，其中“提高质量”是操作过程中的关键所在。在发展党员的过程中，要做到“提高质量”，必须以积极而慎重的态度做好“推优入党”工作。对照1990年《细则》，《新细则》将“保证质量”改为“提高质量”，对基层党建发展党员工作提出了更高的要求。

一直以来，电气与信息工程学院在发展党员过程中都非常重视“推优入党”环节，将之作为发展党员的重要“入口关”严格落实，有效确保了学生党员发展工作平稳有序开展。特别是《新细则》发布之后的近四年，电气与信息工程学院在新细则的指导下，坚持求真务实，问题导向，在充分调研的基础上大胆创新，在共青团“推优入党”工作中实施了一系列改革措施，成效突出。

一、“推优入党”工作中常见的问题

团支部民主评议是目前绝大多数团支部开展“推优入党”工作的重要形式。民主评议的传统方式是团支部召开全体团员大会，在大会上介绍评议对象的实际情况，再交大会投票表决，然后再公示。此方式有其科学性，但在实际操作过程中，我们发现此方式存在一些不足之处。

1. 推荐标准不统一，师生认识不到位。在以往的“推优”工作中“优”的标准较为笼统。鉴于“推优”相关的规定制度较为原则性，对“优”的标准没有细致规定，实际操作过程中只要成绩排名、违纪情况符合要求，都可参加推选。有的甚至认为是“选党员”，和自己没什么关系，所以悉数全选或者根据分配指标随意勾选，使推选效果大打折扣，不能客观真实地评价参选对象。有的支部甚至在课间十分钟投票了之，使推优工作流于形式。

2. 操作流程不规范，工作执行不到位。结合前面所述认识不到位，往往导致大家把“推优”等同或者类似于“选优干”“评三好”，操作过程就是把名额分配到支部，由支部成员投票推选出具体的人选即可。有时候虽然学院有要求，也有具体的规定，在开展工作的时候，也存在“删繁就简”的情况存在，如：简单宣读通知、简化投票环节，对工作的认识停留在完成任务而已的状态，忽视或者弱化了对积极分子的思想表现评价，使得推优工作效果不理想。

3. 党员指导不给力，思想宣传不充分。由于校、院团委对基层团支部“推优”工作监督指导有限，一般都是由团支部组织推选，然后报给分团委汇总，再报给党总支讨论审核，整个过程党员对团支部的指导、对积极分子的思想引导不够给力。各级党团组织对于“推优”工作缺乏有力的宣传，没能营造浓厚的政治氛围，对优秀积极分子的宣传工作不全面不生动不深入，导致大家对推优入党工作认可度受到影响，学生党员自身的存在感、荣誉感也有所折扣。

《新细则》对发展党员做出了许多新的要求与调整，作为高校二级学院基层党组织，非常有必要结合《新细则》的相关规定，对“推优入党”这一环节的工作方案进行改进。同时，在“推优入党”工作中探索一些更加符合现代大学生实际特点的工作形式，是我们加强和改进工作效果必须要考虑的问题。

二、针对《新细则》的“推优入党”工作方法创新

《新细则》在发展党员过程中新增“发展对象的确定和考察”阶段，在“确定发展对象”这一环节明确指出：对于“经过 1 年以上培养教育和考察，基本具备

党员条件”的入党积极分子，在“听取党小组、培养联系人、党员和群众意见”，以及“支部委员会讨论同意”之后，可以确定为发展对象人选。发展对象在通过政审之后，还需参加集中培训考核；之后，接受支委会、党总支、党委的审查，然后才能提交支部大会讨论。其中，发展对象集中培训是新增环节，传统的“推优入党”工作对应“听取群众意见”。

于是，如何让群众愿意坦露心声，做到听到群众的心声，把“推优入党”工作做实做细做到位，就成了针对《新细则》的“推优入党”工作方案改进要解决的核心关键问题。基于前期的总结分析，我们从 2014 年下半年开始，在“推优入党”工作的实践中，做了以下几个方面的调整。

1. 通过把“推优”标准具体化，进一步强化政治立场与思想觉悟。将思想认识与道德素养作为首先考虑的必要条件，将干部任职情况及工作表现作为重要的参考依据，划定学习成绩标准但不唯成绩论，提升全体学生对“推优入党”的认知水平。明确推优结果不能全部为 100% 或者 60%，需要有梯度的呈现。以避免因为推优标准不统一、师生认识不到位导致的没有充分发挥民主原则、推选形式化结果不客观，导致不符合党员要求的学生被推荐为发展对象人选。

2. 通过把“推优入党”会议主题化，进一步规范操作流程，加大执行力度。制定《电气与信息工程学院“推荐优秀团员入党”主题会议方案》（以下简称《方案》），明确会议的主题、目的与要求，明晰推选条件与操作流程。《方案》要求团支部的“推优入党”会议必须由下班党员主持、班主任/辅导员出席、支部党员代表列席参加，要求参选积极分子公开演讲陈述入党动机及个人总结，并对列席党员的提问进行答辩，由班主任点评，下班党员总结提出希望。“推优入党”会议，俨然成了对积极分子的一次考察会，对团支部全体成员的一次教育会，也成为基层组织党团良好互动、无缝对接的重要载体。此举有效提升了团支部民主评议的时效性与公正性，达到用好形式、好制度选出好学生为发展对象的目的。

3. 通过现场提问答辩，深化党员对团员的思想引导，营造浓厚的政治氛围。《方案》要求列席党员在会场要对参选的积极分子进行现场提问，涉及对“三观”与信仰、对党的认识、对自我的认识、时政热点、危机应对等方面，被提问者需要在短时间思考快速做出应答，这一环节充满了思想交锋，吸引了所有与会者的认真关注，有时妙趣横生、有时引人深思，而列席党员们所提的问题本身就是对全体与会者的一场思想教育。往往积极分子们的回答也能够让列席党员们受到一些启发，思想教育在这个过程中得以升华。

4. 通过党总支组织部门的过程监督和下班党员工作组的严格考核，强化“推优入党”主题班会执行到位。为确保会议将流程细化与答辩环节执行到位，不打折扣，学院学生党总支组织部门安排党员对各团支部的推优会议进行跟进并做详实的记录，下班党员工作组从对下班党员考核的角度督促各下班党员对《方案》执行到位。此举直接提升了下班党员工作的主动性与效率，有效改善了推优工作的实际效果。

5. 通过广泛宣传营造积极且浓厚的氛围。《方案》要求所有团支部全程记录会议情况，并在推选结束后完成一期主题微信推送，将民主评议会议在班级微支部里进行客观公正全方位的宣传报道，优秀积极分子的自信演讲、睿智答辩与靓丽英姿被记录收藏，班主任、下班党员的总结点评，以及同学们的反响评价被收录在微推中，微推这一平台营造了浓厚的网络思想教育环境。

另外，在研究生团支部推优工作中，我们增加了入党积极分子考核量化指标体系，将入党积极分子的各方面表现用分值的形式客观量化，为"推优"工作提供重要参考依据，长期以来一直顺利实施，受到师生一致认可。

三、"推优入党"工作改革成效分析

《方案》从 2014 年下半年开始实施至今，已开展 7 个批次的发展对象推选。在这期间，在师生的共同关注下，方案不断得以优化和完善，为学生党员发展工作提供了有力的支持，成效还是比较明显的。

以电气 1104 团支部为例，对比改革前后"推优入党"工作开展情况及效果：

2014 年 4 月份(改革前)，该团支部符合推优条件的入党积极分子 11 人，经过团支部推优大会民主推选，11 人的推优率全部为 100%。理论考试 5 人及格、4 人不及格、2 人缺考。最终支部与总支讨论发展 2 人。

2014 年 10 月份(改革后)，该团支部符合推优条件的入党积极分子 6 人，经过团支部推优大会民主推选，6 人的推优率依次为 77.8%、85.2%、81.5%、74.1%、63%、63%。理论考试 4 人及格、2 人不及格。最终支部与总支讨论发展 1 人。

对比前后的变化及结果，反映出了几个问题，值得我们思考：

改革前，11 人推优率全部为 100%，却只有 5 人理论考试及格。据了解，实际情况是这 11 人的表现不一而足，思想觉悟未必全都符合党员标准，100% 的推优率反映出的除了操作不规范等因素之外，还有推选会议的形式化、草率化，以及大家对于此项工作的漠然与无所谓。说深了，就是信念与觉悟的淡化。

改革后，6 人的推优率呈现层次性区别，且推优率最低的 2 人理论考试不及格。推优率结果与理论考试成绩呈现正相关性。层次性的推优率数据背后是团支部同学们对参选者的客观评价，以及大家对此项工作的态度，说明同学们投出的那一票是认真思考了的结果，同时也说明大家重视这个事情。对于发展党员工作，同学们的参与感提升了，认识度提升了。对于学生党员的身份，同学们的认可度提升了，而党员本身的存在感也更强了。“推优入党”工作形成了良性循环。

新时期高校基层学生党建工作队伍建设实践探索

——以长沙理工大学电气与信息工程学院为例

邵巧艳

做好高校基层学生党建工作队伍建设，是确保高校基层学生党建工作有效开展、发挥基层党组织战斗堡垒作用的重要前提。队伍建设情况直接影响高校基层学生党建工作开展的效果。对高校学生党建工作队伍建设进行探索，具有非常重要的现实意义。

近五年来，电气与信息工程学院对高校基层学生党建工作队伍现状及常见的问题进行了针对性的分析，基于这些问题开展针对性的探索，现就具体实践工作情况总结如下。

一、高校基层学生党建工作队伍现存问题

对高校基层学生党建工作队伍重要性认识不足、重视不够、保障不到位等常见的问题，具体表现为以下几方面：

1. 高校基层学生党建工作队伍人员配备不足。随着高校办学规模的不断扩大，学生党员与入党积极分子人数增加，尤其是《中国共产党发展党员工作细则》对发展党员、入党积极分子培养管理提出了许多新的要求，使得新时期高校学生党建工作日益具体且繁重，但党建工作队伍力量没有加强，人员缺少是高校基层学生党建工作面临的首要问题。

2. 高校基层学生党建工作者经验不足。高校学生基层党组织多采用由学生辅导员、行政人员兼任总支委员、支部书记的模式，这些老师要兼顾专职工作与党建工作，加之他们中本身党龄和从事党建工作时间较短者居多，接受系统的党务知识培训不多，工作经验不够丰富，这些都不利于高校基层党建工作的健康开展。

3. 高校基层学生党建工作者认识不到位。少数基层党建工作者本身的思想

认识存在误区，党性修养有待提升，在关键时刻不能很好地处理政治与业务、集体与个人、学习与成才的关系，缺乏对学生“三观”的正确引导，这些也已成为高校基层学生党建工作必须面对的新问题。

同时，学校对基层学生党建工作的政策支持、业务指导、场地与资金保障等不到位，也对学生党建队伍建设有着直接的影响。

二、二级学院基层学生党建工作队伍建设探索

如何应对这些问题，加强高校基层学生党建工作队伍建设，是高校党建辅导员需要思考并努力去解决的问题。电气与信息工程学院自 2014 年以来，在学院原有学生党建工作组的基础上，对学生党建工作队伍建设进行了一些实践探索。

我们将学生党建工作的基本内容与主要任务进行研究分析，发现一线学生党建工作基本可以分解为“两维一基础”，即：支部建设与党建专项工作“两个维度”，积极分子培养与教育“一项基础”。基于此，学院考虑将“三支队伍”，即各支部支委、党建工作部、下班党员队伍建设作为学生党建工作队伍的骨干力量进行培养教育，努力将其建设成为具有坚定理想信念、严谨务实作风的高校基层学生党建工作队伍。

1. 以支部建设为“经”，培养好支部的支委班子，确保学生支部管理与组织生活开展规范到位。

学生党支部是凝聚学生党员的核心基地、培养积极分子的一线阵地，在学生党建工作中发挥着基础核心与战斗堡垒作用。学生党支部的支委包含支部书记、支部副书记、组织委员、宣传委员、纪检委员、青年委员等成员，人数为奇数。考虑实际情况，学院在本科生支部设 5 名支委，由支部书记、支部副书记、组织委员、宣传委员、纪检委员组成，其中支部书记由辅导员老师兼任；在研究生支部设 3 名支委，由支部书记、组织委员、宣传委员组成，均由研究生学生支部党员担任。结合“群众路线”“两学一做”实践教育活动，学院对学生支部支委进行了系统的培训，明确职责，逐步将支委们培养成为政治觉悟高、业务能力强、纪律严明、作风正派的党建骨干成员，为支部各项工作平稳有序开展以及特色型学生党支部建设打下了坚实的基础。

2. 以专项工作为“纬”，实现学院基层学生党建工作统筹协调开展。

学生党建工作需要贴近学生生活、符合学生特点，与时俱进。基层学生党建工作除了支部的基础工作之外，还有许多专项的工作需要骨干力量来协调组织，如：学生党建工作的台账完善归档、党员之家活动场地的管理、发展与转

正工作的业务培训、微媒体平台的运营管理、大型宣传片的制作、党校的组织管理、理论学习与实践活动的组织、对各支部的考核等，根据目前学院的党员数量、入党积极分子数量、党建辅导员老师及其他总支委员的工作现状分析，总支委员的工作重点在大方向的把握，具体有思想引领、大型活动顶层设计、资源的协调、党课授课方面，这些专项工作具体的实施任务艰巨且量大，是基层学生党建工作需要破解的难题。

怎么办？长期以来，电气与信息工程学院有一个很好的传统，就是设立专项党建工作小组，来负责不同的工作任务，从纵向统筹所有学生支部的具体工作，与支部工作形成良好的互动与配合。特别是2014年开始，学院打破各专项党建工作小组之间的壁垒，把工作组革新为工作部，将各部门放入党建工作大系统中进行统筹，注重增强党员干部的全局观，收到了显著的成效。

具体是怎么做的呢？来看长沙理工大学电气与信息工程学院学生党建工作部的情况。学院学生党总支下设七个专项学生党建工作部，分别为：办公室、组织部、宣传部、党校部（含下班党员组）、理论学习部、活动部、督察部，每个部门都有各自的分工：

（1）办公室是联系其他各部门的枢纽，负责党员之家的日常管理、值班安排，党建活动通知发布，文件与资料的收集、整理、归档，并及时更新各类数据，完善台账。

（2）组织部是基层学生党建工作队伍的核心，负责学院学生党员发展、转正工作计划的制定、程序执行与材料审查及党费收缴工作。管理学院学生党员信息数据库、进行党员信息输机与维护、党员组织关系的转接及特殊情况党组织关系的协助办理。

（3）宣传部是基层学生党建工作的对外窗口，负责学院党建工作及党员风采的宣传及推广、微信公众号“党员E家”的运营管理、各项党建活动新闻稿的撰写和发布、学院党建宣传片设计及制作等。

（4）党校部（含下班党员组）是培训党员、积极分子的阵地，为各支部培养优秀的后备力量，负责组织各类培训班（入党积极分子、发展对象、预备党员）的理论授课、实践活动与结业考试，与各支部、各班下班党员一同携手开展全院入党积极分子的档案管理工作。党校部下设下班党员组，负责开展下班党员的选拔、培训、考核、评优工作。

（5）理论学习部是党建工作队伍的动力部门，负责组织所有支部开展专题理论学习，每学期3次，不断为学生党员提供党的最新理论与实践成果、激发学生关注时政要闻热点的思维意识。其中的“双联双学”组织生活会是电气与信息工程学院坚持多年的品牌学生党建活动，成为师生共建的传统组织生活会形式，受到师生的一致认可好评。自2009年以来，学院理论学习开展了46期，参与人数达1万余人。

（6）活动部是党建工作队伍的活力部门，负责党总支的重大活动组织协调，如统一的主题党日活动、毕业生党员活动、新生党员迎新示范岗、七一党员活动等，以实践活动的形式，锤炼学生党员的党性修养。近年来，学院组织全体党员开展了“学党史，跟党走，做信念坚定本领过硬的接班人”主题党日活动、“社会主义有点潮”主题教育活动、“不忘初心、牢记使命、夯实党建、促进发展”学院2017年党建工作会议，丰富多样的活动形式赢得学生的积极参与。

（7）督察部是党建工作队伍的监察机构，负责组织党员的民主评议、考核所有支部的工作开展情况、党员评优评先及党风党纪建设。

这七个部门相互配合，相互支持，共同构成了学院基层学生党建工作队伍体系的纵向条块儿，为学院学生党建工作的正常开展提供着强有力的保障与支持。

3. 布好党员骨干在基层的“点”，实现党员干部对学生的示范引领。

班级是高校学生组织的基本单位，对班级的指导是开展学生思想政治教育的一个重要渠道。长期以来，我院将下班党员作为学生党建布在基层的“点”，作为党建工作的重点队伍进行培养。下班党员肩负着加强对青年团员的思想引领、做好入党积极分子的培养与考察的重要使命与责任，是青年团员，尤其是低年级学生的思想成长引路人，在实际的岗位上尽职尽责、求真务实，践行着为人民服务的宗旨，传递着共产党人身上的责任、使命与担当，营造了浓厚的传帮带氛围，涌现出了一批批先进典型。《给下班党员的一封情书》《写给孩子们的一封情书》频频被传为佳话，触动学生的心灵深处。

4. 铺好学院学生党总支的“面”，实现对学生党员骨干的坚强领导。

在学院党委的指导下，学院学生党总支把握学生党建工作的航向、定位学生党建工作的重点、把准学生党建的经脉、破解学生党建工作的难题，学院党委给予学生党建最大限度的政策、培训、资金、场地支持，铺平了一张画卷，只待青年党员们挥笔成画，绘制基层学生党建工作的美图。

“经”“纬”交错，“点”“面”结合，搭建高校学生党建工作的队伍体系，实现了思想政治教育与学生党建工作对青年学生的全程全覆盖，为培养中国特色社会主义合格建设者和可靠接班人挥泪洒汗。

教师党员说：用情怀与坚守筑牢使命

教育的目的是为了激发和引导学生的自我发展之路，教育是一个灵魂唤醒另一个灵魂的事业。铁打的校园流水的学生，年年岁岁，粉笔染白了黑丝，该用什么坚守三尺讲台的永恒信念，又该用什么筑牢心里永恒的热爱？教师党员就是那鲜艳的旗帜。

在有“为”的基层党建工作中品味党建人的“味”

——在长沙理工大学2018年党建工作会议上的交流材料

符慧林

各位领导、各位同仁：

根据党委的安排，让我代表电气与信息工程学院做党建工作交流，一方面感谢学校对于电气与信息工程学院这几年发展的充分肯定，另一方面也一直在思考，跟大家交流一些什么？电气与信息工程学院的情况众所周知，电气与信息工程学院的成绩与发展有目共睹。作为一名有着30多年党建工作经历的我，离开电力系20年再回到电气与信息工程学院担任党委书记，面对学院“机遇与挑战”共存、“问题与发展”同在的多方矛盾，我感受到的除了党委的信任，更多的是压力。三年半的时间，班子成员三次调整，班子统战对象占了40%，学生人数不断增加，新时代新要求不断增压，对于学院工作的新矛盾也不断增加，但全体电气人用实绩与行动向学校递交了一份可喜的“发展”答卷。今天，借此机会，我也以一名“老”党务工作者的身份跟大家聊聊电气与信息工程学院党建工作在学院发展中的“有为”与“有味”。

一、我们的思路：明晰角色，厘清定位，基层党委应扮演好五种角色

党要管党，从严治党，对于基层党委来说，怎么管，怎么治？如何落地？这是摆在每一个党委书记面前必须要考虑的问题。思路决定出路，我个人认为党委应扮演好五种角色。

一是做好设计师。做好学院的谋篇布局，规划学院发展的大方向、设计学院发展出路、工作中心与要点，不将学院中心发展与党委工作紧密结合的学院将失去可持续发展的动力与内核。我认为学院的中心就是人才培养，学院的支撑就是学科发展。

二是当好宣传员。基层党委上接各级部门，下面对教师学生，外代表学院

形象的展示，对外联络，对内凸显示范和牵引力，思想是魂，要凝聚人心，基层党委必须扮演好宣传员的角色，将学院的办院、治院的精气神统一到“发展”的理念上，人心所向，心之所在，只有经常鼓动、凝聚、宣传 ，方能目标明，人心齐。

三是发挥好黏合剂的作用。基层党委面对着不同的群体、不同的专业、不同的思想，如何应对矛盾始终是考验基层党建工作战斗力的核心要素，因此基层党委要深入到群众中去，把握矛盾的核心，做好各专业、各群体发展的无缝对接，凝聚人心，汇聚合力。

四是要当好冲锋队。学院发展大事、中心工作基本上是要靠内联外引，争取资源最大化，往往到最后关键时刻更需要有舍我其谁的担当与勇气，基层党委要当好冲锋队，要亲力亲为带领各块专项工作不断冲击新的目标。这几年，学院领导班子在人才培养、学科建设、专业建设、科学研究等方面，既是领头羊，又是冲锋队。

五是要做好护航员。学院发展，一根针，千条线，基层党委要做好护航员的角色，为各支队伍、各块工作保驾护航。保方向，确保学院一切工作紧紧围绕中国共产党的领导和学校的中心工作；保条件，保障发展过程中财力、物力、人力的协调。

二、我们的做法：循序渐进，稳扎稳打，久久为功

优良的作风不是挂在嘴上、写在纸上，而是要内化于心、见之于行，体现在解决问题的实践里、彰显于久久为功的行动中。基层党建工作目标是发展，载体是人，人心所向、齐心而为也不是一天两天喊口号、动员动员就可以的，而是要将思想政治教育做到老师、学生心中去，激发他们内在的主动性和上进心，成绩彰显于厚积薄发、稳扎稳打、久久为功的循序渐进中。

(一)提升归属感，增强凝聚力

一个单位的发展关键靠人心齐，让教师学生具备归属感、获得感是党委工作的重中之重。单位的发展是个系统工程，思想政治教育工作是核心。我们主要把握以下三点。

1. 教师思想政治教育：以点带面，把握关键少数。

我院共有 118 名教师，到电气履职时，正逢群众路线实践教育活动，群众意见最大的是官本位思想严重、服务师生意识不强、对教师反映的问题关心不够、解决实际问题不多。针对这些问题的存在，学院党委积极听取意见，充分

利用“三严三实”“两学一做”专题教育活动，深入教师当中，最广泛听取掌握教师们诉求。三年来，我们分层、分类做好教师思想政治教育工作，做到了一是让人人参与到学院重大事项决议中来、让人人成为学院发展的参与者，所有活动基本上都全员动员、全员参与，增强教师获得感；二是抓好骨干队伍，建设一支有能力、有态度、有干劲的班子队伍和一支脚踏实地、乐于奉献的系领导队伍，提升做事的执行力；三是抓好党员队伍，打造“一名党员一面旗帜”的先锋引领作用；四是抓好青年教师队伍，把好青年教师入职关、培养关、思想关，呈现了“融入快、成长快、发挥作用快”的成效；五是抓好重点少数教师队伍，通过逐一谈心、定期关心、长期关注的措施将矛盾化解到最小化。通过持之以恒的教师思想政治教育工作，学院教师的向心力大大增强。2017 年暑假，学院教师几乎人人都参与到科研与人才培养的各项工作中。

2. 学生思想政治教育：以线带面，构建全员育人合力。

人才培养是办学的根本，作为有着近 3000 名本、硕学生的大院，学生思想政治教育是重点，亦是难点。我院主动出击，以线带面，坚持在实践中摸索，打造了适应新工科特点、符合电气与信息工程学院学生特点的“四个育人”全员育人模式，培育了一支专业化程度高、奉献精神强、工作业绩突出的辅导员队伍，在全省乃至全国都具备一定影响力，《中国教育报》2018 年 4 月专题报道我院人才培养模式。

3. 夯实党建文化，激发内在活力。

党建文化是党建工作的魂，我们适应新形势下新特点，不断积累、创新党建文化，把握意识形态领域的正确导向，做到了教师学生联动，连续 10 年开展教工支部与学生支部“双联双学”活动；线上线下联动，用身边人影响身边人，讲好电气故事，宣传电气正能量，“网络 E 家”微平台成为传递正能量、师生双向唤醒的重要媒介，“党员 E 家”更是成为记录党建工作、党建文化的专题平台；基础特色联动，配强支部书记，抓实抓细支部基础工作，创新党建活动载体，实行党建文化主题化、内涵化，用浓墨重彩的活动形式唤醒党员的仪式感、神圣感，用精心培育的党建文化筑牢党员的责任感、使命感。

（二）以问题为导向，以改革为手段

问题导向是提升党建工作针对性、破解发展难题的重要指针，着眼长远、聚焦学院关键点问题，是我们近几年党委工作努力的方向。

1. 着眼学科发展问题，人才队伍是关键。

突破博士点，破解学科发展瓶颈，是电气与信息工程学院这一届党委班子的主要任务，很幸运我们去年实现了这个目标的突破，但这个突破得来并不容

易，这与这几年不断分层分级提升人才队伍水平、能力是分不开的。从曾祥君杰青、长江学者的突破，到陆佳政院长的聘用，到湖南省百人、千人的加盟，到全国高校“黄大年式”教师团队的突破，每一项、每一点党委都始终将其作为中心工作，将人才梯队培养建设任务作为一个学院可持续发展的动力因素。目前，我院积极选拔科研、教学突出的青年教师补充到支部书记岗位锻炼，构建了一支“中青”结合为主的人才梯队。

2. 着眼学科专业发展不充分、不平衡问题，多维驱动是关键。

我院的主要矛盾是全体教师对事业发展的美好向往与学科专业发展不平衡、不充分的矛盾。四个本科专业，电气专业是主打，占了 60% 的学生，难以避免在资源分配、专业发展等方方面面存在不平衡、不充分。为了充分鼓励系部和教师找准专业定位、发展定位，我们根据各专业特点，深入教师中开展深度沟通交流，积极与行政协商，拿出专项经费送教师参加工程培训、教学技能培训、科研会议等，带领专业教师走进企业，根据教师个人情况进行分类引导和团队整合，组建了课程团队、科研团队，并在自动化系成立了信息处理与机器人技术研究所，激发教师内在动力，目前，学院党委带领该研究所对外拓展，已与中车、湘能楚天、博众达成初步科研合作意向，该模式也是我院对于教师队伍培养、破解专业发展不平衡、不充分的一个新的探索。

3. 着眼人才培养特色不突出问题，坚持坚守是关键。

人才培养质量是衡量一个学校办学水平的重要标志。作为学校具备行业特色的学院，如何让我们的学生在电力系统领域具备特色，能在未来的行业领域脱颖而出，这是我们现在就必须谋划的。培养“既懂专业又能说会写的工科生”，培养有思想、有情怀、有温度、有内涵的“四有”工科生，光有理念还不行，关键在“做”，为了让工科学生张开嘴、动起笔，为了改进学风，为了提升人才质量，我们四年如一日地开展基于专业实习的实践育人，我们探索科研与人才培养紧密融合的科研育人机制，鼓励教师利用节假日培训学生的动手能力，学生参与创新创业竞赛不再是小小圈子，而是成为一种全院的氛围；我们坚持探索文化育人机制，通过各种措施提升学生的思考能力、写作能力，能说会写的工科生不再是水中之花；我们坚持精益求精，注重思想政治教育的每一个过程、每一个环节，学生自我管理能力不断提升，考研上线率比四年前提升了近 17 个百分点。而这些特色、品牌、质量的提升，关键在于持之以恒，久久为功。

（三）主动作为，发展是第一生产力

破解党建行政两张皮问题，党建应主动作为，构建了党建带团学、党建带

工会、党建出思想、党建促发展的新动能。学院党委始终做好三个坚持：

1. 学科的发展始终是党委的中心任务。将学科建设作为学院党委工作的中心，党建工作的开展、特色支部的建立，所有工作都要服务、服从于学科发展，既相对独立，又紧密融合。

2. 教师思想政治教育工作始终是党委促进学院发展的重要手段。人是一个学院发展的核心要素，我们始终将教师队伍建设作为重点，多倾听老同志意见，学术上的事情多发挥教授委员会功能，多为青年教师搭桥鼓劲，多为学术精英解惑解困，多创造条件让全体教师加强交流与沟通，老师们心情顺了，目标明了，对党委有信任感了，工作起来也就有激情了。

3. 立德树人始终是党委心之所系。立德树人是教育的根本任务，我们连续三年召开全体教师参与的人才培养工作会议，共同探讨新形势下教育的真谛；我们越来越多的专业教师主动参与到班主任、实践带队等各项人才培养工作中；我们不仅关注学生是否平安健康成长，还关注他是否成长得卓越，这是我们党委始终如一的工作理念，那就是党委引领，构建全员育人合力。

三、我们的变化：付出的是心血，收获的是发展，变化的是精神

三年多来，在大家关注的目光中，电气与信息工程学院一年一个台阶，不断发展，不断收获，有人说电气与信息工程学院这几年有长足的发展，各块工作全面开花结果，但我想一是多年积累，厚积薄发的结果；二是抓住了机遇期，实现了发展。电气与信息工程学院的思想政治教育工作是最难做的一个学院之一，难在教师内在动力的激发，难在学科专业发展程度的悬殊，难在和谐共融的局面的可持续，但在班子成员调整较大、学生人数不断增加的情况下，学院党委顶住了压力，扛住了挑战，各项工作亲力亲为，率先垂范，冲锋在前，不仅稳住了学院的整体和谐局面，更立足当下，为未来一段时期的发展谋篇布局，不断注入学院发展的牵引力。大家看到的是光环，但只有我们自己知道其背后的艰辛与付出，特别是在一个个项目、平台争取“国”字号荣誉、“国”字号平台的冲锋期里，每一个背后的故事都值得珍藏与回忆。但最让我们欣慰的不仅仅是这些成绩的获得，而是学院全体老师精神面貌上的蜕变，是来自校内校外的同行、校友、企业发自内心的认可。

1. 教师队伍的精神面貌有了改变。学院教师QQ群、微信群由以前的充斥着负能量到现在满满的正能量，这背后便是对学院的充分认可。有老师在微信群里留言说“作为电气人，我们现在出去听到的更多的是为学院点赞，我们真的感觉到自豪，感谢学院有这样几位想干事、能干事、会干事的领导，营造这

样一个积极向上、各显其能的良好氛围”。

2. 学生的精气神有了明显的改变。四年的暑期实践，我们的学生走向社会，哪怕是日晒雨淋，哪怕是长达40天的实践，但从未有过一人退缩，企业评价我院学生就是“综合素质高，专业能力强”。时间是最好的沉淀，优良班风、学风的背后，一项项国家级、省级荣誉的背后更是学生的“追求卓越”的精神不断在传承。

3. 社会与校友的评价有了改变。因为网络，因为我们的文化育人理念，学院的发展、成绩、过程、精神被越来越多的企业与校友关注，他们不断为长理电气扎扎实实育人的行为点赞，更为长理电气的学子成人成才提供越来越多的平台与合力。我们的实践育人越走越宽，开放的电气与信息工程学院拥有越来越多的机遇，学生的就业质量越来越好，校友们的幸福感越来越强，家长们对学校的认可度越来越高。

四、我们未来的目标：让每一名电气人都有出彩的机会

成绩永远代表过去，但发展却永远在路上。我们深知，我们肩负着学校“双一流”学科发展的期望，我们肩负着行业特色专业品牌建设的期许，我们肩负着所有教师、学生发展更好、成长得更好的期待。对标双一流，我们还有差距，聚焦主要矛盾，我们还有很多问题需要破解，对标一流人才培养，挑战依然存在，但我们会肩负使命，不忘初心，让每一名电气人都有出彩的机会，我们会奋斗不止，传承不止。

不忘初心，牢记使命，做有理想、有情怀、有温度、有内涵的“四有”共产党员

——在电气与信息工程学院2017年党建工作会议上的讲话

丁 丹

各位党员同志：

大家好，今天，我们在此隆重举行电气与信息工程学院党建工作会议，为了这次会议的召开，学院党委从开学初就在精心谋划，目的是希望通过这次会议将学院最有力量、最优秀的一支队伍从思想、能力、作风三个层面再推上一个新台阶；希望通过总结近几年来的学生党建工作所探索的模式与路径进一步凝练特色，精准发力，推动学院党建工作上层次，出成绩；希望通过会议凝聚电气精神与力量，在十九大精神的蓬勃感召下，用新的思维汇聚新的力量，用新的力量迈入新的时代。

今天，借这次大会对下一阶段的学生党建工作提出以下要求与希望。

一、做实做细学生党建工作，牢固树立“学生党建是龙头”的思想政治教育工作理念，促进我院学生党建工作规范化、制度化

高校学生党建工作是思想政治教育工作的重要组成部分，是思想政治教育工作的龙头，在大学生中吸收有信仰的青年人加入党组织，并将之培养成信念坚定的共产主义战士，使之在国家未来的建设与发展中发挥一代又一代人的使命，是高校人才培养的重要任务。学生党建工作，做在平日，升华在内心，构筑的是有信仰的灵魂。十八大以来，“党要管党、从严治党”，中组部印发的《普通高等学校学生党建工作标准》对高校学生党建工作提出了“严要求、高标准”，学生党建工作质量优劣核心在学院引领，关键在支部落实。十八大以来，我院学生党建工作积极探索，经历了从“支部冗杂、作风散漫、先进性发挥不够”的问题到现在的“支部战斗力提升、作风优良、榜样力量彰显”，是因为大家扎扎实实沉下去，针对性地解决一个又一个问题，探索适应力强、符合学生

特点的一个又一个方案，如我们坚持了多年的“主题推优班会、学生党员线上线下联动教育体系”等都是在做实做细中做出了常态化、特色化的效果，事实证明，学生党建工作只有做实做细，才能在规范化的管理教育中去提升党性修养，熔铸理想信念，才能让学生党建的工作品质去铸就优良作风。因此，下一阶段，我院学生党建工作依然要在做实做细上下功夫，今年学院对学生党总支的调整就是基于当前学生党建工作上存在的问题而做出的举措，今天我们组织大家认真学习《电气与信息工程学院关于推进“两学一做”学习教育常态化制度化的实施方案》等一系列规章制度，就是要求大家要将规范的支部生活作为习惯，将定期的理论修养学习提升作为常态，将服从组织安排、自觉做好点滴作为日常。

二、做特做优学生党建工作，用充满正能量的红色党建文化引领学生的信仰价值追求，促进我院学生思想政治工作品牌化、特色化

目前全国共有8900多万党员，我院当前研究生党员133人，占比23.84%；本科生党员143人，占比6.07%，全院学生党员比例9.47%。作为一个有2914名学生的大院，在座的同学们能在大学阶段加入党组织，接受党的文化的洗礼，是一种幸福。作为在有着“王牌电气”之称的学院，人才济济的学院，同学们能在大学阶段举起自己的右手面向党旗庄严宣誓，是一份最大的励志。因此，我们更应思考：什么才是真正的王牌？什么才是真正的卓越？我想王牌不是因为专业热门而王牌，更应是自内而外的优秀与卓越，因此，面对当前学院所处的地位，面对学院的蓬勃发展，面对学生大院，我们应该将学生党建工作作为引领，通过你们中间的9.47%去影响剩下的90.53%，通过你们的带动去感染所有的电气学子。要想让力量迸发力量，学生党建工作必须做特做优，我们必须在信仰与精神上下功夫，让信仰真正支撑起理想的风帆，让信仰托起青年人的梦想行动。我清晰地记得“党员E家”微平台刚刚成立时，学生党员的迷茫，运行时的不知所措：如何讲好党员故事？如何发挥党员积极性？当时，我们都仅有想法，但都不知道这样一个平台能走多远，能做多深。实践出真知，因为我们有一颗初心，那就是“最生动的线上故事永远源自线下的精彩”，当大家为了做好这个平台，宣传党员精神与力量不断去挖掘出一个又一个精彩时，当我们看到一篇又一篇朴实无华的文字传递的党员力量时，当我们的“党员E家”微平台运行两年后获得全国“两学一做”支部风采优秀案例奖时，我们才发现，其实，党建工作也可以如此精彩。从无到有，从有到特，是一个团队

让朴实变得精彩，这背后就在于我们能在日常中去挖掘创新，能在常规中去创造精彩。亲爱的党员同志，不想当将军的兵不是好兵，不想让自己的组织更加优秀的队员不是好队员，作为电气学生党员的一分子，让我们共同的学生党建工作成为真正的品牌，让我们共同的信仰精神家园迸发出更大的力量，我们每一个人都责无旁贷，期待下一阶段学生党建工作继续在常规中出精品、创特色。

三、秉承一种精神，做好两个协调，落实"三个提升"，争做"四有"党员

十八大以来，高校学生党员发展比例逐年减少，以我院为例，当前学生党员每年发展比例仅为之前的50%，这证明党中央对于高校学生党建工作要求"重质量、重培养"的转变，因此，大家能在大学阶段加入党组织的确是经历了重重考验的。我个人认为，入党的过程就是对大家的一个检验与考察，入党后的培养与锻炼就是对大家党性修养的熏陶与提升。《普通高等学校学生党建工作标准》在发展质量上指出：强化发展质量，严把发展关口，严格政治审查，确保政治合格。把综合素质作为发展学生党员的重要考察内容，全面考察思想政治、能力素质、道德品行、现实表现等方面的具体标准，注重学生的一贯表现和关键时刻表现、自我评价和群众评议、学习情况和社会实践情况，防止把学习成绩作为党员发展的唯一条件。回首我自己的入党历程，作为有着近18年党龄的党员，从当时同龄人中第一批入党，到不断接受党的教育熏陶，我曾经历过大学从事学生党建工作最严标准管理，曾经历过个人与集体发生冲突时的内心选择，曾经历过理想与现实的抉择矛盾，但事实一次又一次证明，"信仰与初心"会让你在迷茫时、徘徊时固守内心的单纯与宁静，坚持你所不能坚持的坚定。因此，今天，我也想对我所有的电气党员学子提出希望，希望大家秉承"一种精神"——卓越精神；做好"两个协调"——学习与工作的协调，个人与集体的协调；落实"三个提升"——思想觉悟的提升、素质能力的提升、榜样意识的提升；争做有理想，有情怀，有温度、有内涵的"四有党员"。身为电气人，我们始终应牢记"追求卓越、勇于创新"是电气人的精神使命与价值追求，电气学生党员更应牢记这一信念，面对繁杂的学业与工作，我们要学会管理好自己的时间，提升个人管理能力与工作管理能力，在两个协调中拓展自己潜在的深度。面对当前中国由"大国"向"强国"转化的使命号召，面对我们所处时代的蓬勃力量，我们唯有不断加强学习，提升自己的思想觉悟，培育优秀的能力素质，牢固树立榜样意识，才能让自己在日复一日的琐碎与平凡中去铸就不平凡

的自己，去肩挑时代赋予我们的使命，去感召更多的青年学子，最终让自己真正成长为信念坚定，有理想、有情怀、有温度、有内涵的优秀大学生党员。我真诚地期待你们都能如花绽放。

亲爱的党员同志，今天，我们相聚一堂，回顾总结近几年来学生党建工作的成绩与特色，发现学生党建工作的不足，规划学生党建工作未来与发展。新的时代赐予新的使命、新的思考、新的力量，让我们携起手来，从每一个自我做起，将每一件小事做好，心中有信念，行动有方向，共同推进电气与信息工程学院学生党建工作上台阶，上层次，促进全院学生思想政治工作质的飞跃。

入党誓词：神圣的承诺

周　敏

“我志愿加入中国共产党，拥护党的纲领，遵守党的章程，履行党员义务，执行党的决定，严守党的纪律，保守党的秘密，对党忠诚，积极工作，为共产主义奋斗终身，随时准备为党和人民牺牲一切，永不叛党。”当右手握拳高高举起，面对鲜红党旗，一字一句许下这铮铮誓言，你会想到这将是你一生的信念并将终身实践的信仰吗？

信仰的种子：勇往直前

时光追溯到2000年5月26日，在距离高考只有42天的这个下午，我经历了人生中第一次党组织会议——发展大会。地点、人员、流程、场景等依旧历历在目，党支部书记周绍宏老师语重心长的话语一直回荡在耳边。“你们要记住自己的入党介绍人和今天这个日子，一辈子都不能忘记；你们要坚守自己入党的初心并践行对党的承诺，一辈子都要铭记！”

2000年6月3日，面对鲜艳的党旗，我心潮澎湃，郑重地举起右手，庄严地许下诺言：“我志愿加入中国共产党，拥护党的纲领，遵守党的章程……”当我握紧右拳高举的那一刻，仿佛感觉我的拳头从来没有这么沉重，这么坚定有力；当我跟随领誓人大声宣告的那一刻，仿佛感觉我的声音从来没有这么洪亮，这么铿锵有力。因为我感受到了一名共产党员的荣耀，感受到了作为一个优秀群体中的一分子所肩负的责任与担当，更感受到了信仰的力量！只有更努力，更拼搏，才能无愧于共产党员这一称号。就这样，我光荣地加入了中国共产党，正式成为一名共产党员。虽然誓词字数不多，宣誓时间短暂，但入党宣誓历经岁月磨洗，在我心中愈加清晰。那一句句誓词，承载着我的信仰、理想，像一颗小小的种子，在我的心里生根、发芽，并成长为我终身遵守的行为准则。

哲学家说："信仰是唯一不凭靠面包而存在的指引人奋然前行的力量。"一个缺乏信仰的民族是一个可悲的民族，一个失去信仰的政党是一个必亡的政党，而一个没有信仰的人是一个可怜的人。信仰是一个人前进的航灯、定心的神针和发展的动力。18 岁，我怀揣坚定的共产主义信仰之火，一往无前。

实践的萌芽：不断强化

2004 年，留校担任辅导员的我成为了一名学生党支部书记。这个支部是 2004 年 9 月随着 2004 级学生入学组建而成，除我之外，仅有 8 名学生党员。作为首任支书，我深刻地意识到，党支部作为最基层的党组织，支部建设至关重要。党支部要担负好教育党员、管理党员、监督党员和组织群众、宣传群众、凝聚群众、服务群众的职责，引导广大党员发挥先锋模范作用，这一切的一切都离不开规范化的支部建设。然而，一个新的支部，一套新的人马，面对新的环境，一切从零开始。

罗曼·罗兰曾经说过："信仰不是一种学问，而是一种行为，它只有被实践的时候才有意义。"为了让支部尽快正常规范地运转，我只有摸着石头过河，参照相关文件，边学边做，修订了支部工作制度汇编，确定了支部工作重心，重点做好积极分子培养、党员发展、党员教育三方面工作。尽管修订制度，文字蹂躏，甚是煎熬，尽管积极分子培养，选择困难，甚是焦虑，尽管党员民主评议，喜忧参半，甚是揪心，我始终坚守自己最初的承诺和信念，保持那颗最初最纯的心，引导我的学生在迷途困挫中仍然恪守与坚持，这是我对誓词的不断践行。

2005 年 12 月，当面对党旗，我再一次举起自己的右手，以支部书记的身份带领新发展党员庄严宣誓："我志愿加入中国共产党，拥护党的纲领，遵守党的章程……"这让我重温了当年的决心和信念，也启发了我用入党誓词的镜子照一照、正衣冠，用入党誓词的尺子量一量、找不足。宣誓是一种形式，更是一种激励，一种鞭策，无论是当年入党宣誓还是此时领诵誓词，都有一个共同点，那就是在党旗下所立下的誓言，始终让我热血沸腾，感召我努力实践，激励我不断进取。

砥砺前行：坚守创新

习近平总书记曾说过："只要每个基层党组织和每个共产党员都有强烈的宗旨意识和责任意识，都能发挥战斗堡垒作用、先锋模范作用，我们党就会很有力量。”而支部要发挥战斗堡垒作用，具体体现在每一名党员身上，我时常要求党员要在平时的学习和生活中严格要求自己，不能只在支部活动时才记得自己是一名党员。对于一个共产党员来说，要有“平常时期能看得出来”的作风、“关键时刻能冲得出来”的担当和“危难关头能豁得出来”的责任，这是共产党员履行《党章》标准的具体体现，也是永葆共产党人政治本色的根本要求。

众所周知，学生党建工作非常烦琐，理论学习要求高，日常工作要求细，基础工作要求严。而党建工作的对象——大学生，敏于思考、勤于实践，富有活力、生命力和创造力。如何让学生党员具有坚定的马克思主义信仰和中国特色社会主义信念，如何让学生党员自觉把社会主义核心价值观内化于心、外化于行，如何引领更多的学生去努力学习拼搏？我们只有不断创新载体，做新做活，将思想政治引领贯穿于大学生的日常生活，才能让支部鲜活有朝气，温暖又团结；激发主动性，让青年学子积极主动地向身边的党员榜样去学习，努力增长才干、砥砺品质。

2017 年 12 月 23 日，在学院举办的“校企联手迈入新时代，师生同心开启新征程”的迎新晚会上，党员代表走上舞台，将国家自信、学院党建、优秀典型娓娓道来，将入党誓词融入诗朗诵《我们在一起》，传承使命与奉献，传递清风与正气，既迎合了当代大学生需求，又饱含着丰富的教育意义。当台上誓词响起，台下誓词呼应，“我志愿加入中国共产党，拥护党的纲领，遵守党的章程……”这时涌动着的是神圣的情感和强烈的共鸣。十二句话，字字箴言，句句千钧，概括了党对党员的基本要求，也宣告了党员所应承担的政治责任，更激发了大学生的行动自觉性，增强了为理想信念奋斗的信心和决心。

人的一生，承诺可能会有很多，但就一个共产党员来说，他对党的宣誓应该是最神圣最庄重的，不管在任何时候、在任何情况下，都不忘自己对党做出的郑重承诺，无论顺境还是逆境，都要按照入党誓词，始终保持着共产党员的先进性，永葆共产党员的本色。而对于我来说，重读入党誓词，就要勤奋学习，坚定信念，提高能力，开拓创新，勤勉敬业，把握大局，不负重托，撸起袖子加油干！

与灵魂对话，与信仰同行

——一名基层党建工作者的感悟

邵巧艳

一、有趣的灵魂——徐川

最近，网络上有一句话："好看的皮囊千篇一律，有趣的灵魂万里挑一。"网民们对此褒贬不一，意见大概都集中在对"好看的皮囊"的理解上。今天，我想抛开皮囊，说一说"有趣的灵魂"。

南航徐川，虽素未谋面，就是我脑海里的一个"有趣的灵魂"。拜读他的《顶天立地谈信仰》一书，我深深地被吸引，说如遇知音有些牵强，因为知道自己距离他的境界还有很大的差距，但能够感受到他的真实与深刻。不知是什么样的一个人，有着如此清晰的思路，能那么精准地看问题，关键还能分析得如此透彻。读来真是酣畅淋漓、醍醐灌顶，因为在文中我深刻感受到了灵魂的碰撞与信仰的力量。

对于"为什么要加入中国共产党"，徐川给了自己一个命题，并且讲述了他自己成长历程中引发思想转变的几个真实故事，每个故事都能触动我的心弦。为了寻找这个问题的答案，他从党史中找到是历史与人民选择了共产党，从近几年见证的事实中了解了共产党的现在，坚信每个人应该带着自己的信念和故事寻找自己的答案。

那么，问题来了。我又是为什么加入共产党呢？

二、给自己内心一个交代——为什么加入共产党

是时候回忆下我的成长历程了。

2003 年 4 月 27 日，我加入中国共产党，一年后如期转正，然后便开始了我

的思想政治教育工作生涯，一路下班党员、支部副书记、兼职班主任做到研究生毕业，然后正式开始从事辅导员工作，分团委书记、就业专干、党建辅导员……至今坚守在党建辅导员岗位第五年。仿佛冥冥之中自有安排，成长经历中的重点，从来没有像今天这样清晰明了地呈现在脑海里。

读徐川的书，就是一轮与灵魂的对话。从这场对话中，我给自己内心一个真实的交代：加入中国共产党，为了与优秀者同行，为了将温暖传递，将信仰传播。马克思在《青年在选择职业时的考虑》一文中曾说："青年，只有在为人类的幸福和我们的自我完善而选择，他才是最幸福的人，才有可能成为最高尚的人""如果我们选择了最能为人类幸福而劳动的职业，那么，重担就不能把我们所压倒，因为这是为人类而献身。那时，我们所感到的就不是可怜的、有限的、自私的乐趣，我们的幸福将属于千百万人。我们的事业将永恒地存在，并发挥作用"。从中，我看到了信仰指引的力量。

三、记忆深刻的几个故事

曾经携手同行的历程鲜活地浮现在脑海里。我不禁思索，是什么样的集体，凝聚起如此强劲的力量？是什么样的组织，营造出如此浓厚的氛围？是什么样的个人，传递着如此正向的能量？一个个问题如潮水般向自己涌来。还是从几个故事说起吧。

1. 记忆终身的第一场民主生活会

2003年底，还是预备党员的我参加支部的年度民主生活会，第一次也是铭刻于心的一次。教室里明亮的灯光映衬下的每张面孔都那么生动有趣，安静得仿佛可以听到呼吸的旋律，支部成员无不正襟危坐。傅老师主持会议，对每位成员的自我总结发言都进行了点评，一针见血，直指问题所在。会前我一直担心会不会受到批斗或者严肃的批评，内心忐忑以至于都不记得友人们受到了哪些批评。到我的时候，拿出准备好的稿子，半脱稿向大家陈述，放之四海而皆准的框架，囊括了思想、工作、学习、生活等各方面，短短几分钟，好像入党后半年多的历程又回放了一遍，也向大家重新播放了一遍，反而没有上台之前的忐忑不安与紧张，有的是坦然淡定。接下来大家的批评也都像温暖的阳光一样，充满了善意的提醒、间接的肯定，丝毫没有尖酸与刻薄。那一天，我真正学会了从内在去审视自我、敞开心怀虚心接受同志们的批评。从那天开始，我将之潜移默化到我成长的方方面面，并将之传递给我带过的学生，带过的支部……

至今，我仍然特别喜欢“批评与自我批评”这项利器，因为它真的很神奇，能有效促进思想成长与认知提升。

2. 一条短信延续的力量

读研期间，我担任了低一届的一个班级班主任。因为年龄相近专业相同的缘故，我很容易地和班上同学打成一片，成了学弟学妹们的知心姐姐，在每一个关键的时间节点，我都将自己的认识与经验分享给他们。2006 年研究生入学考试前夕，我发了一条短信给第二天要参加考试的学弟学妹，主要意思是提醒大家端正态度，放松心情，自信参考，坚持到底，以鼓励他们坚守最初的梦想，考出最好的水平。最后，果然，学弟学妹们不负期望，考出了非常好的成绩，有几个人被录取到一流大学，让我喜出望外。更让我意外的是，一年后，在 2007 年研究生考试前夕，有位学弟发了一条短信给我，大意是：去年我发给他的短信让他感到被守候的温暖，被信任的信心，被支持的力量，他今后也要把这样的力量传递下去，今晚就发了短信给自己所负责班级考研的同学，以后还会坚持。此举，让我对他有了不同于以往的认识，这种认识是建立在传递正能量的基础上的。其实，他也是班上第一批入党的学生，而且在入党之后他始终坚持为班级着想，为同学服务，成为年级最优秀的班长。如今，读完博士后的他，任教于东南大学，已经是一名优秀的副教授。每每回到长沙，他都会联系我，找机会见面聊聊人生，聊聊发展。他所传递的那条短信，也成为激励我在学工一线继续前行的重要力量。

3. 一场转正大会上的感动

2016 年夏天，学院党员之家，座无虚席，电气四支部的一场转正大会，进门左侧依次排开十几位国防生。他们的脸庞上比普通学生多了几分古铜色，是训练时接受阳光照射的原因，但也显得更为强健。预备期满申请转正的党员们逐个向支部成员陈述转正申请，大家谈及预备期成长感悟，有人讲述自己被帮助关心时忍不住落泪了，有人因为内向略显忐忑紧张，有人讲起收获时幸福感爆棚。最为震动大家心弦的，是一位来自安徽农村的男同学。他笔直地站立着，一脸严肃，两眼直视前方，双手放于两腿外侧，标准的军姿，不太标准的普通话，俨然一副向部队首长汇报工作的态势。一开始，他就让大家为之一惊；开口之后，更让大家震撼。他每天早上 5 点起床，每天坚持操场跑圈 20 圈，每堂课都认真去上，每个任务都坚决去完成……他的每句话都深刻地烙印在与会者的心里。这位天资一般，体质偏弱，原来体测都难以及格的男生，用行动去改变去提升到了领先水平，他的坚持、他的毅力、他的信念，以及他对信念的坚守，感动了身旁的每一位同学，还有我。“优秀是一种习惯，是将平凡的事情坚持做，做到极致。”这句话放在他身上，再合适不过了。

作为学院组织最为庞大、所辖班级最多、党员人数最多的电气四支部，那场转正大会开了将近 5 个小时，然而没有一个人提前离场。

如果说，信仰是理想相同的一群人为之奋斗的目标，那么支部就是相互支持、坚定信念、坚守信仰的最基础组织。他这种阿甘般的精神，是能够激励每一位成员的最为宝贵的精神力量。

4. 一次出征仪式上发言带来的震撼

2016 年 6 月 23 日上午，2000 余人的大礼堂，气氛隆重，与会者全部佩戴党徽，手持党章，正襟危坐。正在进行的是2016 届赴西部边疆基层工作毕业生党员出征仪式，欢送即将于会后奔赴祖国边疆，支持西部基层建设的优秀毕业生们。我院张东辉作为主动申请援疆的典型，在会上代表支援西部建设的所有毕业生党员做主题发言。他用真诚的语言讲述自己所感所悟，感谢母校四年的培育让他懂得了责任和担当，表示将牢记党的宗旨，不负母校嘱托，在边疆扎根、积极建设建功立业，在祖国和人民最需要的地方实现自己的人生价值。

当25 名赴西部边疆基层工作党员代表在主席台上一起宣读出征誓言，铿锵的语句，字字落入师生的心中。当全体党员起立，重温入党誓词，坚定的语言响彻整个礼堂，回声阵阵。在场的人们，无不被深深感动。

不论是思想利器、力量传递，还是坚定信念、坚持奉献，都激励我不断自省、不断思考，用爱守护、用心凝炼，在基层党建工作中坚持与灵魂对话、与信仰同行。

如果能有一句话，在某一个瞬间，能够触动一些学生，哪怕只有一个学生内心最深处、最柔软的地方，足矣。在前行的道路上，我们从来不孤单。

最后，借用马克思《青年在选择职业时的考虑》中的一句话结尾——“面对我们的骨灰，高尚的人们将洒下热泪。”

加强思想建设，培养“底色亮”的大学生党员

——任学生党支部书记的思考

李　婵

转眼间，担任本科生电气一支部的支部书记已三年有余。每一年，在不舍与祝福中送走优秀的毕业生党员，又在期盼与欣喜中迎来新的党员力量，在这一年又一年的轮回中，看着党员们点滴进步、支部不断成长，心中感触良多。

还记得2014年初，我刚接任电气一支部书记一职后不久，组织全体党员召开发展大会，但整场会议的情况却有些出乎意料。几名毕业生党员因在老校区处理个人事宜，向支部副书记请假表示无法前来参会；支委对于党员发展的流程并不熟悉，导致会议的进程不太顺畅；甚至在发展对象宣读自己的《入党志愿书》时，还有个别党员同学没有认真聆听，在做自己的事情……面对这样的景象，我不禁陷入了深深的疑惑与担忧：难道这就是我们当代青年大学生党员的面貌吗？他们将来走入社会，可以担负起党和国家的重任吗？

困惑之间与同仁沟通，也在网上查找了一些相关文章，发现这可能不仅仅是我所在支部的学生党员们存在的问题，而这些问题可能是多方面原因所造成的。

第一，部分学生党员思想信念不够坚定。现在的“90后”大学生身处于科技飞速发展的互联网时代，各类信息获取十分迅速便捷，可以说他们无时无刻不在面对着不同思想文化的碰撞交锋。而刚刚成年的大学生，世界观人生观价值观并不稳定，也没有经历过艰难的磨炼，对于我们党过去那段艰苦奋斗的岁月少了一些感同身受，对于现在的幸福生活多了一些理所应当，所以，即使接受了一段时间的理论培训与学习，但面对多元的社会思潮，有时也可能迷失自己。

第二，学生党支部存在管理松散的现象。学生发展入党有一套严格的流程和一系列量化的考核指标，包括学习、工作、群众基础等各方面情况。因此，学生在入党之前，往往都表现得非常积极、优秀，努力达到一名党员的标准；

但在入党之后，由于一些党支部没有对学生党员再继续开展系统的思想教育，也没有对党员的日常表现进行动态、规范、全面的考核，管理比较松散，导致有的学生党员在思想和行动上都放松了对自己的要求，不积极进行学习、不积极开展工作等，造成整个支部出现涣散的情况。

第三，就我院而言，以前学生党支部书记由学生党员担任，初衷是为了锻炼学生党员自我管理的能力，但实际上，学生党员刚刚入党，对于很多问题的认识还不够深刻、全面，对于一些工作的开展流程并不熟悉等，所以，导致我们的支部并没有发挥出先锋堡垒作用，而我们的大部分学生党员无论是从思想上还是从行动上来说，离一名优秀的共产党员标准还有一定距离。

为贯彻落实党的十八大提出的“全面从严治党”的工作要求，真正培养出“底色亮、靠得住”的电气人才，我院积极调整工作体系，打通年级壁垒重新设立学生党支部，同时支部书记均由辅导员担任，着重加强党员的思想教育，取得了一定成效。以我所负责的学生一支部为例，主要开展了以下实践探索：

第一，加强理论学习，擦亮信仰底色。习近平总书记指出，“理想信念是共产党人精神上的钙”，加强学生党员的理想信念教育，不仅关乎他们自身的发展，更是对党和国家的前途命运起着至关重要的作用。理论学习是加强大学生党员理想信念教育的重要一环，只有对国情党史有深刻的理解和认识，才能树立起正确的人生观、价值观和世界观，坚定共产主义信念。近年来，在学院党委和学生党总支的指导下，我们坚持理论学习常态化，结合学生特点，开展了形式多样的理论学习，如开展支部党课、联系教师支部“双联双学”，组织党员参加理论知识抢答赛，组织观看电影《厉害了我的国》，等等。通过不断学习，支部党员们的理论水平得到了切实提升，对马克思主义、中国特色社会主义的信仰愈加坚定。

第二，强化责任意识，擦亮担当底色。学生党员作为大学生群体中的先进分子，引领正确的政治方向、积极传播正能量、带领同学共同进步是他们应尽的责任。我们通过“下班党员工作制”为学生党员设立岗位，明确职责，让他们在引领和帮扶同学的过程中体会责任与担当。电气1302班胡文敏同学说：在大学里，没有担任过下班党员是一种遗憾；电气1701班下班党员史梦鸽同学关心学弟学妹成长，利用休息时间主动开设高数、电路辅导小课堂，帮助同学们解决学习困难；电气1501班单源同学默默关注深受心理问题困扰的同学，在他情绪低落时陪伴他、鼓励他，帮助他渡过难关。正是这样一批批优秀的下班党员，成了学院开展思想政治教育工作不可或缺的力量，他们也在这样的工作中得到锻炼、得到提升，收获成就感、幸福感，而许多大一新生也在下班党员的激励和影响下，不断向先进靠拢。这种积极向上的精神就这样一届一届，不断传承。

第三，建设特色支部，擦亮服务底色。2017 年，学院启动特色型党支部建设，我支部结合实际情况，不断摸索，逐步确立了建设服务型党支部的目标。在这一年多时间里，支部成员积极寻找各种途径参与志愿服务型活动，如国家电网公司“青春光明行”优质服务社会实践活动、贫困儿童公益助学活动、传统文化普及教育服务、无偿献血活动等，为需要帮助的人贡献自身力量，“服务同学、服务人民、服务社会”的理念也深深扎根于心中，底色更加鲜明。

习近平总书记在党的十九大报告中指出：“青年兴则国家兴，青年强则国家强。”青年一代是国家和民族的希望，大学生党员更是青年学生群体中的优秀代表和先锋。做好大学生党员思想教育工作，任重而道远。

我们基层学生党支部书记，一直在路上！

夯实“三个坚持”，提升党支部的战斗力

——党支部建设感想

周　卓

大学生是一个纯净而有活力的群体，抓好大学生的思想建设对国家民族的发展和实现中华民族伟大复兴的中国梦有至关重要的意义。大学生党员是我们党在这个优秀的群体中通过培养和选拔出来的优秀分子，他们既是我们党在大学生群体中开展群众工作的骨干，也是党加强自身建设的后备力量。从 2014 年中央发布《中国共产党发展党员工作细则》，提出控制总量、优化结构、提高质量、发挥作用的党员发展总要求后，大学生党员的发展标准大大提高，体现了组织对吸收党员更为慎重的态度和对新发展党员的殷切希望。2017 年，党中央印发了《关于推进“两学一做”学习教育常态化制度化的意见》，明确提出要把党支部建设作为最重要的基本建设，树立党的一切工作到支部的鲜明导向。党中央的这一新要求，将党支部建设提到了新的高度。这是我党进行伟大斗争，推进伟大事业，建设伟大工程，实现伟大梦想的具体行动。党支部怎么建，怎样发挥作用，大学生党员这一支重要的队伍怎么抓，是摆在高校基层党支部书记面前的头等大事。两三年来，我们一方面能够看到，大学生党员的质量在逐步提升，党员和重点培养对象的思想道德素质，专业学习能力和个人工作作风与没有入党愿望的同学比起来有明显的优势，另一方面，随着学业和全面素质提升的竞争环境越来越激烈，工作要求越来越高，学生党员所承担的压力越来越大，如何帮助他们去平衡个人学业和发展与党的工作之间的关系，如何帮助他们去理解个人理想和党的发展、国家民族的发展之间的关系，保持学生党员模范作用的长效性，是我们需要解决的现实问题。多年的支部书记实践经历让我对支部建设有了以下思考。

一是要坚持不懈地抓学习，让学习成为支部成员的生活主线。大学生群体的特点是有信念但信念不够坚定，初涉世但涉世未深。他们对党的认识和理解很多都是从父辈、宣传媒体、身边优秀分子那里得来的朴素的向往的崇敬，一

旦接触到各种社会思潮的冲击，这种信念就很容易动摇。每年申请入党的学生很多，但是真正能通过组织考察，最终被吸收的党员却很少。所以要特别注重对积极分子的培养教育和支部学生党员的持续学习。以前的党建工作中，重发展、轻教育，对学生党员发展后的持续性的思想政治学习是很不重视的，以至于在对党员的教育管理中，有无根之木、悬在空中的感觉，每次过组织生活，大家的发言都是干巴巴的。近两年来，随着“两学一做”活动的深入开展，支部的学习意识和成员的学习意识都有了较明显的改观，从最初的要求所有成员去学习规定的学习资料，慢慢地有了自己阅读一些典籍和留心时政的意识。有了学习的习惯，组织生活也好开展了，无论是集体学习最新的政策方针还是就某一时事进行讨论，或者是一起读一读经典的作品，即使不是每次都挖空心思地创新形式，但是能做到组织生活有事干，有话说，有效果。除了思想政治教育，对于支部成员的专业学习也要经常关心和督促。专业学习在大学生中是最重要的评价指标，虽然在培养和发展过程中，我们对党员的思想政治素质考察是第一位的，但是对专业能力的高低，会关系到其他同学对于该同志的评价，以及该同志在今后群众工作中的自我认知和自信心，加上成为重点培养对象后，学习和工作任务会明显加大，支部成员感受到的压力也愈发明显。所以，在支部工作中，要特别关注支部成员的学业指导，通过强强帮扶，合理安排工作任务，提高工作效率，加强时间管理培训等方式使支部成员的学业成绩共同提高，树立支部学习好、工作强、能战斗的堡垒形象，帮助支部成员树立身份自信和能力自信。

二是要坚定不移抓纪律，让守纪成为支部成员心中的红线。纪律性是党员队伍区别于其他学生群众性组织的最大特征。在诸如学生会、学生社团、自律委员会等学生组织中，遵循的都是自愿参与这一最大原则，录取率、流失率和替换率也会很高，虽然有考核，但考核远远达不到党组织对于党员的考核标准。而党组织则有明显区别，从最初的培养考察阶段就是站在信仰的高度上，为了组织是要奋斗终生的，对于党员提出的纪律要求也就更为严格。作为基层支部，更应该把这种纪律意识传达给每一位党员。对于学生党支部来说，在《中国共产党纪律处分条例》中提出的政治纪律、组织纪律、群众纪律、工作纪律、廉洁纪律、生活纪律等六大纪律中，首要应加强的纪律教育是政治纪律和组织纪律教育。大学生群体还处于世界观、人生观、价值观的定型发展阶段，对有些是非问题并不是那么明确，大学生党员很多都担任学生干部，承担了一定的社会工作，群众基础扎实，在同学们中有一定的影响力，有些甚至成为了学生群体中的意见领袖。在出现一些群众关心的问题、社会热点事件，以及学校一些重大政策调整时，党员的言论和行为很容易对身边的同学产生重大的影响，所以在对大学生进行“三观”教育的同时，首先应加强对党员队伍的纪律教育，通过组织对党章、纪律处分条例等规范性文件定期的、不间断的学习，不断加强支部成员思想上对纪律的认识，通过加强日常组织生活的考核来让守纪意识与日常行为对接，通过开好每年的民主生活会让自我反省和他人监督成为常态，在发生与群众利益密切相关的事件和社会关注度高的热点事件时，及时召开组织生活会，强调纪律的同时引导支部成员展开讨论，通过正常渠道反映问题，并自觉在同学中传播正能量。

三是要坚实信念抓文化，让党支部成为支部成员坚强的后盾和依靠。对于普通同学来讲，想成为一名优秀的大学生，只要在思想道德、学习能力、工作能力、综合素质等方面全面发展，重点突出，而想成为一名优秀的党员，则意味着对他们提出了更高的要求，在这些方面都要努力创优，甚至在某一领域还需要成为众人学习的楷模。学习不能差，工作不能丢，活动要积极，面对越来越大压力的党员更需要组织的关心和关怀，不仅要关注党员思想上的问题，对他们在学习和生活中的实际问题更要花大力气解决，不仅要对党员的工作学习方法加强指导，也要注重他们的心理健康和情绪疏导。在支部中，主导的文化应是学习的、互助的、坦诚的，支部成员之间的关系既有工作布置时的服从关系，也有完成任务时的合作关系，还有学习生活中的互助关系。支部通过组织发展转正全体成员集中讨论、评奖评优全体成员集中讨论、重大事项全体成员集中讨论的“三集中”，确保支部的各项事务公开公平公正，增强支部成员对组织的信任感；通过在关键节点如每学期开学初、重大考试前、期末考试前组织成员共同讨论学期计划、难点科目的讲解复习、学习进度的督导促进等活动，让支部生活为党员的专业学习和个人成长助力；通过开展如志愿服务、集体学习、七一表彰等集体活动，增强支部成员的归属感和荣誉感；通过对学业和生活上有困难的党员开展心理疏导、谈心谈话、学业帮扶、生活救助，让支部成为党员情感的宣泄口和力量的补给站。

万丈高楼平地起，关键在于固地基。治国安邦，重在基层，管党治党，重在基础。党支部是党的执政大厦的牢固地基，是整个党组织神经末梢，承担着推动党的路线方针政策落地生根的重要责任。高校的学生党支部有其特征特点，只有不断探索学生党支部的合适建设方法，充分发挥党支部的战斗堡垒作用，才能不断激发大学生党员队伍的活力，为实现中华民族伟大复兴的中国梦储备人才，积蓄力量。

用行动坚定跟党走的信念

彭怡峰

“我志愿加入中国共产党”是入党誓词的第一句话，也是很多学生入党志愿书里面写的一句话。但是入党并不是很容易，需要经历的事情有很多。每当有学生因为没有顺利发展入党和我谈心的时候，我往往会和他们说我的入党故事。

我的入党故事可以说是一部“辛酸史”。在高一的时候，还未年满十八岁的我就提交了入党志愿书，成为一名入党积极分子。高三的时候，学校组织了党校培训，邀请了当时的县委宣传部部长给我们授课。结业考试的时候，县委书记还来到我们考场进行巡考。可以看出，学校当时对我们的党性培养非常重视。我那个时候就在想，要是能被发展成为一名高中党员，那该有多好。然而，事与愿违，我并没有被党组织发展。当时的我非常难过，不理解自己为什么没有被发展。高中班主任安慰我：“不用难过，大学还有很多机会。”

于是，我带着党校结业证书来到了大学。当时班上只有两名高中入党积极分子，我想自己应该能成为班上第一批发展的党员吧。由于是高中入党积极分子，我可以直接参加学院的党校。然而，当时我还是心有不满的，觉得自己有高中党校结业证书，为什么还需要重修党课。参加党校以后，我表现得非常积极，思想汇报也写得特别认真，以至于当时负责培养我的学姐经常表扬我。为了争取早日入党，我当时还加入了学生会，参加了很多学生活动，成绩也保持在班上前几名。然而，在党校结业考试的时候，我居然挂科了。这就意味着，我党校无法结业，没有资格推优入党。

那个时候党校考试是有补考安排的。第一次党校结业考试挂科以后，我参加了补考，可是补考我又没有通过。于是我又参加了下一期的党校培训，又经历了一个轮回。然而这个轮回并没有结束，第二次参加党校结业考试我又挂科了，补考也没有通过。于是我参加了第三次党校培训，然而这一次我还是挂科了，而且这一次没有补考安排。就这样，我又得参加第四次党校培训了。当时负责党校培训的老师看我“可怜”，觉得我都上了三次党校培训课了，党性修养也还过得了关，只是理论差了点，就批准我可以不用去上党课，但是必须自学理论知识。就这样，大学期间，我参加了六次党校结业考试。在第六次党校结业考试前，我痛定思痛，做了很充分的考试准备，认真系统地学习了党的相关理论知识，最终高分通过考试。

通过党校结业考试，就有推优入党的资格了。然而在我第一次被推选预备党员的时候，我并没有被选上。当时负责和我思想谈话的老师告诉我，我所在寝室存在一次差寝通报，我没有发挥带头作用，不能被发展。第二次被推选预备党员的时候，我还是没有被选上，负责党建的老师告诉我，我们班级还有更优秀的，下次再考虑我。第三次被推选预备党员的时候，党组织终于接收了我，我终于成为一名预备党员。

所以，我的入党发展过程非常曲折。每当我把我的入党故事说给学生听的时候，他们都觉得不可思议，觉得自己在入党过程中所受的波折不算什么。然而，正是因为这个曲折的过程，让我的思想一步一步成熟。

在高中的时候，我志愿加入中国共产党，并没有经过太多的深思熟虑，只是周围的老师家人都告诉我入党是一件好事情。当时的入党动机是不成熟的、不端正的，没有理想信念支撑。在大一大二期间，虽然我参加了四次党校培训，听过很多老师讲党课，但是仍然没有全面地了解过党的发展历史，没有系统地学习过党的理论知识，没有深入地阅读过党的经典著作。因此，在多次党校结业考试中，我不能够取得好的成绩，理想信念也不够坚定，思想也不够成熟。意识到这个问题以后，我开始大量阅读，特别是历史和哲学方面的书籍。经历过这个过程以后，我意识到解释世界很容易，问题在于改变世界。而要改变世界，必须先要改变自己，解决问题，特别是解决主要问题。在这样的过程中，我的思想在不断成熟。

好事多磨，正是因为有不断成熟的思想，自己前进的步伐才会更加坚定。虽然在入党过程中多次遭遇挫折，但是每次挫折并没有动摇自己入党的信心，反而坚定了自己入党的信念。大学四年，每个学期我都担任了主要的学生干部，学业成绩一直保持在班级前列，荣获两次一等奖学金和一次二等奖学金，多次荣获各种校级以上奖项和荣誉。在这样的过程中，我一直用行动坚定跟党走的信念，阅读了大量的历史书籍，丰富了自己的知识储备，深刻了自己的思想内涵。

成为一名高校辅导员以后，经常要和学生思想谈话。每次我都感谢大学期间自己的入党经历。那段经历让我明白，组织上的入党一生一次，思想上的入党一生一世。只有通过不断学习，丰富自己的思想，用先进的思想武装自己的头脑，才会有东西和学生交流，才能正确地引导和帮助学生。而今，我有时候也会特别忙碌，忙碌到白天没有多少时间可以思考。但是每当夜深人静的时候，我经常会去思考每天的经历和未来，思考主要问题和问题的主要方面，思考如何去改变自己和服务他人，思考如何用实际行动践行跟党走的信念。我知道，路还很长，问题还有很多。但是我也相信，只要心中有信念，明天一定会更美好。

不忘初心，一直在路上

——一名基层党建工作者的感悟

彭　芳

2011年我是一名发展对象，2014年我成为一名辅导员以及学生党支部的支部书记。每当与发展对象谈话以及在转正大会上，我会询问学生：你为什么入党？你的入党动机是什么？你认为一名合格党员应该怎样做？作为一名党龄不算长的党员，因为从事学生工作，让我对党员的身份有了更深刻的认识。静下来思考，那么，我又为什么入党？又是怎么践行一名党员的职责的呢？

一、追求卓越的路上——我为什么入党

自从读书开始，家庭给我的教育就是要努力读书，做一个正直向上、追求卓越的人。小学的时候，我成为全校第一批加入少先队员的学生之一，老师说，红领巾是革命先烈用鲜血染红的，才换来我们今天美好的生活。当时还没有感受到那份重量，只觉得佩戴红领巾是件光荣的事情。刚跨入中学大门，我也顺利加入了共青团。但是直到进入大学，入党名额有限，班里只有少数优秀的同学才能成为发展对象。在经历多次推优落选之后，我不断鞭策自己，提醒自己入党是一个需要经受长期考验的过程，只有不断提升自己，使自己足够优秀，才能加入这个优秀的组织——中国共产党。直至临近大学毕业，我才顺利成为发展对象，算是给我的大学画上了一个完美的句号。

二、出国求学的路上——时刻铭记自己是一名党员

经历了磨人的TestDaF（德语语言考试）、APS审核后，满怀期待踏上了去往德国留学的征程。每每回国与朋友交谈，大家总会投来欣羡的目光，言语中总是羡慕国外环境多么优越，古典的欧式建筑，高素质的人群，高品质的生活。

但是，我总会跟他们说其实只有出去了，才真正感受到祖国的蓬勃发展和祖国的强大，自豪感油然而生。在德国留学期间，游遍欧洲，这种感受更加强烈，虽然欧洲的国家是发达国家，但是我也遇到了随时都有可能被偷的意大利，街道脏乱的法国，高铁在德国也可能晚点，东欧的城市硬件设施也很落后，所以，并不是国外的都是好的，并不是国外的月亮比国内圆。

我想，只有真正经历过留学的人，才能理解留学生在一个陌生国度的孤独和无助。在欧洲，对于亚洲人的排斥和歧视还是根深蒂固的，如果你只是一个旅游者，短暂的停留，或许你感受到的都是德国人的高素质，友好对待。但是，对于一个在德国的留学生，我遇到过在跨文化交流的课堂上，老师拿着中国20世纪60年代农村的图片与欧洲城市比较，遇到过夏天在德国打伞的学姐被德国老太太直接将伞抢走，并要求她滚出他们的国家，遇到过高铁上德国人直接与你交谈中国威胁论，说害怕中国。每当这个时候，我都时刻铭记自己党员的身份，铭记我是一名中国人，我会与我的同学辩论中国的变化，与他们分享中国真正的城市发展，与他们讲述两国的文化差异，与他们解释中国威胁论的可笑。就算只能影响身边一部分的德国同学，但是我都觉得是有意义的，如果每个中国人都有这种维护自己祖国尊言的意识，都发自内心地以祖国为傲，学会去宣传自己的祖国，学会保持自己的一言一行不损害祖国的形象，我相信，这种种族间的壁垒会慢慢瓦解。

无论身在何处，时刻注意自己的言行举止，以身作则，以祖国为荣，以作为一名中国共产党员为荣。

三、辅导员事业的路上——传道、授业、解惑、传播正能量

留学回国后，我选择了进入高校工作，成为长沙理工大学的一名辅导员。

选择这份工作的时候，也有人问我，你学小语种的海归，为什么不去大城市，不去外企，而选择了“白加黑”“五加二”的辅导员工作。其实，答案很简单，我喜欢高校的氛围，我喜欢与学生打交道，我想用自己的学识和经历指导更多的学生，传播正能量。

2015年，我的年级来了一名休学的2013级学生。他曾经不能适应大学生活，厌学，逃避，导致休学一年，在深圳打工。初与该生接触，他性格内向，不愿交流，对于自己的经历一律闭口不谈。自此以后，我每周都会与他联系，询问他学习、生活状况，虽然他一次也没回复过我，但我仍坚持着。直到有一天，他突然满头大汗地来找我，说要找我聊聊。结果一聊就是两小时，他将他这些年的经历、想法向我吐露，并表示，自己总控制不住胡思乱想，有轻生的想法，

最后我带他去医院，诊断为抑郁症。诊断后我对他更加关注，只想尽自己最大的努力去帮助他，甚至在我怀孕 7 个月的时候，还曾深夜寻找他，将其带回学校。但是，值得庆幸的是，我以真心付出，得到了他的充分信任，他出现任何困难、不好的念头都会第一时间告知我。临近毕业的暑假，他很开心地告知我，他找到了一份自己喜欢的实习，并且很有可能会留在那儿工作，现在的他一切安好。

辅导员——我的第一份工作，也是我终生的工作。这份职业对于学生的作用，与其说是传道、授业、解惑，我更希望是以真心换真心，用心温暖更多的学生，传播正能量，做他们人生路上的良师益友。

人生的路途很长，作为一名党员，我仍会坚持以身作则，一直在追求卓越的路上，不断提高自己的素养；一直在以祖国为荣的路上，发自内心地赞美祖国、维护祖国、为祖国做贡献；一直坚守在一线教师岗位上，默默付出，帮助更多的学生，感化更多的学生，传播正能量，收获更多的温暖。

青春·使命·誓言，无悔的选择

——长沙理工大学庆建党90周年演讲比赛演讲稿

丁 丹

我是中国高校首次扩招那一届的大学生，是一名“80后”的高校学生辅导员，是出生于和平年代，成长于改革开放时代，工作于祖国快速发展、不断跨越的新世纪的年轻人。我没有亲历革命战争年代的硝烟炮火，是教科书、是历史资料让我们懂得了今天幸福生活的来之不易，那是我们党带领全中国人民推翻了三座大山、建立了中华人民共和国，从根本上改变了中华民族的命运，写下了彪炳千秋的光辉诗篇。但我亲眼见证了在党的领导下，中国改革开放的宏伟历程，人民生活越来越好；见证了祖国飞速发展的铿锵脚步，奥运会成功举办，“神七”上天，中国让世界瞩目、让世界震惊；见证了在自然灾害面前，党领导全中国人民众志成城、团结互助、迎难而上、敢于胜利，谱写了一曲曲壮丽的生命凯歌。这一切的一切都让我心中时时澎湃着一种信仰、激昂着一种情感：我们的党是一个伟大的党、光荣的党、正确的党，党就是旗帜，引领我们成长与进步。

1999年6月，我举起右手庄严宣誓，光荣地成为一名中国共产党员。从那时起，党时刻教育我、引导我，告诉我什么叫责任，什么是使命，什么是奉献，什么是爱。我是一名普通的学生辅导员。都说辅导员的工作是个筐，什么都往里面装，都说辅导员就是消防员、保姆，想说爱你不容易，但我深深地热爱我的工作，因为我知道我身上有一种责任，那就是“育人”，我身上有一种使命，那就是“奉献”。八年的学生辅导员工作，我深深体味着什么叫“用激情点燃激情，用智慧碰撞智慧”，什么是“感染”与“影响”的深刻内涵。也许我们的身份很渺小，也许我们所做的一切看上去都是那么地微不足道，但我始终相信，只要我们心中有爱，只要我们坚守职责，只要我们饱含激情，辅导员的工作快乐常在，辅导员的事业价值永存，辅导员的琐碎芳香满园。

在辅导员的工作生涯中，总有很多事让我们去面对，去成长，总有很多记忆要让我们用一辈子去忘记。那是2004年的一天，我所带的一名学生被确诊为抑郁症，贫困复杂的家庭背景，胆小、害怕、忧伤的心，痛哭三个小时不止，我的心颤抖了，那时的我才参加工作不到一年，对于心理学知识还只是知晓点点皮毛，更别说对于心理疾病的干预和辅导了，但此刻，我别无选择。从那天开始，每个星期六下午我都陪她步行去医院复查，每天至少一个电话，帮她垫付医药费，跟她周围所有相关人员包括远方的家人谈话，动员他们一起无声地关爱她，帮助她，给她精心安排策划意外的小型生日 PARTY，两个多月后，笑容开始慢慢地在她脸上恢复，这一牵挂就是三年，从 2004 到 2006 年她毕业，1000 多个日日夜夜的润物细无声的心的牵挂，在她身上却演化了很多的奇迹，三年中尽管只服了不到半年的药，但再也没有复发过一次抑郁症，曾经胆心、卑微，连上台讲话都不敢的她却变得格外坚强、勇敢，参加了学院一次又一次活动，取得了连她自己都不敢相信的突破，获得了二等奖学金，毕业时签约了 500 强企业。我不是医生，我也不是圣人，但我确实与我的同事和学生们一起用爱、用责任创造了一个奇迹。2007 年，我一次性通过了国家二级心理咨询师的考试，而这一切，不是为了其他，只是为了在工作中能更专业，能更好地去帮助一些需要帮助的学生。

有时也感觉到疲惫，有时也想放弃，但是那一颗颗年轻的心激励着我永远充满激情，永远感觉肩上有力量。忘不了与学生一起准备作品展览，时间紧，任务重，但学生说：“老师，不管多累，我们都会做好，因为我们绝对不让您失望”；忘不了考上北大的研究生的学生家长给我打来感谢的电话，“孩子入大学时只有 16 岁，刚入大学时真的很不放心，四年中是你们耐心的培养让她今天能够成才，真的谢谢你们”，忘不了一名自考学生给我的留言：“老师，是你们让我学会了哭……”

是责任、是使命、是感动、是爱，让我在心灵深处，固守着自己的追求，哪怕面对永无休止的琐碎与细致，却依旧保持热情，胸怀坦荡。从 2008 年至今，我坚持撰写了 230 多篇近 20 万字的工作、生活随笔，通过我对生活、对成长、对工作的感悟引导着学生的成长，哪怕在怀孕期间，从未停止，因为我知道，有很多学生已经习惯了看我的文字，很多学生将读我的博文看作是“捞”东西，尽管不常有电话或联系，但我们一直在交流；是责任，让我挺着七个月大的肚子却依旧坚持到晚上 11 点多，听完 60 多个学生干部的竞选演讲，不是我不能提早离开，而是我不想让我的提早离开给后面演讲的学生留下一点遗憾；是使命，让我们在面对一批批厌学、叛逆、自控能力不强的成教自考学生，用耐心、用爱心帮助他们重塑自信，取得了让他们家长和自己难以置信的变化，改写了曾经摔倒的人生之路。

总有一种责任让我们冲锋在前，总有一种榜样成为力量之源。我很普通，也很平凡，我所做的一切是千百万学生辅导员都在做的，没有豪言壮语，不够惊天动地，普通得如同大海里的一粒沙石，平凡得如同蓝天上的一朵白云，但是党的优良传统指引我们向前，是党旗教会我们责任与使命，在平凡的岗位上践行党的宗旨，书写不平凡的人生。在我们伟大的党即将迎来他九十岁生日之际，我再一次举起我的右手，庄严宣誓：无悔自己的选择，忠于职守，爱岗敬业，传承使命，践行职责，为祖国的育人千秋大业贡献自己应尽的力量。

追根究底溯本因，深入辅导助提升

——对一名学生党员开展思想提升成长辅导的案例

邵巧艳

【辅导背景】

大学生党员是高校青年学生中思想积极向上、政治立场坚定、学习成绩优良、工作表现突出的具有模范引领作用的优秀分子，在大学生群体中发挥着重要的先锋模范作用。大学生党员的教育管理是学生党建工作的重要内容，对于学生党员思想的波动及异常现象，党建辅导员老师需要认真对待，对症下药，及时辅导，耐心引导，在关键时刻助力学生的思想提升。

【辅导对象的确定】

周同学(化名)，男，汉族，电气与信息工程学院电气工程及其自动化专业2012级学生。2014年3月底，周同学所在支部书记向党建辅导员老师反映周同学近期多次无故缺席支部会议及活动，电话经常是无人接听状态，也联系不到人，党建辅导员老师请其支部书记主动进班级到寝室约谈周同学，了解周同学具体情况。支部书记了解情况之后向老师反映周同学表示想要退党，而且意愿比较强烈，耐心劝说仍无果。党建辅导员老师意识到周同学问题的严重性，立即查看周同学党员档案，与其辅导员老师、班级干部、支部同学了解情况后，约谈周同学。

作为一名高中党员，周同学自2012年9月份来我校学习，进入大学后前期较积极，大二学年第二学期初思想突然波动，而且其行为对支部整体及其他同学有较大的负面影响。因此，将周同学列入成长辅导重点关注对象。

【辅导前准备】

1. 学生思想发展历程整理

经查阅党员档案，了解到周同学于2009年4月23日(高一第二学期)申请入党，同年10月10日（高二第一学期）确定为入党积极分子，2010年12月10日（高三第一学期）党校结业，2011年5月20日（高三第二学期）（第一次高考前夕）发展入党，2012年6月28日（复读高三第二学期，第二次高考结束之后）转正。

经查阅学生数据库，了解到周同学的信息：电气与信息工程学院2012级学生，大一任班长，父母在外务工。自2012年9月进入大学后积极参与各项学生活动，并多次获奖：荣获回访母校社会实践活动优胜奖、2012级新生军训征文比赛一等奖、2012—2013年院级文体活动先进个人、参加青春励志情景短剧比赛荣获最佳风采奖。

2. 学生平时表现情况收集

党建辅导员老师第一时间向支部负责人、党校组、年级辅导员老师咨询了解周同学的平时表现情况，整理如下：

周同学是学院2012级为数不多的高中党员之一。现担任所在党支部宣传委员，同时在本科生党校小组工作。

大一上学期，周同学主动竞选班级宣传委员成功，任职期间积极宣传班级优良的学习、生活风貌，落实学校、学院的各项通知精神，参与班级活动的策划，工作尽职尽责。

大一下学期，周同学担任班长，全面为班上情况考虑，注重班集体建设，紧抓学风，认真负责地组织集体活动，班级整体情况不错。

大二上学期，班级进行班委换届，周同学不再担任班级干部，开始担任支部宣传委员，主要负责支部学生党员活动的宣传；担任党校小组成员，主要协助党校组长做事，周同学一直积极主动、认真落实各项工作。

大二下学期初，周同学开始对各项工作漠然，疏于参加活动，不再参加班集体活动、支部的会议、党校的工作，一个人大多时间在寝室待着。

3. 信息初步分析

对收集到的信息进行初步分析，老师发现周同学在出现变化之前，一直都是思想积极向上，工作认真负责，且可以圆满完成老师、班级、组织交付的工作任务，学习踏实勤奋成绩良好。进入大二下学期后，周同学的思想突然发生较大的变化，消极应对学习生活工作等各方面的事情，且同学劝说无用。是什么原因引发周同学的突然变化呢？这是迫切需要进一步深入了解的情况。带着这个疑问，党建辅导员老师对周同学进行了初次辅导。

【初次辅导】

1. 辅导目标

了解周同学的入党动机、思想提升历程及目前的思想状况，了解周同学所在班级、所在支部的具体情况。

2. 辅导过程

2014 年 3 月 25 日中午 13：00—14：00，党建辅导员邵巧艳老师约周同学在成长辅导室心情驿站谈心，了解其基本情况，周同学反映的信息具体如下。

(1) 自我认知与评价

作为一名高中党员，周同学自我认为与其他同学有些不同，但自己不确定这些“不同”是“优越感”“自豪感”，还是“特殊感”，抑或是都有。但周同学十分肯定党员的光荣性与先进性。

对于大学生活，周同学认为自己大一过得比较充实，进入大二后感觉自己“被做事”，做了很多自己不愿意去做的事。对照学校、学院发展大学生党员的标准与流程，周同学觉得自己还没有达到党员的要求；想想自己平时的表现，远没达到党的为人民服务的宗旨。

周同学高中时候申请入党是因为别人说入党好处多便申请入党了，现在，周同学后悔自己当年没有做深入的思考与选择，造成现在自己对党组织的活动没有动力，觉得自己在组织当中是不适合的，等自己真正达到入党的要求之后再申请入党，或许会更好。周同学不想为了一份荣誉而做与自己内心相违背的事。

自我评价：踏实、认真、负责，做事喜欢寻根问底，耿直、率性、果敢，理论知识有所欠缺，需要不断去学习提升。

(2) 深入了解入党动机

结合对周同学自我认知部分的了解，党建辅导员老师针对入党动机做了深入的探析，得知周同学高中阶段成绩优异，一直名列前茅，故而被学校党组织列为重点培养对象，在高三时条件成熟光荣地加入中国共产党。关于为什么选择加入中国共产党，周同学表示一方面是老师、家长都说入党好，有助于今后的发展；另一方面，自己也是追求上进的学生，希望通过身份的转变给自己更大的挑战，向更优秀看齐。当年撰写入党申请书、参加党校培训、写思想汇报等都是在老师的指导下完成的，有些情况自己没有去深入思考其深层次的意义，非常笃定的是“入党好”。

(3)了解有退党想法的原因

大一学年、大二上学期都担任班级或支部学生干部，主动组织并参与各项学生活动，感到紧张、充实、也很快乐，过程中得到很大提升，只是自身成绩受到一定的影响：大一第一学期班级排名第2(绩点3.40)，大一第二学期班级排名第7(绩点3.40)，大二第一学期班级排名第9(绩点3.03)。

大二上期开始，周同学开始对部分学生活动持质疑的心态，认为许多活动无意义，而自己作为学生党员经常“被活动”，需要带头参加，觉得党员的身份有时候成为一种制约。同时，自己也知道作为学生党员带头不参加活动的不好的影响。

为了降低负面影响，给自己留出更多的时间投入到学习中，投入到自己喜欢的事情上，考虑再三，他决定申请退党。

(4)老师给予建议

根据了解的信息，邵老师首先肯定了周同学高中至大二上学期的整体表现：高中阶段发展学生党员是很不容易的，说“百里挑一”都不为过，经得起党组织的考验，受到多位老师的肯定说明周同学思想觉悟高、整体素质很不错。

结合目前情况，邵老师向周同学提出以下具体的建议和要求：

作为一名学生党员，回顾自己的入党历程，想想当初入党除了“入党好”之外，还有什么因素在激励自己？

针对自述的退党原因，希望周同学多方思考、多渠道咨询，逐条进行分析，是因为党员身份导致的成绩受影响、“被活动”“负面影响”，还是因为对大学生活适应不良，或者其他原因导致的这些情况。

最后，邵老师希望周同学重新审视自己的党员身份，珍惜学生党员这一荣誉称号。如果考虑之后还是决定退党，老师会尊重学生的意见与决定，我们需要按照党章所规定的流程进行操作，强调一味消极应对不可取，希望周同学再次重温党章的内容。

3. 辅导小结

初步了解到周同学整体素质较高，曾任职主要学生干部，积极主动、尽职尽责，对大学生活期望很高，目前遇到一些发展困惑(学业、工作相关)，自身有逃避意识(意识到学业受到影响、“被活动”，但却从来没有与同学、老师沟通，更无从提及寻求帮助)。邵老师与年级辅导员沟通后，要求周同学所在党支部、班级下班党员关注周同学的平时表现，给予正面的引导与帮助。

在这个过程中，我们意识到在对学生党员的教育管理中，除了日常的培养发展工作之外，需要进一步增强对现有学生党员在学业、生活等方面的了解、关心与指导。

【第二次辅导】

1. 辅导目标

（1）多渠道了解周同学的真实表现，核实周同学所述的情况是否客观属实。

（2）梳理学院本科生党总支的活动，调研学生党员对党建工作的意见，收集一手资料，了解“被活动”现象是否客观属实。

（3）重温《党章》中党员的八项权利、八项义务及关于“退党”的相关规定，以更好地进行后期辅导与平时的党员教育管理。

（4）将周同学思想现状及调查结果如实向主管副书记反映，征求领导的指示意见。

2. 辅导前准备

邵老师分别与周同学的班主任老师、下班党员、支部负责人、党校工作组沟通了解更加详细的情况，并深入周同学班级课堂、宿舍了解周同学平时表现情况，具体情况如下：

（1）班主任老师反映：周同学入学以来，一直较为积极主动，在班级管理方面很用心。特别是担任班长之后，紧抓班上学风，组织学生备战期末考试及英语四、六级；给班上每一位同学过生日，营造温馨的班级氛围。

下班党员反映：周同学在组织班级活动方面考虑很周到，借去烈士公园游玩之机进行清洁活动，既有趣地玩乐又弘扬雷锋精神；去岳麓山进行登高活动，锻炼身体的同时增进了让同学们之间的相互了解。

支部负责人反映：周同学在进入大二之后开始担任支部宣传委员，负责支部学生党员活动新闻稿的撰写与发布工作，能主动落实各项工作任务，但是本学期开学后很被动。

党校小组组长反映：上学期党校的日常组织工作中，周同学一开始积极，后期不怎么主动参与。跟他聊过，周同学说感到时间被占用很多，自己的学习等有点力不从心。本学期已经提出要退出党校工作组。

（2）深入课堂与宿舍，了解周同学平时表现情况。2014 年 3 月 26 日至 28 日期间，学院集中开展“三进”工作，学工辅导员老师每天去课堂、宿舍了解学生情况，其间对周同学有了更全面的认识：周同学无迟到缺课情况，且课堂听课认真投入、笔记详实。

（3）与其年级辅导员沟通，了解周同学平时表现。年级辅导员彭怡峰老师反映周同学所在班级也存在一定的问题，大一第二学期原班长不愿意再担任班级干部，班上无人愿意担任班长，经谈话做工作之后，周同学才临危受命，愿意担任班长，周同学不属于特别健谈的，但交付的任务都能认真落实。周同学自己的成绩一直不错，但进入大二后有所退步，大二第一学期提出辞任班长。

(4)核实学生支部情况与学院党建工作组情况：根据现有的支部设置办法，每一届毕业生离校、大四学生转移校区，都要重新调整所有学生支部，这个过程中云塘校区的学生支部管理都会出现一些问题，如：支部人数减少，甚至正式党员不足3人、支委设置不全，学生党建小组也面临后继无人的情况。这时高中党员在党建工作中就变得尤其重要，一般都会被组织委派一定的职务。周同学就是在这个情况下，辞任班长之后，继而转入党支部、党校小组工作的。后经核实，周同学自己对高校的积极分子培养教育过程、党员发展流程与规定是不熟悉的。

(5)结合群众路线教育实践活动，开展“电气与信息工程学院学生党员党的群众路线教育实践活动调研工作[(学生)意见表]”专题调研，设置专栏征求学生对于学院学生党建工作及学生党员管理的意见与建议，由党支部组织党员深入学生进行调查，以无记名问卷调查的方式进行，共发放问卷1460份，回收1426份有效问卷。调查结果显示，学生建议集中在“多多宣传先进事迹与先进人物，提高学生党建的知名度”(80%接受调查同学提及)、“可以组织活动，增加对基层的了解，比如：三下乡”(80%接受调查同学提及)、“多注重实际活动，开展一些与联系群众相关的实践活动，丰富学生党建活动的形式”(56%接受调查同学提及)、“增进师生互动与沟通，工作更加贴近学生，加强与学生之间的联系”(54%接受调查同学提及)、“提高党员的党性修养”(34%接受调查同学提及)等。值得注意的是，关于“被活动”一说在调查结果中不曾被提及。

(6)将多方调查了解到的情况向主管副书记反映，请示周同学后期的教育管理措施。副书记强调深入调研、了解具体情况，以引导为主，找出周同学的真实问题所在，在教育引导方面有的放矢，思考学生党支部的调整办法。

3. 辅导过程

2014年3月31日，邵老师再次约谈周同学，进行了深入的谈话，具体内容有：

(1)结合近期了解的情况，引导周同学分析自己现在的学习、工作、生活等情况及面临的问题，引导其适当调整预期目标。引导周同学深刻思考成绩波动的原因，正确认识成绩变化一事。

(2)了解周同学对学院学生党员管理的意见与建议，引导其正确认识学生支部及学院党员管理制度，积极应对各种问题。

(3)将调查结果告知周同学，了解其感到“被活动”的具体情况，征求其对于开展学生党员活动的意见与建议。

(4)告知其具体的党员管理规定、申请退党的流程，建议其如果决定退党，先写个书面申请。

经谈话沟通，周同学初步认识到自己之前对成绩变化没能正确进行全面的分析，只是想当然地归因于学生干部工作、归因于党组织内任职，以致大二开始就消极应对各项事务。同时，周同学也认识到自己对于大学生活的适应及调整不是很理想，自己没有去寻求过同学、老师及家人的帮助。

对于学院学生党建工作，周同学表示，自己高中阶段入党过程没有大学这么严格的规定，也没有这么复杂的流程，感到有很多时候是被动地参与活动的组织，自己并没有真正地融入党支部当中，有些时候感觉工作只是个形式，没什么意义，自己不愿意这么做下去，把时间浪费在没有意义的事情上。

对于老师所讲的党建工作专题调查结果，周同学表示希望能够参加有意义的活动，而不是把时间浪费在形式上。但当老师问及具体“形式上”“被活动”的事例时，周同学并没有做正面回答。

此次辅导最后，周同学当场表示自己想再好好思考下自身的问题。关于是否真正决定退党一事，周同学也想要再征求下家人、同学、朋友的意见。

4. 辅导小结

(1)从成长经历来看，周同学对自身要求及期望一直较高，高中阶段复读也是希望能够进入一本的主干专业学习，进入大学后对自己同样有很高的要求与期望。虽然其成绩始终在班级前十名，但周同学看到连续两次名次后退，心理有较大的失落感，自己归因于从事学生干部工作。学院一直比较关注挂科学生的学业情况，对于无挂科、成绩排名靠前的学生学业问题关注较少，需要将此情况反馈给年级辅导员，建议适时关注学生。

(2)在学生党员的教育管理工作中，需要深入到学生群体，加强对学生党员的关注与关心，建立良好的互动沟通机制，了解其困难与困惑，及时给予引导及建议。

(3)在开展学生学业辅导工作中，做好整体辅导工作的基础上，需要增加对思想有波动的成绩优秀学生的关注，而不只是重点关注学业预警学生。

【第三次辅导】

1. 辅导目标

(1)进一步深入了解周同学的思想状况，确认其对自身学业的认识，助其理清问题与困惑。

(2)从党建工作及党员表现现状分析“被活动”现象是否客观属实。

(3)完成后续对周同学长期辅导工作的计划。

2. 辅导前准备

邵老师抽查了学院部分学生党员的档案，对比了高中党员与大学发展的党员的材料，与周同学所在支部成员、所在班级同学进行了解，具体情况如下：

(1)高中党员因来自不同的省份、不同的学校，其材料虽略有区别，但档案材料基本齐备，部分有补材料的痕迹，从材料看学生思想认识均较为朴实。

(2)周同学所在支部同学表示，平时的工作都是按照学院要求开展，自己没有感到“被活动”，反而觉得应该多组织党员活动。

(3)周同学班上同学反映，大家眼里周同学成绩优秀、为人随和，工作方面如果增加些主动性会更好。

3. 辅导过程

2014 年 4 月 8 日，邵老师第三次约谈周同学，进行谈话，具体内容有：

(1)了解周同学一周以来的思考情况，引导周同学积极应对自己的问题与困惑，给予具体建议。

(2)进一步澄清“被活动”的具体情况，引导周同学端正思想认识。前期的了解，基本了解到“被活动”可能是周同学自己的看法，为其解释成绩排名下降、有退党想法的借口。在这个过程中，了解其理想的学生党建活动形式，引导其正确认识各项活动开展的意义，建议其提高重视程度、灵活应对。

(3)将从支部、班级了解到的情况反馈给周同学，建议其更乐观、更全面地认识自己，同时调整对自己的期望，接受自己的现状。同时，建议其制定合理的发展目标，并适时根据实际情况做调整。

经谈话沟通，周同学认识到自己把成绩变化归因于学生干部工作、党员身份是不应该的，同时表示经过多方咨询沟通、自己深刻思考，认识到提出退党想法、消极应对各项工作室对自己、对组织不负责任的表现。周同学向老师表达了歉意，表明不想退党的态度，表明今后自己将端正心态、主动调整状态，改善学习方法、提高学习效率，珍惜党员身份、严格遵守各项规章制度，不断追求卓越。

4. 辅导小结

(1)从最初的坚决退党到此时的撤回申请，周同学思想经历了较大的变化，虽然目前情况稳定，但后期依然需要长期的关注。

(2)学生的思想变化，起因于学业成绩的变化，但绝非全因成绩的变化，更多的是学生思想认识片面、对变化适应不良，也没有主动寻求咨询与帮助，以及消极应对所导致。需要老师耐心寻找背后的原因，及时采取措施引导帮助学生。

【后期常规辅导】

1. 辅导背景

周同学经历思想波动之后，表示会珍惜党员身份，正视自身的困惑，老师需要定期关注。

2014 年 9 月份，学院本科生党总支根据群众路线教育实践活动的专项调查结果，请示副书记后报请学院党委，将学院学生党支部设置进行调整：党支部书记由原来的学生党员担任调整为辅导员老师担任，学生支部由原先的金盆岭、云塘分校区设置调整为根据专业划分大一到大四纵向设置。同时，学生党建工作小组的骨干进行调整，遴选思想觉悟高、工作能力强、踏实可靠的学生党员负责相关工作的落实。

其间严格把关各项党建工作的落实情况，关注学生党员的整体表现情况。

2. 辅导目标

(1)了解周同学近半年的表现情况，引导周同学对自己近半年的思想、工作、学习、生活进行全方位的总结。

(2)重点了解周同学在思想认识方面变化情况，引导其积极面对、不断提升。

(3)将周同学思想转变情况如实向主管副书记反映，征求领导的指示意见。

3. 辅导过程

2014 年 10 月 9 日下午两点至两点半，党建辅导员邵巧艳老师约周同学在成长辅导室心情驿站谈话，了解周同学的具体情况如下：

(1)自我认知与评价

近半年来，周同学关注学校、学院党建动态，发现学院开展的思想教育、党建工作是“真刀实枪”地干，他内心开始慢慢变化，不再有“形式化”“被活动”之感，自己主动参与群众路线教育实践活动理论学习、民主评议活动，感觉对自己有了更全面的认识，看问题也不再那么钻牛角尖了，可以正视自己的缺点与不足。周同学表示在这个过程中自己有种醍醐灌顶般的醒悟，觉得之前要退党有点儿戏，今后不会再有类似的举动了。

(2)对党员身份的认识

现在不再认为党员身份是对自己的制约和限制了，经过党员示范岗的体验，经过民主评议活动，经过自己的再次聆听党课，感受到了党员身份是一种荣誉、一种认可，肩负着服务大家、传播正能量的使命。比起很多党员骨干，虽然自己还不够优秀，但也不会再纠结这个问题，做最好的自己，无悔即可。

(3)自身学业情况了解

大二第二学期班级排名第3(绩点3.45)，大三第一学期班级排名第4(绩点3.37)，大三第二学期班级排名第7(绩点3.15)，大四第一学期正在为考研做准备，状态良好。

(4)老师给予建议

根据周同学的思想变化情况，提出了以下期望和要求：作为一名高校学生党员，认可并珍惜党员身份，加强理论学习，提升先进意识与示范意识。

4. 辅导小结

看到周同学的转变，邵老师很欣慰。虽然整个辅导过程比较长，但结果是乐观的，是我们所期望的。过程中我们也发现了工作中的一些问题与不足，进行了一定的调整，对学生党建工作起到了积极的促进作用。

【辅导反思】

对周同学的辅导过程前后共持续了近一年的时间，后期依然在关注他的情况。截至目前，周同学正处于大四第一学期，正在为考研做准备，状态良好，且能够积极投入到各项工作中，在同学们当中起到了一定的模范带头作用。

结合该案例积极的辅导效果，将具体的经验总结与辅导反思如下。

1. 经验总结

(1)及时应对，认真对待大家反映的情况。

2014年3月底，周同学同学因表现消极受到支部、党建辅导员老师的关注，第一时间约谈了解具体情况。学院经详细的调查发现周同学确实存在一些片面的认识及不符合规定的行为，因此把其作为辅导对象，做了详细的辅导工作。及时应对才使得周同学的问题不至于严重化，且有助于后期矫正。

(2)多方集结，形成辅导工作的合力。

在调查周同学实际表现及思想状况的过程中，邵老师努力征求了年级辅导员、班主任、下班党员、党委副书记、班上其他同学等的意见与建议，这些为后期的处理意见形成起到了至关重要的作用，对后期的辅导工作做了很好的铺垫，此举形成了成长辅导工作的合力。

(3)放眼长远，致力于学生的长期发展。

在对周同学做了深入辅导之后，后期的常规辅导目标制定、方案制定全部是基于引导周同学长远发展的思路而定，这也与我们的成长辅导工作是相辅相成的。我们的成长辅导，并不是就问题解决问题，而是通过剖析问题寻找问题背后的根本原因，助力学生快乐成长、健康成长！

(4)坚持不懈，用心完成对学生的成长辅导。

对周同学的成长辅导共有七次，包括有初次辅导、再次辅导、第三次常规辅导、常规辅导，前后经历了近一年的时间，为查找原因，老师做了很多工作，也对工作做了深刻的反思，总结发现对学生的成长辅导是个需要深入调查真实原因、耐心引导解决问题的过程，需要坚持不懈去完成。

2. 辅导反思

在辅导周同学的整个过程中，有很多地方值得反思，现在总结如下：

(1)需要增加与学生的互动，增进与学生的了解。本案例中，周同学遇到困惑没有咨询老师寻求帮助，侧面显示他对老师还是有距离感，我们的工作还不够深入细致，今后需改进。

(2)需要不断改进学生党组织的设置办法，加强学生党员管理制度的落实。两校区分而治之，学生党支部的设置问题凸显，却没能够及时予以解决，是工作的失误，我们要不断根据实际情况改进工作措施。学生党员的管理不可随意，对学生党员身上表现出来的问题，一定要认真对待，及时解决，解决问题就是不断提升的过程。

(3)需要加强调研，分析了解工作现状及问题，有的放矢地解决问题。没有调查就没有发言权，在具体的工作中，要不断尝试，用好调研这一利器，不断发现问题、解决问题，把工作做好。

用关心亲人的态度来关怀学生

——对一名学生党员进行危机救助的案例

周卓　丁丹

【辅导背景】

大学生党员是大学青年学生的先进群体代表，他们思想上追求进步，学习上勤奋刻苦，还承担了大量的社会工作，在学生群体中发挥着重要的先锋模范作用。由于党员群体对自身往往都有较高的追求，也更为在意周围老师同学对他们的评价和看法，在遭遇危机事件时，他们往往会出于更强的自尊心或者羞耻心，选择自我消化解决，而不是第一时间向老师和同学求助。当学生党员遇到危机事件时，更需要辅导员细致的观察、耐心的辅导和真心的帮助，拯救学生走出困境。

【辅导对象的确定】

马同学（化名），男，汉族，长沙理工大学电气与信息工程学院自动化专业2013 级学生。2014 年至 2016 年响应国家号召，入伍当兵两年，当兵期间曾获得“新兵连嘉奖”“连嘉奖”“优秀义务兵”等荣誉，被发展为中共预备党员。2016 年退伍返校后，转入电气工程及其自动化专业，编入 2015 级。马同学回校后，各方面都表现得十分积极，学习上十分认真，在班上担任体育委员，利用自己的当兵经历主动参与学院的军训工作。2017 年 5 月开始，辅导员周卓老师在查课过程中，发现马同学突然出现大量缺课行为，即使在上课，也经常坐在最后一排玩手机，与他第一年相比，学习状态十分不正常。周老师找他谈话后，他表示自己最近时间没有安排好，对自己缺课和违反课堂纪律的行为进行了深刻的检讨，以后会杜绝此类违纪现象。此次谈话后，马同学缺课的现象有所减少，但是并没有完全杜绝，上课玩手机的状况也依然存在。2017 年的 11 月，周老师接到一个陌生电话，自称是某某贷款平台的工作人员，马同学有欠款逾期，请学校帮忙联系他，辅导员意识到问题的严重性，决定立即约谈马同学。

【辅导前准备】

1. 查阅马同学的档案，了解其家庭情况

马同学为湖南益阳人，1995 年 12 月出生，曾经在电气与信息工程学院自动化专业就读，曾经担任过勤助委员，代表学院参加过乒乓球比赛，2014 年 9 月入伍，2016 年 7 月在部队加入中国共产党。在他的家庭关系一栏中，只填写了爷爷和父亲的信息，母亲的信息不详。

2. 询问马同学原来辅导员及现在班上同学，了解马同学平时表现情况

马同学入伍前的辅导员表示，马同学家庭状况一般，在入伍前表现比较低调，因为只在校一年时间，各方面都不是很突出，成绩中下，直到他申请入伍时才引起老师的注意。通过询问班上的同学得知，马同学给人的印象是自立自强，学习上过得去，不算特别努力，但是没有缺过课；担任班干部工作比较负责，参加班级活动也很积极；他在外兼职比较多，各种工作都尝试过，学费和生活费似乎都是自己兼职在负担。据说他有一个女朋友在一师范，马同学经常过去陪她，有时候晚上都不回来，但是从来没有见过。上个学期末开始，马同学缺课的情况比较多，也不怎么参加班级活动了，同学们都以为他是在忙兼职或者陪女朋友，也没有引起过多的重视。

3. 信息的初步整理

通过查阅档案和谈话收集到的信息，初步可以判断近半年来马同学生活上应该出现了比较大的困难，思想上出现了比较大的波动，才导致行为有巨大的变化，很有可能跟校园贷有一些经济纠纷。至于他遇到了什么样的困难，为什么不寻求老师和家人的帮助，网贷的金额有多高，要了解这些问题，就需要辅导老师一步步走进他的内心。

【初次辅导：直面问题，消除顾虑】

1. 辅导目标

了解马同学目前的思想状况；了解马同学目前生活上遇到的具体困难；了解马同学在网贷平台具体借贷的金额和用途。

2. 辅导过程

2017 年 11 月 22 日，年级辅导员周卓老师对马同学进行了首次辅导。

(1)马同学对目前学习和生活上出现违纪行为的认识。周老师通过回顾自第一次谈话之后马同学的课堂出勤情况和学习表现情况，马同学表示自己确实是在外兼职没有合理安排好时间，学习态度有所松懈，学习上投入的时间也确实比较少。自己在思想上能够认识到学习的重要性，但是同时觉得提早走进社会，锻炼自己的能力也很重要。马同学提到自己近一年来从事过的各种兼职，包括发传单、送外卖、送快递、上门推销等，基本上能够满足自己的生活费用开销，言语中颇为自豪。对于其旷课的违纪行为，马同学也表示知道这是个违纪的行为，以后会尽量协调好时间。

(2)周老师进一步深入询问马同学进行这么多兼职赚钱的用途，是否是因为生活上存在困难。马同学表示赚的钱主要就是用于自己的生活费，家里条件一般，希望自己尽早通过劳动减轻家里的负担，目前可以负担自己的生活。

(3)周老师告知了马同学接到了网贷公司电话的事情，询问网贷公司借贷的情况。马同学明显没有想到老师已经了解到这么多情况，犹豫了很久没有说话。周老师向其分析了网贷公司常用的运营模式和催债手法，也介绍了近两年几起因为网贷引起的学生意外事件，告知马同学了解这些情况是为了帮助他尽快走出困境，鼓励他如有困难及时向老师求助，一起想办法解决。马同学沉默很长时间之后，告诉老师他在进行一个叫作“金豆驾培”的项目，向网贷公司借款确有其事，借款的总金额大约 4000 元，他有能力偿还，让老师放心，他会尽快解决好此事。由于他态度明显非常犹豫，周老师没有继续追问，希望他回去再考虑一下，不要一个人把困难扛着，越陷越深。马同学表示会尽力解决，并约定三天后进行第二次辅导。

3. 辅导小结

此次辅导由于信息不足，加上马同学有明显的顾虑情绪，辅导并没有完全达到效果，马同学讲述的信息有明显的隐瞒成分，也可以看出他内心的矛盾与焦虑。他愿意与辅导老师约定下一次的辅导时间，说明他跟老师之间的信任关系建立得比较好，自己还是有一定的求助愿望，需要辅导老师进一步收集信息，了解情况，更深入地走进学生内心。

【第二次辅导前的准备】

1. 联系网贷公司，了解马同学欠款的情况。第一次谈话结束后，周老师根据接到网贷公司的电话联络了相关公司，查询马同学的借款情况，据网贷公司提供的信息，马同学至少在三个平台借款超过 10000 元。

2. 进入马同学的社交空间了解其近一年来的生活社交情况。通过马同学的 QQ 空间及微信朋友圈，他的社交圈比较广泛，主要的交流圈子都是校外的人。从 2017 年 9 月起，他的社交空间里基本上都是金豆驾培的招生宣传信息和团队培训的信息。基本可以断定他所参加的金豆驾培项目是从 2017 年 9 月正式开始。

3. 上网查询"金豆驾培"的相关信息。根据马同学提供的"金豆驾培"的信息，周老师上网查询了有关这个机构的情况。该机构的经营模式是跟各大驾校合作，以批量签约学员的方式拿到较低的培训费，从中赚取差价和回扣。网上搜到的信息很少，大多数都是对其的投诉和维权求助信息。该机构的主创人员都是在校大学生，有一位罗姓导师负责指导。值得注意的是，网上搜这位罗姓导师，可以查到他之前经营过一家"卡耐基教育"的培训项目，之前这个项目就接到过很多同学投诉被骗。至此，已基本上可以判断马同学很大可能是被骗，利用网贷的资金参加了一个很不靠谱的所谓创业项目。

4. 跟马同学家长沟通相关的情况。通过查阅马同学的档案，周老师找到他家长的联系方式，初步沟通了目前已经掌握的情况。家长表示对此一无所知，马同学从来都是报喜不报忧。因怕给马同学增加不必要的压力，跟家长约定暂时不把跟家长联系的事情告诉他。

【第二次辅导：以情化人，深挖细节】

1. 辅导目标：(1) 进一步取得马同学的信任，深挖其校园贷的详细情况；(2) 了解马同学的家庭成长情况。

2. 辅导过程：2017 年 11 月 29 日，年级辅导员周卓老师对马同学进行了第二次辅导。

(1) 周老师首先通过回顾马同学退伍返校以来的各种表现，充分肯定了马同学作为一名预备党员所体现出来的集体荣誉感、纪律性、主动性和责任意识，表达了老师们对于他成长成才、全面发展的殷切希望。马同学对于自己过往的表现能够得到老师的认可表现出了开心的情绪，也对于老师寄予他的期望表现出接纳和决心。对于马同学能够通过自己打工赚取生活费而有所缺课的情况，周老师首先肯定了在这个过程中马同学表现出来的对家庭的责任感和能够吃苦的优良品质，同时也指出，对于家庭经济困难的同学而言，学好专业才是最好的脱贫方法，为了打工赚钱而耽误专业课学习的行为是只看到眼前短期利益，得不偿失的。

(2) 周老师向马同学详细解释学校奖、贷、勤、助、补的家困生扶助政策，告知马同学学校的家困生扶助体系非常完善，没有一个学生因为家庭经济原因无法完成学业。同时，接受这些扶助是每个家困生的权利，很多家困生正是利用学校的扶助政策，顺利完成学业，走出校园后在工作岗位上取得了很大成就再通过各种方式来回馈母校，并不是什么丢人的事情，希望马同学放下思想包袱，生活上如果有困难要如实跟老师讲，千万不要自己扛着，越陷越深。马同学似乎有所触动，仍然表示目前的困难可以自己解决。

(3)周老师跟马同学交流了目前老师通过网络已经掌握的有关“金豆驾培”“卡耐基教育”的有关情况，也告知了他以前几起学生投诉卡耐基教育涉嫌诈骗的案例。马同学对此明显表现出犹豫和纠结，沉默了很久。

(4)通过周老师耐心的劝说下，马同学慢慢开始讲述自己的家庭情况。马同学从小家境贫寒，母亲在其很小的时候就离开了家。父母离异后与母亲失去联系，家中父亲、爷爷均无工作，马同学从小在叔叔和婶婶的接济下完成学业。2013 年进入我校就读后，为解决学费问题，马同学于 2014 年至 2016 年响应国家号召，入伍当兵两年，当兵期间曾获得“新兵连嘉奖”“连嘉奖”“优秀义务兵”等荣誉，被发展为中共预备党员。2016 年，马同学婶婶因意外伤及脑部，至今在医院治疗，他把入伍当兵所有补贴给婶婶治疗，家庭仍然欠下外债近 40 万。2016 年 9 月，马同学退伍复学，编入 2015 级电气 1509 班。复学后，为解决其家庭经济困难，他一直在外兼职，自己解决学费及生活费问题。可能是顾及面子，每次出去兼职，他都对同学说是去陪女朋友。平时学习也能按时完成，基本上没有缺课等行为，期末考试也全部通过。

2017 年 5 月，马同学接触到一个名为卡耐基教育的培训机构，该机构以宣扬演讲、社交、成功学等内容为卖点。为参加该机构的培训，马同学分批次开始向不同的校园贷机构借钱交学费，4 期培训累计交了 2.3 万元学费。2017 年 8 月，他同几名在卡耐基教育结识的大学生(均为湖南财院学生)，开始筹划“金豆驾培”项目，其运营方式为帮驾校代理招生收取提成。为扩大宣传，他们凑钱在汽车西站附近租了办公场地，并购买了一台教练车用于招生，平时放在某驾校也做训练用。所有投入的钱均来自贷款平台。2017 年 10 月中旬，金豆驾培正式开始招生。但是生意并没有他们预期的那么好做，短短两个月，马同学他们就发现已经出现现金周转困难的情况，无力偿还之前所借贷款，已经有好几笔逾期。目前借款总金额为 61695 元(含利息，共 10 个贷款平台)，已逾期 12665 元。

(5)周老师建议马同学停止驾培的工作，集中精力先解决债务危机。①鼓励他正确面对，老师会陪他一起面对困难。②要求马同学回去后把目前的借贷平台和金额，以及还款清单列成表格，老师指导他制定还款计划。③告知学生，目前的债务情况已经超出了他自己能够承受的范围，也远远超过了学校学院能够救助的范围，必须要告知家里，请家长过来协商如何解决。④要求马同学近期对内的手机（平时留给老师同学的手机）要保持畅通，以便老师能够及时联系上他。马同学提出要求，由他自己给家里打电话说明事件情况。双方约定12月1日，请家长过来共同进行下一次辅导。

3. 辅导小结

此次辅导准备比较充分，历时3个多小时，基本上达到了预期的效果，取得了学生的信任，也摸清了学生危机发生过程的来龙去脉。对于学生先采取安慰和情绪疏导策略，以减轻其心理压力。辅导结束后马上向主管领导丁丹副书记汇报相关情况，并安排学生干部对马同学进行关注。马同学一直以来表现优秀，此次陷入危机，也是因为急于帮家里解决经济困难，一方面是自己社会经验不足，急于求成，另一方面也是社会上某些培训机构打着成功学的幌子，利用了学生想成才想成事的想法。马同学本质是善良的，有责任感的，不能够因为某一次的被骗，让他失去对生活的希望，除了经济上的扶助帮他解决实际困难，更重要的是帮助他建立信心，给予勇气，找出解决问题的方法。

【第三次辅导前的准备】

1. 辅导员周老师联系马同学的家长，反馈第二次辅导的情况，请家长务必做好马同学的情绪安抚工作，并且按期赶到学校共同商议解决办法。

2. 丁书记召集相关辅导员开案例分析会，内部通报马同学的危机状况，初步制定了第三次辅导方案。

3. 查询关于校园贷管理的有关文件并咨询法律方面专家，看看中间是否有可以通过法律途径解决的方法。

【第三次辅导：拨云见雾，重塑信心】

本次辅导由丁丹副书记、辅导员周卓老师、马同学本人及其家长共同参与。

1. 辅导目标：帮助学生正确认识成长过程中危机和成才的关系；帮助学生树立正确面对困难的勇气；帮助学生寻找解决债务危机的合理渠道。

2. 辅导过程：

（1）丁丹副书记向家长通报了马同学在校的表现情况以及目前所了解到的危机情况。丁书记根据以前的一些事例，再次向家长解释了校园贷的盈利模式和产生的危害。

（2）马同学向老师和家长详细解释了目前借贷情况，共涉及了10个平台，61695元，最高的一笔达6000多元，一个月之内需要还清的债务有将近3万元。

（3）丁书记提出几种债务解决途径：一是马同学马上退出驾培项目，对于已经投入的资产尽快处理，看能否拿回来一些；二是家庭要想尽办法资助一些；三是想办法联系马同学的母亲，说服她给予马同学一些资助，帮助其渡过难关；四是学校给马同学找一些勤工助学的岗位，尽量减轻其生活上的负担。但马同学家长表示家里十分困难，目前的欠账也很多，无法再筹钱帮助马同学，且马同学母亲自十多年前离开家后，就断了联系，现在也没法联系上。

(4)马同学主动提出来希望休学一年，专心打工还清债务，再回校继续学业。丁书记仔细询问了马同学的打工经历和计划。马同学对此谈了自己的想法：可以先回金豆那边处理资产，预计可以拿回几千元，但估计无法马上兑现；过去工作过的地方只要肯做，每个月能够有 3 千元左右的收入。只要想办法度过最初的三个月，后期基本上收入可以支撑每月还贷，到 9 月贷款基本上能够还清。马上要还的 3 万元，他打算找之前的战友借一点，自己多兼几份工，尽量多还一点。马同学也明确表态，通过这次的危机，自己也认识到社会经验太缺乏，现在就想走出社会解决家里的问题是不现实的，他一定要渡过这次难关，回学校好好完成学业。

(5)因马同学欠款实在太多，目前他也没有心思继续自己的学业，丁书记和周老师同意其先休学还贷。丁书记鼓励马同学：遇到困难不可怕，可怕的是倒下了再也站不起来，度过了这次危机后，以后没有什么可以难倒他。丁丹副书记和辅导员个人分别借给马同学 4000 元和 2000 元，马同学当场还清部分逾期款项，并且主动写了欠条。

(6)丁书记承诺会尽力帮助马同学通过校友和企业联系一个适合他的工作，指出工作也是一种实践，只要能好好把握，其实也是学习，对于今后回到学校学习反而能成为一种优势，也希望马同学可以振作精神，积极面对，变坏事为好事。

3. 辅导小结

(1)通过近两次的辅导，马同学已经放下了沉重的心理包袱，也想好了要通过自己的努力去还清债务，现在面临的最大困难是怎样帮助他解决实际问题，让他有稳定的经济来源，并且可以持续地保持他现阶段的积极的心理状态。

(2)目前 2015 级学生中，据不完全了解就有近 10 人在参加不同名头的类似培训班，学生对事物的辨别能力还比较差，如何在学生的教育管理过程中提高他们的认识能力，不被眼前的短期利益所诱惑，不被所谓“短期速成”的成功学所迷惑，是我们迫不及待要面对的课题。

【后期辅导及扶助：既解决思想问题，又解决实际问题】

1. 12 月 4 日，丁丹副书记在班主任群中部分通报了马同学的案例情况，向各位班主任征求帮助他的方法和途径，收到了多位班主任的信息回复。有两位班主任老师分析整理了部分平台违法的部分，建议跟平台协商，争取减免部分欠款；有两位班主任表示可以提供实验室的兼职工作；两位班主任通过借款的形式资助其3000元。

2.12月5日，马同学正式办理了休学手续，当天即跟随其家长返回益阳家中凑钱。12月10日，马同学给周老师发来短信，表示家中凑到了1万多元，已经把已逾期的部分全部还清。

3.12月12日，电气与信息工程学院自动化系贺勇老师、电力系周任军老师、电力系李鸿老师分别邀请马同学到工作室洽谈，周任军老师提供给了马同学一份可以远程完成的工作。

4.12月17日，马同学向周老师汇报，已经在长沙县找到了一份快递打包的工作，工作时间为每晚8点到第二天早上8点，工作比较辛苦，但是他自己感觉有希望，很踏实。周老师鼓励他面对困难不要害怕，要有坚持下去的勇气和决心。

5.12月30日，丁书记通过校友帮助马同学联系到了广东某创业公司的工作，工作内容与专业相关。通过对马同学再次做思想工作，他决定接受这份工作。2018年1月4日，马同学启程前往广东东莞。

6.1月16日，周老师约马同学再次进行了网上远程辅导，帮助其梳理了目前的欠款情况，制订了1—9月的还款计划书，鼓励马同学勇敢面对，努力工作，提醒他无论遇到什么困难都不能再借款以贷养贷。马同学对老师的帮助表示感谢，也汇报了自己的还款情况，表示已经清完的平台都已经删除，以后都绝对不会再碰网贷。

7.1月20日，以学院名义给益阳市某区某镇政府发了情况说明的函，请求当地政府给予马同学家庭关注和资助。

8.2月18日，周卓老师到益阳家中探望了回家过年的马同学，并实际了解了他的家庭情况，与之前马同学反映的无差别。

9.3月15日，周老师通过催款电话联系了两家网贷平台，通过协商减免了马同学的部分利息。

10.3月28日，马同学通过与单位的协商，预支了6000元工资，加上在周任军老师实验室工作所得酬劳，把预期的款项还清了，基本上度过了危机。

【辅导反思】

对于马同学的危机干预持续了三个多月的时间，目前还在不断地跟进和关注。马同学现在情况稳定，态度积极，在单位工作认真，经常会在班级群里分享工作过程中收获的一些学习资料和经验，与班级同学保持良好的互动，并没有因为不在学校而孤立自己，相信其通过这一年的努力，应该可以于9月份顺利回归学校学习。通过这一起案例的辅导过程及效果，将经验与反思总结如下：

1. 经验总结

(1)日常管理做实做细，及时发现学生的异常表现。在该案例中，辅导员最初发现马同学的异常表现就是通过日常查课，之前表现很优秀，从无旷课记录的马同学突然开始多次旷课，引起了辅导员老师的注意，才能对他的危机情况及时介入和干预。

(2)对于有关学生的信息保持高度敏感性。辅导员每天接触的学生信息非常多，有些小的信息非常容易被忽略，比如说有时家长找人说联系不上学生，校外人员找某个学生，学生在QQ上留言的求助，等等，对于一些重点关注学生的信息，辅导员必须要保持敏感，及时发现其中的问题。在该起案例中，周老师接到第一个催款电话就引起了注意，仔细询问了马同学的欠款金额和平台信息，并保存了相关的联系电话，为后续收集信息提供了更多渠道。

(3)解决实际问题与解决思想问题同样重要。在该案例中，问题的关键和难点还是在于解决马同学的实际问题，马同学本身同广大党员一样，是有责任感的，只不过在遇到重大危机时，因为现实的困难太大，超出其承受范围，才导致思想和行为上的波动。这一类学生在度过现实危机后，也有能力在老师和他人的帮助下找回自己。由该案例延伸到其他的同学，如学业问题，辅导效果不好往往是因为没有解决学困生在学业上的实际问题，仅仅靠思想上的鼓励作用是不够的，其最终的动力还应该来自在学习中所收获的成就感和正向反馈。在对学生进行辅导时，辅导员不应该只关注思想上的工作是否做通，还应同步帮助学生解决实际困难。

(4)多方关注，寻求合力。在对马同学进行危机辅导时，丁丹副书记和周老师几乎动用了所有可以动用的资源，包括通过各种途径收集信息，发动班主任、任课老师想办法，联系平台、校友，甚至政府部门协调沟通，让马同学感受到老师确实是在真心实意地帮助他想办法，他背后是有依靠的。也正是通过几位老师最初借给他的近万元钱，加上校友提供的工作机会，他才能够有底气地去面对困难。

2. 辅导反思

(1)在日常工作中，要加强对党员群体的关心，既要用好，又要培养好，关怀好。现在党员队伍是学生中的骨干力量，很多学生教育管理的工作和重点都是压在这支队伍肩上。党员既要兼顾自己的专业学习，又要完成党支部的各种政治理论学习，还需要协助完成积极分子培养、考察、发展、转正过程中的各项程序性工作，学院学校的各类活动还得带头积极参加。他们的压力实际上是很大的，一旦他们自身遇到危机事件，往往又要考虑在老师同学面前的形象问题，求助的时候顾虑很多。我们在用这支队伍的过程中，也应该要关注个体的成长发展，以提高党员干部的能力为出发点而非工作成绩为出发点，注重工作的平衡分配，循序渐进。

（2）需要高度关注外部环境对学生思想的冲击和引诱。当今是信息爆炸的时代，社会上到处充斥着快速成才，马上成功的速成文化，其中不乏有些机构利用这种快餐文化和当代大学生急于求成的心态，以各种培训班、讲座的形式对学生进行洗脑式宣传，引诱学生付出高昂的学费或者大量的时间。且这类培训和宣传往往披着合法、积极向上的外衣，隐藏得很深，等老师发现时，往往学生都已经陷得太深，对学业造成重大影响。辅导员在工作中要更加注重加强对学生的成才观教育，教育学生成才无捷径可走，需一步步脚踏实地地奋斗，方能避免落入投机取巧的陷阱和骗局。

四

学生党员说：用责任与能力坚定信仰

“刚入校的时候，我以为入党就是代表着优秀，为了优秀，所以我想入党。但当我真正成为一名党员，当我以党员的身份去践行责任时，我才发现思想上入党的过程让我懂得了何为真正的责任与担当、何为情怀与使命。或许，这就是党性修养的锤炼与提升。”青年是祖国的希望与未来，青年大学生懂得了责任与担当，民族才会有力量。

（一）学生党员说责任

不忘初心，砥砺前行

——国旗下的讲话

常　巩

各位老师、各位同学，大家好！我叫常巩，是河南省南阳市人，是我们电气与信息工程学院电气工程专业2015级研究生，现在是一名中共预备党员，今天很荣幸能够站在这里代表我们研究生党员发言，也谢谢丁书记给了我这样一个机会。我也是前两天刚刚从武汉参加完山东电网的招聘现场回来，签约了山东省烟台供电公司。今天站在这里，我愿意以一个学长和一名电气与信息工程学院学子的身份真诚地与大家一起交流，分享我的所感所想。

习近平总书记在中共十九大上强调，“不忘初心，方得始终”。中国共产党人的初心和使命，就是为中国人民谋幸福，为中华民族谋复兴。这个初心和使命是激励中国共产党人不断前进的根本动力。那么作为一名共产党员和新时代的青年学子，我们更要从自身的学习和工作做起，从身边的点滴做起，不忘初心，把自身的奋斗历程融入实现中华民族伟大复兴的中国梦中，做合格的社会主义接班人。下面我将从四个方面谈谈我对不忘初心的看法。

一、不忘初心，不忘学习务实之心

子曰：“必也正名乎！”名不正，则言不顺。言不顺，则事不成。在孔子看来，首先要正名分，每个人都明确自己的身份，做自己应该做的事。在什么山唱什么歌，在什么阶段就应该做好什么阶段该做的事情。那么作为电气与信息工程学院的一名学生，我们就要以我们的专业学习为主，学好专业知识、打好专业基础是我们掌握一技之长、安身立命的根本。

习近平总书记2013年5月4日在同各界优秀青年代表座谈时的讲话中提道："正处于学习的黄金时期，应该把学习作为首要任务，作为一种责任、一种精神追求、一种生活方式，树立梦想从学习开始、事业靠本领成就的观念，让勤奋学习成为青春远航的动力，让增长本领成为青春搏击的能量。"

追求卓越，成功便会出其不意地找上门来。我们唯有不断学习，方能与时俱进，实现个人的可持续发展。无论是身在古朴如素的金盆岭，还是锦绣如画的云塘，学院"过程育人、文化育人、科技育人、实践育人"的教育理念为我们提供了这么好的学习和实践环境，我们更应该在学院老师的关怀和教导下努力进取，在课堂学习中充实自己，在挑战杯、电子设计竞赛、三下乡等各类科技比赛和活动中锻炼自己，继承发扬我们长理"博学、力行、守正、拓新"的校训，认真做人、认真做事、认真做学问，多看、多学、多思考、多动手，为未来积蓄能量。

2016年的下半年，几乎整个学期我都在工一四楼的实验室待着，负责导师安排的长沙理工大学教育部"基于分布式光储的能源互联网运行与规划"国际合作联合实验室立项建设申请报告的撰写工作，整整三个月时间，查资料、做汇总、写申请书，极大地考验着我的主动学习能力。有时候吃饭和睡觉的时候都会想着一段文字怎么写，段落怎么布局合适，逻辑怎样更加清晰。在这过程中有痛苦，更多的是收获，在潜移默化中我的专业能力和素养得到了提高，对行业知识也了解得更加透彻。当今年10月份得知联合实验室正式通过教育部获批的时候，我由衷地感到高兴。那时我深深觉得，学习与付出总会有收获的！

二、不忘初心，不忘拥抱美好之心

我们在日常的学习工作中会经历各种大大小小的困难、挫折，有时候弄得自己心情很不好，情绪混乱，也耽误了学习和工作的效率。我想说的是我们不妨培养一点浪漫主义和乐观主义情怀，在难过忧郁的时候多出去走走，多发现生活中的美好，多和亲人朋友沟通，学会从自然和人事里寻求安慰和解脱。苏轼被贬为黄州团练副使的1082年秋天，写下了千古名篇《赤壁赋》："惟江上之清风，与山间之明月，耳得之而为声，目遇之而成色，取之无尽，用之不竭。是造物者之无尽藏也，而吾与子之所共适。"这是我们中国文人独有的东方浪漫主义情怀，从大好河山和中国的传统文化中获得新的力量和寄托，入世时能兼济天下，为民谋福利；出世时又能随性洒脱，寄情山水。

我一直觉得，在做好专业学习外的业余时间里，我们可以多发展自己的兴趣爱好，比如运动、阅读、摄影等，或者搞搞作品创作，记录一下自己对生活的态度和想法。因为我觉得，有所爱的人是幸福的，有爱好的生活是美好的。它是我们的栖息地，当我们学习和工作劳累疲惫的时候可以换一种方式和思维来放松自己、舒缓自己，做到劳逸结合。在无所为而为的兴趣爱好中，我们是自己心灵的主宰，不用受现实环境的种种牵绊。这样等于我们拥有了两个世界，两个世界互相支撑，互为补充，可以让我们在落寞时欣喜，在欣喜时沉静。

朱光潜在《谈美》中提道：阿尔卑斯山谷中有一条大汽车路，两旁景物极美，路上插着一个标语牌劝告游人说："慢慢走，欣赏啊！"许多人在这车如流水马如龙的世界过活，恰如在阿尔卑斯山谷中乘汽车兜风，匆匆忙忙地急驰而过，无暇一回首流连风景，于是这丰富华丽的世界便成为一个了无生趣的囚牢。这是一件多么可惋惜的事啊！我在我们工一楼上窗台旁看过蒙蒙烟雨和白云夕阳，也在云影湖旁的夜色里看过碧水夜灯和那轮明晃晃的大月亮，我觉得这对我来说都是一种很好的寄托，有时候简简单单的风光夜色和好朋友灿烂的微笑都使我感动。我们不仅仅是人生舞台上的演员，有时候可以抽身出来，做一个袖手旁观的看客。看人、看景、看时光流逝，慢一点，视线远一点，拉远一点和生活的距离，就会发现很多有趣好玩的事情，其实我们生活的世界就是我们看世界的眼光和角度。

三、不忘初心，不忘责任担当之心

爱因斯坦说：学校的目标必须是培养能独立行动和思考的个人，而这些个人又能把为社会服务视为最高的生活问题。而按照中国历来的传统，做人的最高成就是什么？是具有"内圣外王"的品格。"内圣"，是指内心致力于心灵的修养，提高自己的精神境界。"外王"，是说在社会活动中好似君王，积极投身社会事务，尽职尽责并做出贡献。简而言之，就是现实与浪漫的结合，出世与入世的结合，做一个心胸开阔并有所建树、为社会做出贡献的人，实现社会价值和个人价值的统一。

北宋哲学家张载用过这样一句话表达自己的心志，说的是："为天地立心，为生民立命，为往圣继绝学，为万世开太平。我们中国共产党全心全意为人民服务的宗旨和此是一脉相承的。习近平总书记告诉我们：广大青年要勇敢肩负起时代赋予的重任，志存高远，脚踏实地，努力在实现中华民族伟大复兴的中国梦的生动实践中放飞青春梦想。作为一名学生，完全可以从我们身边做起，来尽一份心、尽一份力。比如担任班委、社团干部等，能够身先士卒，起到模范带头作用，热心为学院和同学们服务，也是一种很好的担当。2016 年 3 月，我们学院的周常国老师找到我，说打算创办一个属于我们学院研究生的公众号平台，他觉得我适合这个工作，应该当仁不让。其实我当时是没有任何公众号的管理和运营经验的，加上研究生的科研学习可能会占据自己的大部分时间，但当时我想，既然学院和老师这么信任我，我应该承担下这么一份责任，后来就有了我们学院的“E 家之研”研究生公众号，其间推出的“学生眼中的导师”“国家奖学金之榜样”等系列特色栏目得到了学校领导和学院师生的广泛关注和一致好评，现在“E 家之研”正在大家的共同努力下茁壮成长。

中国著名的结构生物学家施一公，他的少年是在我们河南驻马店度过的，现在是清华大学的副校长。他曾深情地说道：我们的文化里，有个观点——知足常乐。知足常乐用在对生活、对物质利益的追求上没错，但是我们这些其实接受了大学文化教育的、得到大量教育资源的中国人知足常乐，这就有大问题。如果我们无论是学习也好，研究也好，还是做什么也好，最后我们主要的着眼点是什么工作挣钱多、什么工作能够生活得更富足，这个至少对年轻人来讲，是太不可思议的狭窄了。用自己的才智为社会创造财富，用自己的力量推动社会前进，这是一种最大的浪漫。

从大的来说，一代人有一代人的责任。我们青年一代要培育放眼世界的眼光和以天下为己任的情怀，怀抱一颗实干担当之心，练就一身为人民服务的过硬本领，用所学知识回报社会，自觉担负起历史赋予的光荣使命，投身到我们国家的社会主义现代化建设和中国梦实现的征程中去，书写无愧于时代的青春之歌和精彩人生。

四、不忘初心，不忘砥砺奋进之心

今天，我们的国家重新走上世界舞台中心，在经济、政治、军事、外交等各方面都取得了自豪和骄傲的成就。中国力量、中国道路、中国精神、中国文化给了我们中国自信。但前面的路并非一马平川，有高山，有大海，有沼泽，也有险滩，二万五千里长征正在等待着我们。

傅雷在《贝多芬传》译者序中说道：不经过战斗的舍弃是虚伪的，不经劫难的超脱是轻佻的，逃避现实的明哲是卑怯的。我之前看到过自己的朋友发的一条状态，说的是希望以后找个小地方开个咖啡馆什么的，过平静安稳的小日子，平平淡淡也挺好，我一直不太推崇这样的想法和择业观。“绚烂至极，归于平淡”，没绚烂过的人，怎么有资格谈平淡呢?

生活的本质就是修行，就是磨炼韧劲、锤炼心性。当然修行不是要求我们都去做苦行僧，而是学会坚忍，保持恒力，静得下心，耐得住寂寞，下得了苦功夫，懂得调整自我的心态。“一万年太久，只争朝夕”，我们应常怀一腔浩然之气，在毕业以后的工作中能够砥砺前行，将个人的发展与行业社会的发展融合起来，以舍我其谁的信心和无畏的担当去面对未来、迎接挑战，努力在事业和人生舞台上创造出辉煌的成绩。

我想起了2006年我读初二的时候，有一天班主任毛建中老师把我拉到楼道的尽头，对我说：“常巩，你将来是成大材的人。”这句话到现在我还记得很清楚，想想已经有十一年了。其实我根本不知道，这个“大材”到底是什么。后来我慢慢理解了，这是一位师长对一个毛头小子的谆谆教导和殷切期盼，我觉得是希望我能够勇面人生的风雨，成为一个在努力谋生的同时又能积极乐观对待生活的人，一个尽自己微薄之力能对社会做出贡献的人。

最后，我引用阿尔贝特·史怀泽的一句话和大家共勉：“我们应该达到的成熟，是我们不断磨砺自己，变得日益质朴、日益真诚、日益纯洁、日益平和、日益温柔、日益善良和日益富于同情感。这是我们应走的唯一的道路。”

以上是我的全部发言。祝大家学习进步，身体健康，一切顺利，谢谢大家！

作者简介

姓名：常巩

性别：男

班级：电研1501班

所属党支部：电研一支部

任职情况：电研1501班班长，“E家之研”公众号首届负责人

获奖情况：校级优秀毕业生、校级优秀研究生干部、校级优秀团员标兵

座右铭：慢慢积累，必有所获。

天行健，君子以自强不息

——在长沙理工大学首届湘能楚天电力奖学金颁奖仪式上的发言

沈进锐

尊敬的各位领导、老师，亲爱的同学们：

大家晚上好！我是长沙理工大学电气1509班的沈进锐，很荣幸能有机会在这代表所有获奖同学发言。首先，我要感谢湘能楚天电力集团对长理学子的支持，感谢各位老师对我们无私的教育和培养，感谢各位同学的帮助和肯定。没有你们，我也不会有机会成为一名科技创新奖学金获得者。

作为一名大三学生，回首二十余年的成长路，十多年的求学路，感慨深深，刚才聆听了陈董的创业故事与感言，也激发了我想说点什么的欲望，在此跟大家分享三点感受。

一、苦难是励志者最好的财富

我是不幸的，我的父母在我还只有三个月的时候就因车祸不幸去世了；我又是幸运的，我的叔叔收留了我，并抚养我长大，我一直很感恩叔叔与奶奶对我的抚育之情。我的求学路是艰难的，初中的时候，学校离家远，路都是坑坑洼洼的，我每天天不亮就起床，下雨刮风从来没有间歇。因为我心里有着对知识的渴求。我考上省重点高中后，把自己的生活费省下一百多，在外面租了一间小房子，房子很小，只能放下一张书桌和一张床，没有窗户，门也不能完全打开。但我知道读书是我唯一可以做的事情，我常常学习到凌晨一两点，甚至还患上了鼻炎和耳炎，但我对学习的热爱是再艰苦的环境也不能使我动摇的。在这间小房子里，我度过了高中岁月，考上了长沙理工大学。在初中的时候为了减少奶奶的负担，我捡过废水瓶；上了大学后，当别人在休息时，我奔波在各种兼职中。我一直坚信：苦难对励志者是一笔人生的财富，哪怕被生活欺骗了，我们也应该为了自己的未来好好努力。

二、勤奋是有志者的奠基石

面对高峰，只有信念是不够的。天行健，君子以自强不息。天道酬勤。如果说我今天在老师同学眼中成绩很优秀，那并不是因为我比别人聪明，只是我比其他同学更努力。进入大学以后，我几乎没怎么休过周末和寒暑假。进入大学后我就开始规划自己的大学生活。我给自己定的学习计划是每天六点准时起床，然后上课自习。每天晚上10点多才回宿舍休息。在专业课的学习上，我做好课前预习，上课认真听讲，课后复习做习题，不断将知识融会贯通，学以致用。通过不断努力，在大一学年，我获得了校二等奖学金；大二学年，获得校一等奖学金，国家励志奖学金，成绩排名专业第二。周末的兼职后，无论再累我坚持去实验室学习。在实验室，我知道自己软件基础能力较弱，就花费大量时间去练习软件的操作，经常忘记吃中饭，为了弥补在数学方面其他的短板，我就去数学专业的课堂去蹭课。我想，世界上没有一件事情是可以不劳而获的，学习与能力的提升上更是如此。

三、责任是梦想的催化剂

如果不是我的叔叔抚育我长大，我的生命不知会遭遇怎样的黑洞；如果不是国家的帮扶、社会上的好心人对我的帮助，我不会有机会迈入大学。我坚持给帮助过我的慈善机构写感谢信，每逢回家都要去帮助过自己的好心人家里拜谢。我想自己一定要通过自己的努力回报社会，为国家为社会做贡献。这是我内心深处的声音。周总理的“为中华之崛起而读书”深深地激励着我。君子讷言敏行，行动才能证明我的心声。我始终坚信通过努力让自己变得更加优秀才能有能力去回报社会，回报所有帮助过我的人，承担家庭、社会的责任，就如同今天陈董一样，他们在我校设立专项奖学金，就是一份对社会责任的担当。

我经常参加志愿活动，曾荣获全国大学生“普译奖”优秀志愿者。在2017年一年内，我的成绩从专业前二十提高到专业第二，并相继获得第十届全国大学生电工杯数学建模二等奖（国家级）、第十六届机器人创业大赛三等奖（国家级）、第十一届国际大学生 iCAN 创新创业大赛省二等奖（省级）等重要竞赛奖项。发表了2篇国家级论文和1篇核心期刊论文，另有一篇论文正在审稿中和3项实用新型发明专利正在申报中。我不能停下脚步，唯有优异的成绩和切实的行动才能表达我心中的感恩，才能让我去肩负责任的重担。是心中的责任让我拥有不断向上的动力，拥有奋斗力量的源泉。

路漫漫其修远兮，吾将上下而求索。我知道未来的路还有很远，而且也有很多困难在等着我。但以梦为马，有经历磨难的艰辛财富，有国家、老师们、亲人们、朋友们、社会上许多的好心人的支持与帮助，我浑身充满了力量。希望有一天，我也能用优异的成绩回报社会，希望有一天，我也能重返母校，站上这方讲台，像陈董一样跟学弟学妹讲述我的故事，用我的力量激励更多的电气力量。谢谢大家！

作者简介

姓名：沈进锐

性别：男

班级：电气 1509 班

任职情况：现为中国电机工程学会会员，中国工业与应用数学学会会员，塞伯睿机器人创业公司电控部成员，印了么团队主要负责人

获奖情况：

[国家级]2017 年第十一届 iCAN 国际创新创业大赛中国总决赛三等奖；2017 年“数创杯”全国大学生数学建模挑战赛三等奖；第十六届全国大学生机器人大赛机器人创业赛三等奖；第十届“电工杯”全国大学生数学建模二等奖；2017 年第六届数学中国数学建模国际赛(小美赛)三等奖；2018 年美国大学生数学建模竞赛 S 奖。

[省　级]湖南省大学生数学竞赛三等奖；2017 年第十一届 iCAN 国际创新创业大赛湖南赛区二等奖。

[校　级]校级“自强之星”称号、校“五四青年奖章”2018 年长理十星、国家励志奖学金，校级一等、二等奖学金、校级单项奖学金，湘能楚天电力集团科技英才奖学金、在《测控技术》上发表《基于多重分析与 SVM 的异步电动机轴承故障分析》、参与科技立项课题《基于频域衰减比较判据的空心电抗器匝间绝缘故障检测装置设计》。

申请了 4 项实用新型专利(处于审查阶段)：一种中高压配电网预调式消弧补偿装置、一种新型汽车汽车起重机模型、电子式气体绝缘环网柜的电子锁定装置、一种电气类实验室安全检测报警装置。

座右铭：努力去做，勇敢去畅想未来。

成为若水之人

——在电气与信息工程学院2015级新生开学典礼上的发言

徐元璨

尊敬的各位领导、老师，亲爱的同学们，大家上午好！

此刻，面对各位师弟师妹，我深感荣幸！作为大三年级的学生代表，虽然两年多的时间里的确有些许感悟，但我不得不承认，写一篇能传心达意的演讲稿真不是一件容易的事。当然，我也深知个人的观点一定有缺憾甚至错误，希望师弟师妹们能继续保持你们的灵敏嗅觉，秉持着怀疑的态度，和我共享接下来的五分钟时间。

承接上面所言，怀疑是一个人成长时拥有的特权，而由怀疑成长而来的思辨则是一生都受用的品质。我一直记得自己在高中时代对大学的定义，“这是一个可用‘放肆’两个字来形容思想的地方”。在这里，我们的大脑不再受到既定条框的限制，我们博览群书，可以针对一个主题、一个知识，比对着不同的书来汲取精华，形成专属于我们每个人的思考习惯，专属于我们自己的知识逻辑。没错，高中时代的灌输式，知识被精心包装送入口中已经一去不复返了，我们在这里用自己的新视角，来迎接全新而充满活力的知识。

做到这一点，并不是一件容易的事情，它比老师直接灌输给你知识难度大上很多倍，但不可否认的是，它更具有意义，也更加具有冒险精神。那么怎样去做到？——勇敢地去怀疑，哪怕它是权威的产物，因为人永远不知道知识的尽头在哪里。大声地提出自己的想法，哪怕它是错的，而这两年我开始知晓，对与错之间是有着灵巧的转换的，这就意味着你的错误也许会成为下一时刻的灵感。

怀疑是手段，思辨才是目的。打个比方，同样是砖，一堆乱七八糟的砖与一堆整齐码好、高低有序的砖所产生的视觉效果是不一样的，那么，一堆胡乱瞎猜的怀疑与一系列有着严谨逻辑的怀疑所产生的影响是不一样的，有逻辑的怀疑才是思辨。而唯有思辨才能让你的人生通往理想圣地，对，没错，唯有思辨才会远离堕落与不堪，唯有思辨才会让你成为拥有独立人格的人。

讲到这，我不得不提醒大家警惕一个事实，它能让拥有思辨的我们所有的理想、抱负轰然倒塌，那就是迟迟无法自立。

无法自立的实际内容包括：不能自律，不能掌握自己的时间，不能合理开销，不能关注自己的身体健康，不能在爱己之外爱家人、爱朋友、爱素昧平生的人。一个不能自律的人，何从谈起为一个信念而斩荆断棘；一个无法掌握时间的人，何从说到在有限的生命里做到让自己行之将炬之时不后悔；一个不关注自身健康的人，用什么资本为理想买单。所有的这些，今天在这里想要提及，是因为年轻人的狂妄带来的众多惨痛后果不能不让我们警醒。

一个自立的人，可以将自己的生活处理妥当，将自己的身心安放于一个最有发展潜力的位置，将自己武装成一个具有独立人格的人，将自己培养成一个具有善良高贵品质的人。

那么，到底又是什么让我们学会自立？我给出我的答案——爱与感恩。爱不是一种单纯的激素分泌，它并不让人觉得羞耻，也不会让人变得萎靡。它是一种力量，一种最原始的驱动力。真正的爱不是单一的、狭隘的，反而广泛而博大，轻盈得像一次呼吸，深沉得像静谧的大海，一旦我们拥有会爱的心，我们会回到出生之时，再一步步追到今天的这个时刻，从懵懂到知事，从单纯到复杂，爱的力量从未消逝，我们才得以成长至今。

爱己既是爱爱我之人，爱人即是爱自己最深的灵魂。

五分钟即将走到尾声，不期待我的声音有震人之力，但愿我所抛下的砖，能引出各位弟妹的思想之玉。上善若水，水无法被人定义，一旦它拥有了最根本的品质，它可以千姿百态、异彩纷呈。那么人也是如此，人如果有了笃定而单纯的爱、自立而坚强的心以及智慧且思辨的大脑，他无法被人下定义，他永远有着不一样的人生，这是我认为一个人对自己最高的评价了，所以，我今天的演讲题目就是：成为若水之人。与各位共勉。谢谢大家。

作者简介

姓名：徐元璨

性别：女

班级：电卓1309班

所属党支部：电气四支部

毕业去向：湖南大学电力电子方向

任职情况：曾任电气四支部副书记、校学生会学研部副部长、阳光艺术团器乐队小提琴手

获奖情况：挑战杯“创青春”国家银奖，“互联网+”国家铜奖，挑战杯“创青春”湖南省金奖，“互联网+”湖南省金奖，校级优秀党员，校级优秀团干，获校级特等奖学金，校级一等奖学金。

座右铭：少想多做。

到祖国最需要的地方去

——在长沙理工大学2016年赴西部支援边疆建设出征仪式上的发言

张东辉

尊敬的各位领导、老师，亲爱的同学们：

上午好！

我是来自电气与信息工程学院电气工程及其自动化专业2012级5班的张东辉，也是一名中共党员。站在毕业季的路口，对于即将逝去的大学生活，多有不舍，但更多的是对未来的憧憬与向往，在此，请允许我代表全体毕业生对学校四年来的培养表示衷心的感谢，是您的培养让今天的我能自信地站在这里，坚定地选择我的职业发展道路，追逐我的梦想。

今年1月，我与国家电网新疆电力公司正式签约。对于电气专业学生来说，就业选择面相当宽广，就业地域选择范围也相当大，根据我对自己实力的评估，我完全可以选择去发达城市。对于我要去新疆的这个决定，我的家人最初也不理解甚至反对，但我为什么要选择去新疆，我也曾多次这样问自己，今天，借这个机会跟在座的领导老师汇报我的心路历程，也请大家多多指导。

首先，是贫困的成长环境和艰辛的专业学习磨炼了我敢于挑战的个性与品质。

我出生在甘肃省会宁县，那是红军二万五千里长征胜利会师的革命圣地，是一个非常贫困落后的地区，但那里的人们却永远把孩子的教育放在第一位。我的祖祖辈辈都是以农牧业为生，到我这一代，能走出大山、能够走进大学的校门，我感恩于社会时代的变迁与发展。从小艰苦环境的磨炼与成长，让我懂得了坚强，懂得了独立，懂得了人生和家庭的命运要靠自己去改变。

2012年9月，我考入了长沙理工大学电气与信息工程学院，都说大学的学习生活丰富多彩，轻松自由，但对于我们这个号称最难学的专业，同时我又是来自西部农村地区基础较差的学生，学习过程自然是苦涩而又艰难的。我印象最深的是学习电气专业号称四大天书之一的《电磁场理论》时，老师按照惯例从第一章开讲，结果到了第二节全班同学几乎都懵了，完全弄不懂，直到跟老师沟通才有所改变。类似的还有像电路理论、电力系统暂态、稳态分析、继电保护，电力电子这些理论性更强的课程，要想学好，我必须付出双倍的努力甚至更多。在学院的各项学风建设举措下，我参与了班上的学习小组，跟着学霸们泡图书馆，慢慢地，我终于克服了基础差的难题，还获得了“三好学生”的称号和奖学金，于大三大四担任了两年班长，协助老师，积极为同学们服务。虽然辛苦，但是收获良多。大学学习的经历让我明白功夫不负有心人，付出终会有收获。

第二，深入基层电力公司暑期社会实践的经历让我懂得了电力人应有的责任与担当。

2015 年的暑假，我放弃了往年暑期打工挣学费的选择，报名参加了学院组织的赴国网新化县供电公司的社会实践，从报名的 120 名同学中脱颖而出成为 21 名队员中的一员，我深知这个机会来之不易，是学院领导与企业共同担当为我们的成长全力打造的实践平台。在供电公司实践的 20 天时间里，我跟着一线电网工作人员每天日晒雨淋，体验基层电力人的工作，跟着师傅完成了 3000 多个电表的定位。除了完成每天的工作外，我们团队严格按照学院的要求每天一篇日记，每天一次总结交流，每天一份专业知识要点梳理。虽然那 20 天的实践很辛苦，却锻炼出一个更能坚持、抗挫折的我。也正是那 20 天的磨砺让我真实地感受到了在电网工作的价值，看到了每一名基层电力人的那份朴实、那份坚守与责任担当。电力安全无小事，责任重于泰山，来自西北山区的我深知：在基层、西部地区更需要优秀的电力人才去扎根发芽。

第三，蓝丝带志愿团的经历坚定了我选择去祖国最需要的地方建功立业的决心。

2015 年，我加入电气与信息工程学院蓝丝带志愿团，它成立于 2009 年，是由电气与信息工程学院学生党建培育打造的一支充满爱心、团结向上、奉献爱心的团队，团队成员坚持利用业余时间为云塘校区附近的西湖小学的留守儿童开展辅导。这群孩子从小班开始一直到小学毕业，大部分的夜晚都是在宿舍度过，没有亲人的陪伴，有的孩子写作业时写着写着就哭了，说想回家，想见爸爸妈妈。这些场景深深触动着我的心灵深处，我们希望用陪伴来弥补这些孩子情感的缺失，助力他们成长成才。在这个过程中我也收获了孩子们的喜爱和认可，感受到了被需要的快乐。祖国的大西北经济发展相对落后，那里非常需要人才，那里需要我们去建功立业，我为什么不选择去一个能最大限度发挥我人生价值的地方？这个想法在我的脑海中逐渐清晰，那就是去最需要我们的地方实现自己的人生价值。

曾经，站在大四求职季的路口，面对铺天盖地的单位特别是江浙地区、南网等非常具有诱惑力的职业选择，我也曾经有过动摇，但到祖国最需要的地方去的想法一直占据着我强大的内心。2015 年 11 月 6 日，新疆电力公司来我校召开专场宣讲会，当听到他们说新疆的发展特别需要一批专业基础扎实的电力人才时，我义无反顾地报考了国网新疆电力公司的考试，并且将它作为第一志愿。作为一名党员，责任与担当是我们义不容辞的选择，祖国需要我们，新疆需要我们，我们应该勇于担当。我想起了身边优秀的学工老师，他们无论多忙、多累，总是将学生的成长放在第一位，总是为学生的成长去争取每一次机会。他们身上的那种无私的奉献精神让我感受着党员最朴实的品质，也让我学会了担当与责任。

四年的大学将我培养成为一个能吃苦耐劳、懂得责任与担当、学会选择的党员。我相信，有志者事竟成！今天我选择西部，明天我定能成为长理的荣耀！感谢您，我亲爱的母校！感谢您，我亲爱的电气与信息工程学院！感谢您，所有培养、陪伴我成长的老师！是你们的引领成就了今天自信的我。值此长沙理工大学 60 周年生日来临之际，我祝福所有毕业生学业有成、前程似锦，祝愿所有老师工作顺心、家庭和睦、身体健康，祝愿我们的母校越来越强大！

谢谢大家！

作者简介

姓名：张东辉

性别：男

所属支部：电气三支部

学业情况：2016 年长沙理工大学电气工程及其自动化本科毕业，计算机二级、CET 四级。

就业情况：2016 年 7 月进入国网新疆电力有限公司乌鲁木齐供电公司从事变电运维专业。

任职情况：大学期间担任电气 1205 班班长两年，获优秀三等奖学金，工作后获中级工资质，现为助理工程师。

感恩·责任·传承

——在长沙理工大学“庆祝建党95周年暨‘七一’表彰大会”上的发言

张卫明

尊敬的各位领导、老师，亲爱的同学们：

大家好！我是来自电气与信息工程学院2014级研究生张卫明，上周刚刚领了学位证书和毕业证书，今天站在这里便多了一个身份，就是“校友”。能在迈出校门之际，以“湖南省百优大学生党员”的身份站在长沙理工大学“庆祝建党95周年暨‘七一’表彰大会”上发言，我感到无比荣幸。此刻，面对党旗，面对台下一张张亲切而又熟悉的面孔，我百感交集，借此机会跟各位分享一名89后大学生的思想发展历程。

感恩：遇见长理，我读懂了党旗上飘扬的镰刀斧头

我来自山西农村，从小拮据的家庭条件让我立志要走出大山，用知识改变命运。高考让我走进了千里之外的长理，踏入了一个更广阔的天地，六年的求学生涯塑造并坚定了我向党组织靠拢的决心。刚入大学，我被录取的不是电气专业，但对电气有着强烈兴趣的我在大二以总分第一的成绩如愿转入电气与信息工程学院，那一刻，我读懂了何谓公平，机遇总会垂青于每一个有准备的人。后来，我走进了学院的电子创新实验中心，有幸遇到了张一斌老师、樊绍胜老师，他们都是优秀的老党员，经常利用休息时间指导学生。在这里，我展开了大学生涯中第一个科技作品的制作，参加了属于大学生最高规格的“挑战杯”等科技创新大赛，和团队一起拿回了国家一等奖等多项荣誉。2013年9月，我被保送本校攻读研究生，师从曾祥君老师。长理老师们脚踏实地、无私奉献的精神深深地影响着我，感染着我。而让我思想发生震荡的是，去年10月份，在吉林长春参加全国“互联网+”大学生创新创业大赛的决赛中，前来陪伴我们的谈传生副校长在路上听说了我的成长经历，了解到我想提前毕业，回报家庭时，便热心地为我推荐就业，在谈校长的鼓励下，我鼓起勇气报考了国网河北电科院，并被录用，要知道这个单位一般只招博士生。我和父母从未想过普通的我会有如此好的际遇，我想用我的经历告诉所有师弟师妹：在长理，不用“拼爹”，要拼的是“才华”，拼的是“能力”。这一切的一切，让我相信“公平、正义、正气”始终存在，那是鲜艳的党旗散发出来的无限磁场，它让你始终感受到信仰的力量，它让你相信在这个组织的领导下，始终有一群正能量的人在引领着我们，始终有一种精神在闪闪发光。

责任：走进长理，我读懂了身上所肩负的使命

在2013年12月，我在党旗下宣誓，光荣地加入了党组织。2015年以来，在学校党代会和党建工作会议精神的引领下，电气与信息工程学院深入基层调查了解了学生的需求，逐步将党建工作做实做细，营造了“上接天线、下接地气”的氛围。从“党员E家”微信公众平台宣传的师生优秀党员事迹中，从“两学一做”手抄党章的活动中，我体会到如何去做一名合格党员。大学期间，我参加了电气与信息工程学院“蓝丝带”西湖小学义务支教活动，曾赴湘西“三下乡”调研留守儿童现状，参加“小羽毛”献爱心行动倡导为边远地区儿童捐助物资。这些都让我感受到“奉献”的快乐，但真正让我读懂“责任”二字是在入党以后。第一件事就是国家级“小平科技创新团队”的成功申报，当时在非常紧急的情况下，学院领导带着我们夜以继日地整理材料，他们那种“不到最后一刻，绝不放弃”的精神始终影响着我，当我站在北京大会堂出席“全国青少年科技创新大会”接受授牌时，作为全国唯一一个电力专业获此殊荣的团队，我感受到的是一种油然而生的使命与责任。第二件事就是大四的暑假，学院为了搭建实践平台，凝练育人特色，积极与基层电力公司开展暑期社会实践活动，我陪同学院老师参与了所有环节的沟通、联络，并担任了第一期的队长，为期20天的深入一线扎扎实实的实践，从2014年的一支队伍到2015年的两支队伍，再到2016年拓展到益阳、岳阳、冷水江、新化的四支队伍，这是我们学院党委领导和实践团队全体师生的团队精神与志愿服务精神感染了越来越多的企业，是企业领导助力教育的责任担当为我们学子提供了成长的舞台。第三件事是今年毕业季的感人时刻：我本科同班同学何佳娜毕业两年后专程从广州工作单位赶回来参加曾经所下班级的毕业照拍摄活动，亲手为每位国防毕业生戴学士帽，在场的人无不为之点赞；还有“党员E家”平台推送的“致下班党员的一封情书”，是由低年级学生自发送给毕业生下班党员的，每一封都那么真切感人。优秀下班党员的行动让我读懂了什么叫责任，低年级学生的举动让我受到了震撼，体会到了“付出一点点，却被别人记住很多”的幸福。当我递交入党申请书时，还不懂何为责任和使命，但在长理的六年，尤其是成为党员之后，我懂得了一名党员勇于担当的“责任与使命”，我相信了滴水必定穿石，精神的力量可以创造奇迹。

传承：迈出长理，牢记使命，我要将“长理精神”撒向世界

“脚踏实地、艰苦奋斗、乐于奉献、锐意进取”的长理铺路石精神就是我们党员应该带头践行和传承的精神，在一代又一代长理人精神的传承影响下，我们感受着一种力量。今年学校60年校庆之际，我们通过网络、通过现场看到了无数优秀长理人的先进事迹与身影。特别是我院领导带领专业老师走出校门，走进各地，带回了许多我们想象不到的电气人在基层的先进事迹，像全国劳动模范、国网检修专业领军人才1998届电气专业高兆丽，全国劳动模范、国家科技进步二等奖获得者1991届校友许杏桃，全国劳模、2014届校友李海燕，湖南省劳模、2004届校友曾庆丰等一批全国、省级劳模先进事迹，还有毕业13年获得了23项专利、多项科技奖励的2003届电气校友王鹏……他们都工作在一线，但始终在传承和践行铺路石精神。他们的事迹告诉了我电力人应该怎样去传承这份责任。这种精神已深深地融入我的血液，作为2016届的毕业生，我一定接过接力棒，努力践行并传承这种精神，让母校以我为荣。

敬爱的领导、亲爱的老师，六年的长理求学生涯，我的青春因为有你们的引领与陪伴而值得一辈子回味，因为有你们的教导，让我有了一生努力前行的自信，是你们，赐予了我一生做人的信仰和正气，无论走到哪里，我一定牢记“做一名优秀共产党员”的坚定信念，一定铭记“长理精神”。今天，面对党旗，我再次举起我的右手，庄严宣誓：无悔自己的选择，忠于职守，爱岗敬业，传承使命，践行职责。为祖国的电力事业贡献自己的力量！

作者简介

姓名：张卫明

性别：男

班级：电气1404班

所属党支部：电气工程党支部

毕业去向：国网河北电科院

获奖情况：曾获湖南省优秀大学生党员称号，第一届全国“互联网+”大赛金奖、第六届全国节能减排大赛一等奖等荣誉。

座右铭：出身和运气是无法选择的，但才华和学识是通过努力必然获得的东西。

不忘初心：在“服务”中成长

李天航

如果说生活向来是一场颠沛流离的旅行，那么我只想说不忘初心，方得始终。还记得四年前带着懵懂和憧憬进入大学，到如今近四年的时光悄然已逝。回顾我这四年的大学生活，自己始终保持着积极向上的心态，努力做到全面发展；参加了各类活动，更有幸成为中共党员以及在学生会待了三年；其间有过失败与落寞，也收获过成功和喜悦。如今回首，岁月如歌，跌宕起伏，种种滋味，尽在其中。

由于从小受到周围父辈党员们的耳濡目染，我很早就萌发了对中国共产党的敬慕和向往之情，所以进入大学以后一直以一名党员的标准严格要求自己，旗帜鲜明，立场坚定，坚决拥护中国共产党的领导，想要早日向党组织靠拢。在思想上我积极要求进步，入校后便向党组织递交入党申请书，但由于大一时思想认识上的不足，未能在第一批选上入党积极分子。当时的自己有点失落，但通过和辅导员的谈话以及与下班党员的交流，我重新坚定信念，不断地努力，终于在大一下学期时成为了入党积极分子。通过在党校学习，我的入党思想由感性认识上升为理性认识，进一步端正了入党动机，进一步认识到在新的历史时期，作为一个共产党员所应具备的条件，从而为自己积极要求入党在思想上和理论上做好了准备。到了大二时自己有幸被党组织接纳，成为一名预备党员，这让我更加积极地关注时政，时刻牢记保持自身的先进性，同时更加严格要求自己，在思想行动上为同学们树立一个良好的榜样，并虚心求教，接受同学监督。同时，党员的身份也激励着我为学院、为同学们做更多的贡献，在大三期间也有幸同时担任电气与信息工程学院的学生会主席和电气 1609 班的下班党员。

这四年中最让我记忆铭心的是参加学生会和担任电气 1609 班的下班党员。大学匆匆几年，或是平平淡淡，或是浓墨重彩，但做学生干部的经历，今生应该也只有这一次了吧。蓦然回首，在学生会的三年里，从面试时青涩的回答到收到学生会录用通知时的激动，到大二竞选成为一名副部长，再到大三有幸担任院学生会主席，这三年一步一个脚印，收获自然弥足珍贵。大一时作为纪检部的干事，我的工作并不那么光鲜亮丽，更多的是枯燥乏味、日复一日地查到，虽有过无聊的抱怨，可到后来更多地觉得这是一种为同学服务的思想上的转变，是自己想要成为一名优秀的党员的坦然与担当。到大二时，该自己去负责组织新生杯辩论赛、逻辑思维大赛等活动时，自己从一名参与者转变为组织者，真真切切地感受到了想要举办一项活动的艰辛与磨砺。疲惫过，悲伤过，但更多的是我心中的快乐和充实。到大三，我有幸竞选成为学生会主席一职，付出的同时更多的是责任感的增强。每一次学生会大型的活动都是一段难忘的回忆，委屈和压力肯定是必不可少的，但所有人一起精心的准备、无私的付出，以及在活动圆满落幕时收获的那种喜悦让人难以言喻。这是一种凝聚感，让我感受到这不仅仅是一个工作岗位，更多的是一个充满欢乐的大家庭，而我有幸在这里遇到了这么多一起奋斗的兄弟姐妹们。珍惜当下，感谢相遇。

与此同时，在大三有机会报名成为下班党员时，想起当初大一时懵懂无知的自己倘若没有下班党员的积极引导或许不会有现在的自己，而如今自己也有机会传承这一电气党建优秀的传统，为学弟学妹们指引大学的方向，自己便义无反顾地填写了报名表。在担任了电气1609新生班级的下班党员后，大三开学初日夜奔波于两校区之间，同时为学弟学妹解答各类问题，抽时间和他们谈谈心，听一听他们对大学的向往，分享一些自己的大学经历给他们做参考。虽然很累，可是自己还是想尽可能多地把自己的经验分享给学弟学妹们，在思想上正确地引导他们。我想着这应该就是自己作为一名党员干部应该有的责任与担当，也是电气与信息工程学院党员文化的一种传承。

毕业之际，汗水和欢乐都已经成为美丽的回忆，大学四年自己始终步履不停，保持思想上的上进，希望能真正意义上起到党员干部先锋模范的作用。我只想说相信世界不曾亏欠每一个努力的人，它会记得每个人的梦想。付出甘之如饴，所得归于欢喜。

作者简介

姓名：李天航
性别：男
所属党支部：电气四支部
毕业去向：国网浙江省宁波供电公司
任职情况：院学生会纪检部副部长
电气与信息工程学院学生会主席
电气1609班下班党员
获奖情况：校一等奖学金
校管理人才奖学金
校三好学生
校优秀团员标兵
校优秀学生干部
校优秀团干
校社会实践先进个人

我的大学：在成长中品味“责任”

郭佳华

人生是一段成长的历程，会有很多事、很多人在我们成长的过程中起着举足轻重的作用。大学四年的经历中，让我收获颇多的大概就是关于入党和参加学生工作的经历。

大一第一次参加入党积极分子竞选的时候，中国共产党的内涵，于我而言并不理解。尽管一路走来，从小学的少先队员，到中学的共青团员，共产主义的理想教育伴随着我很长的道路，但我始终没能真正明白他代表了什么。后来，我参加了积极分子的学习，参加了青马班的学习，直至参加了发展对象的学习。随着理论知识的丰富，以及不断地翻阅历史资料和不断地思考，我最终明白了共产党的先锋队身份和领导核心地位。它不是自封的，而是历史的必然选择，而所谓的历史选择，也并非诡辩的，而是经得起事实的考验，是雄辩的。

而作为学生干部的工作经历，也让我在提升个人自我能力之外，深化了对党的认识理解。在这些弥足珍贵的经历中，我学会了坚持，理解了责任，懂得了付出，践行了服务，坚定了理想。

大学四年，我始终担任班级的宣传委员。大一的时候，学院组织班级建设班级微信公众号，那时候不懂微信后台操作，我就拿着培训用的课件，一步步对照着注册申请公众号，完善公众号资料，去构思内容。学院推行“文化早餐”活动，我们就把每期文化早餐的内容整理成文字，在公众号上推送。大家的暑假生活见闻、班级聚会、读书感悟、班级成员的生活点滴都如期被展示出来。到今年是连续第四年的宣传委员了，希望接下来的时间里，我能够切实担负起宣传委员的职责，借助公众号的平台，收集起这四年班级的点点滴滴。希望在未来的时间里，我们的班集体，会一如既往亲切温暖。

学生会的经历是我以前不曾对自己有过的规划，但几年学生会的工作经历，着实极大地锻炼了我各方面的能力，也给我的大学生活留下了浓墨重彩的记忆。

第一次负责走进食堂的活动，一次次跑去二办和食堂经理对接活动流程，更改活动方案，修改宣传资料等等，我以前从来没有想到，一项看起来一气呵成的活动的背后，是如此烦琐的细节梳理。但是，在活动过开展的过程中，看着活动的进展如预期设想那样开展下去，心里是满足的。在座谈会上，学生代表和学校相关部门的沟通过程中的一些问题，在活动结束后，我们看到了学校能够积极处理并且有些提到的问题也得到了实践解决，譬如食堂开始的外卖业务我觉得是我们作为学生组织，在帮学校和学生搭建沟通渠道中发挥出了作用，没有辜负设计活动的初衷。

另一个感触颇深的活动是协助学校关工委开展的学风调研的问卷调查。对个这活动感触颇深，一方面是由于整个活动开展的周期很长，另一方面，在整个活动开展的过程中，我们从众多数据中看到的，是关于整个学校对学风建设的看法和意见，包括教师队伍、行政队伍以及学生。在这个活动中，我们站在一个尤其客观的角度去总体看待这样一个命题，对于学校的建设，有一种不同以往的感受。

在担任学生干部的经历中，我明白了责任担当的含义。身为一名学生干部，我们需要的是无私的奉献精神，而不是去追求所谓的“特权”，染上官僚之气。我们归根结底是一名学生，不会因为我们作为一名学生干部而有所不同，我们来自学生，服务学生，承担着学生与学校的纽带作用。我们有责任在学生权益受到侵害时，维护同学们的正当权益：我们有责任为学校生活贡献积极向上、有意义、正能量的文体活动；我们有责任充当学校与学生的纽带作用，加强师生之间的沟通，促进同学们对学校政策的理解和支持，促进学校政策贴合同学们的实际需求；我们有责任作为一名党员，树立优秀的模范带头作用，带动周围一批人建立良好的学风氛围。这些经历，让我不断思考着党章中规定的党员义务究竟意味着什么，以及作为一名党员在工作中我该怎么做，从而督促自己，不断以党员的严格标准规范自己、要求自己，向一名合格党员的身份看齐。在责任的驱动下，我们不断认识自我，反思自我，努力让自己的能力配得上自己担负的责任。

同时，我觉得学生干部的经历，也极大提高了自己对校园生活的参与感。以前学校的很多活动，我们可能匆匆路过，可能驻足一瞥，可能被安排看完一场活动，没有太多参与感。纷呈的校园生活，我们仿佛只是路人，踏马而过。但是，当我们在社团招新时，在帐篷里看着外面寻找心仪社团的人；在晚会后场，看着一直都是侧视角的节目和满座的观众席；在活动现场，看着 A4 纸上的内容付诸实践……一切，都在告诉我们自己，我们是这个精彩校园的参与者，而不是匆匆过客。

组织上入党一生一次，思想上入党一生一世，这是作为一个党员一生的信仰追求。走过大学四年，在电气与信息工程学院党建工作的悉心培养下，在参与学生工作的亲身实践中，在个人自我批评与反省时，我会牢记使命，勇担职责，不断进步，莫忘初心，拥抱这个每个人都能大有可为的新时代。

作者简介

姓名：郭佳华

性别：男

班级：电气 1401 班

所属党支部：电气一支部

任职情况：电气 1401 班宣传委员
任校学生会权益部副部长
校学生会副主席
院级优秀团干

座右铭：既往不恋，未来不迎，当下不杂。

蜕变：坚守的意义

林静怡

进入大学之后，我常说这四年的时间带给了我很多改变，不管是学习生活，还是看待事情的角度，甚至于待人接物的方式，但变化最大的，是作为一名高中生党员，在思想、认识和行动上的改变。大学让我更懂得了，何为党员的责任。

可能很多认识我的人都知道，我是个喜欢吃喜欢玩，喜欢追剧八卦喜欢漂亮衣服，喜欢交朋友喜欢自拍扮鬼脸的人。像所有"90后"一样，我有自己对生活对未来的态度，也像所有党员一样，我明白踏实付出，可能不一定有焰火初绽的绚丽，却一定有细水长流的韵味。回看我的大学，我是真的很感谢，在每个需要抉择的关口，我有老师朋友的支持，也有自己一头愣的坚持。这次的自述，大概是作为一名应届毕业生党员想分享的体会和想记录的回忆吧。

作为一名高中生党员，在进入大学后，我加入了所在班级分属的电气一支部，并且担任支部组织委员一职。当时我大概可以算是支部的"忙内"，除了我都是大三大四的学长学姐，一开始相处上的"距离"是必然的，但学长学姐们平时的关心、照顾和鼓励，也让我能更快地适应了新的生活环境。在学习工作中学生党员们的榜样事迹，使我颇受启发，也让我在每天的生活中，时时刻刻提醒自己作为一名学生党员在同学中的带头作用，这也使得我不断去追求提升追求新的进步。

其实在党员中，有非常多学习上的榜样，他们勤奋刻苦，他们会根据自身的情况来进行计划调整。我们本科生电气一支部可以说是一个"学霸聚集地"，同时也是一群在学生工作方面表现出色的榜样。而他们的事迹，也让我有了新的启发和蜕变。

我的成绩其实在大二下学期有一个比较大的波动，究其原因是多方面的，新选的双学位使学习任务加倍，学生会工作量的加大，最根本的还是自己没有平衡好三方关系，结果是我在期末把电磁场这门课程挂了。其实这个事在一开始知道的时候我还是挺忐忑的，不知道怎么和家长沟通，不知道会有什么影响，消沉一段时间后，我转而向其他党员同志寻求帮助，他们也结合自己或者身边的例子，为我排解这种“郁闷”。所以后来的结局还比较好，我又认真地学了一遍，补考过了，75 分，但是我在交谈中也知道我如果不去对自己的学习习惯和日常安排做相应的调整，大三更多更难的课程会把这个大学小插曲演变成大麻烦。利用好碎片时间，学会专注，这是我给自己定的目标。最终的结果证明我这种转变是正确的，这第一挂愉快地成了我的最后一挂。自我调整带来的是改变，自我排解带来的是好心境，两者兼得更好，如果作为比较，我觉得“自我调整”是比“自我排解”更重要的。

作为一名应届毕业生，我最想传递最想分享的，是在我这近四年的学习生活里的一个体会，也可以说是在遇到挫折，抑或是生活没有理想中的“五彩斑斓”时，要相信：所有积累都有意义。

这可能算是我在大学最深也是比较独特的一个收获了吧，从大一入校到现在准备就业，我深深体会到了，这段历程中间点点滴滴的积累，都是有意义的。之前听过很多同学说，不知道在学生组织工作的经历有什么意义，每天“打打杂”，跑来跑去，要不就是没做成什么能拿来说的事，做出来了好像也是“昙花一现”。我觉得我其实还是挺适合做例子来反驳这个想法的，我在大一有幸加入了学生会宣传部磨炼自己，部门的工作内容其实是很日常也很烦琐的，没有铺天盖地的大活动，有的是一个接一个的稿子和推送。可是反过来看，这也是一个需要不断提升文案能力，需要和各类人交流和协调的工作，它带给我的是能力养成和交往技巧。它的意义，是让我在大三有信心成为一个决策者，是让我在找工作时能更有优势，拿求职来说，现在企业需要的其实正是老师们常说的“复合型”人才，这个“复合”，就是积累过程潜移默化的成果。所以，尽力做好手上的事儿，坚持做好手上的事儿，就是有意义的。

我想，我会永远记得，这段大学生党员时光里的经历的蜕变，从向榜样学习到提升自己的同时传承党员精神。这期间的蜕变使我更体会到了党员的责任与义务，也让我更坚定，坚守信念，坚持追求，传承精神，成为一名优秀党员。

作者简介

姓名：林静怡

性别：女

班级：电气 1401 班

所属党支部：电气一支部

就业单位：广西电网有限责任公司南宁供电局

任职情况：电气 1401 班班长，院团委副书记，电气一支部组织委员、宣传委员，院学生会宣传部副部长，院微信平台“电光火时”负责 人

获奖情况：省级优秀毕业生、校级优秀团干、校级社会实践先进个人、校级第九届“物电杯”电 子设计大赛三等奖、校级三好学生

座右铭：生活的经历不论好坏都是礼物。

因为“党员”，我遇见了更好的自己

潘蒙杰

从2016年11月22日我正式成为一名预备党员到2017年11月24日转为正式党员，在我的身上发生了许多故事，那一段段难忘的经历让我不停地成长，不停地蜕变，不停地向上。党员的身份不知不觉地成为我内心深处一个无法割舍的烙印，也成为我最引以为豪的勋章。它似乎成为我人生中一个很重要的灯塔，让我在生活的大海中能明确自己的方向，不再迷失，不再踟蹰，让我逐渐地找到了自己。

从小到大，我都是一个比较内向的人，把我放在一个群体中，我不是那种闪闪发光的存在，我习惯于在人群中默默奋斗，隐匿于人海似乎更让我有安全感。但是随着年龄的增长，随着环境的变换，随着身份的改变，我渐渐地意识到过分地放任自己，让自己一直处于一个舒适圈内是多么可怕的事情，所以我开始尝试接触新的事物，开始接手曾经不敢承担的责任，在不知不觉中，我发现了自己的改变，发现了自己在慢慢地变得不一样，变得比原来更勇敢、更自信。

从我被同学们推选成为积极分子到成为一名党员，责任两个字真的慢慢在我心中逐渐清晰。现在的我才发现，当你不在那个位置的时候，你真的很难理解处于那个位置的人的责任感和所面对的一切境遇，感同身受这件事真的只会发生在拥有过相同经历的两个人身上。现在的我已经是个党员了，作为一个党员，我不能再沉浸在自己的小世界里了，我要变得强大和可靠，成为一个大家信得过的榜样。我对自己开始有了要求，有了想法。

在大四刚开学的时候，我义不容辞地接下了班长一职，虽然我一开始就知道这个位置很难坐，特别是在毕业这个节骨眼上，大家的精力基本上都会集中在自己的事上，不管是考研还是就业，而当上班长就意味着在这最忙碌和充满着情绪波动的时间段成为一个班的一股力量，成为这个班级最强大的支持者。

与此同时，我还担任了电气 1503 班的下班党员，成为一名领路人，成为我最亲爱的学弟学妹们的好榜样。不管是哪个身份，都要求我要变得更好。

突如其来的身份转变，让我猝不及防，各种各样的事向我涌来，各种各样的声音在我耳边萦绕，我不知道如何去处理。我痛苦过，难受过，挣扎过，有时会觉得很难撑下去，想放弃，甚至开始怀疑我为什么要揽下这份看似吃力不讨好的工作。在我最忙的那段时间里，我深刻地体会到了什么叫作焦头烂额，这件事还没处理完，另一件事又扣到了你的头上，这是我未曾料想过的。但每次到我快要崩溃失去自我的时候，心里总会浮现一个念头，我是个党员，如果我都不愿意主动承担这些，那我怎么对得起当初那么积极地加入党组织的初心。于是，我开始调整心态，开始有条有理地处理迎面而来的挑战，慢慢地，我发现之前的手足无措其实都是源于自己内心的焦虑和担忧，其实适应了之后也就没有想象中那么难了。另外，我很庆幸自己身边的同学还有学弟学妹都很贴心，在我忙不过来的时候都能主动帮我分担一些工作，我开始发觉自己不是一个人在战斗。在自己的努力和他人的帮助下，我慢慢地找到了自己的定位，从第一次开班会的生硬和尴尬到现在的从容坦然，从不怎么爱交流到和所有人打成一片，从自身难保的“泥菩萨”到成为能不断开导同学的“心理医生”，我在改变自己的同时也改变着身边的人。

我的故事还在继续，但现在回头看，这条路除了挑战，还有很多温暖。比如某个晚上玩手机的时候，我不经意间刷到了一个视频，是 1503 班同学做的关于自己班级的 MV，片尾的时候突然出现了我的名字，当时我在震惊的同时更多的是感动，虽然只是一个小小的名字，我却感受到了他们的暖心。虽然是一个接任的下班党员，虽然我为他们做的事很少，但他们却能在这个时候记起我，记得我的名字，对我来说确实是一份莫大的幸福。我很幸运自己能成为一名党员、一名班长，从而能拥有那么多可贵的经历，让我能和大家一起成长，一起努力，不忘初心，找寻自我。

总而言之，在成为党员后，我开始变得成熟和有担当，变得更加有责任心，现在的我遇事首先想到的是自己冲在前头，而不是畏畏缩缩地躲着藏着。这份使命感让我的生活变得比以前更丰富了，体会到的感情比以前更深刻了，而这一切，若是不曾走过，真的很难了解其中的滋味。但生活就是一个探索的过程，时间还在不停地走，而我们以后的路还很长，故事还很多，我希望自己能始终不忘初心，尽力去做好一个合格的党员，让自己成为自己想要成为的人，尽自己的责任，让自己和身边的一切都变得更美好。

作者简介

姓名：潘蒙杰

性别：男

班级：电气1404班

所属党支部：电气二支部

任职情况：电气1404班班长、电气1503班下班党员

就业情况：国网台州供电公司

获奖情况：校级三号学生、校级优秀学生二等奖学金1次、校级优秀学生三等奖学金3次。

座右铭：读万卷书，行万里路。

相遇是彼此的小幸运

牛林芳

初出茅庐的小女生，从一名团员，发展为积极分子、预备党员，最后成为一名光荣的共产党员，一路走来，虽有坎坷，但内心深处一直觉得自己是个幸运儿。身边优秀的同学那么多，我是有多幸运能成为一名党员，能成为电子支部副书记，还能遇见电子1602班的小可爱们并成为他们的下班党员，同时，我又对这所有的身份倍感压力。

记得最初，班级开竞选积极分子班会时，并不懂党员是什么，只是觉得党员很好，很想像我们下班党员一样，能够在新生入学时，作为他们的下班党员，给不懂事的学弟学妹们一些指导，用自己的行为让离家的孩子感觉到大学的温暖。

在金村开的发展大会，我被确定为预备党员。在学长学姐的提问与建议中我明白了成为一名党员，只是一个开始，而路程，还很长。

在成为共产党员的路上，我接触到很多非常优秀的党员。是他们让我懂得了责任与义务，“在其位，谋其职”，就该认真做自己分内的事情并且做好。

很幸运，我成为积极分子，成为一名共产党员，成为电子1602班的下班党员，也成为电子支委的一分子。

一、支部工作让我成长

支部的工作让我了解了发展入党的流程，明白了党员是光荣的，是要为人民服务的，是要做实事的。自己发展入党的时候需要填很多的材料，当时感觉压力很大，觉得很多材料都不知道该怎么写，但是接手支部工作以后，渐渐对这个流程心里有数了，也可以在自己支部发展党员的时候，给一些有用的建议和提示，对于这点存在感自己感到很开心。

每次支部会议，发展大会、转正大会等，作为支委都要提前准备，刚接手的时候我觉得很无力，不知该从何开始，但是接触多了，就也从容多了。作为支部副书记时，每两周一次的党建工作会议，也在带领我、指导着我怎样将支部的工作做得更好。支部活动的记录、支部党员的发展、支部手册的填写，每一项工作都是一门技术。

在完成支部副书记工作的这一路上，除了技能方面的提高，我的思想也慢慢成熟起来。支部工作为什么要有条不紊严格按照要求进行？“无规矩不成方圆”，我们是有规矩有纪律的党支部。为什么支部工作要做得有特色？因为创新的支部会迸发无限活力，可以将党建活动做得精彩。为什么我要成为党员？因为我要脚踏实地做实事，传播正能量。

二、下班党员的工作让我温暖

2016 年的盛夏，我在长理的金村遇见了一群可爱的人，成为他们的下班党员，是他们口中亲爱的学姐，因为他们，我感受到了被需要的幸福；因为他们，我知道了怎样去鼓励人、照顾人；他们带给了我很多很多，有时候想起来就会很开心地笑。

其实在还没交下班党员申请表之前，我就很紧张，怕和学弟学妹们相处不来，担心不能很好地给他们帮助；大一新生来学校报到之前的两天，我晚上会睡不好觉，总是做梦梦见自己忘做了什么事情然后惊醒。

直到第一次开班会，班里几个活跃的同学让我不那么紧张了。开班会时，很多学弟来得特别早，我当时就很开心，听着他们在座位上说着笑着。班会上，在 30 多副陌生面孔前讲话也不紧张了，尽管竞选军训负责人什么的，同学们不是那么地积极，但是我并不生气，虽然有点无奈，但是跟他们在一起就莫名觉得幸福。

第 1 天军训的下午，我要从他们待的金村回云塘录新生信息，没陪着他们，就有学弟说：“我们一下午都在等你，你却没来，太伤心了。”还有人超级煽情地问我能陪他们多久。在觉得好笑的同时，我能感觉到我的心跳，很想马上就能到金村看一看他们呀！在云塘的校园里走着，看到这里穿军训服的新生，我就会不由得想起他们，要是在一个校区该有多好哇！

2016 年 11 月初的时候，电子 1602 班有了第一次校外的班级活动，那天，我们在火车头公园烧烤，学弟们格外地勤快，又洗菜又烧烤的，小学弟烤出来香肠，就说先给学姐吃，总是照顾着我。当时就觉得，自己真幸福，既有温柔的小学妹，又有体贴的小学弟，我给了 1 份照顾，却收到了 31 份的温暖，太值了！

2016 级新生下班党员交流会那次，看到电子 1602 班的同学们做的视频，看着在唱《小幸运》的他们，又读了他们写给我的明信片，真心觉得自己不能再幸运了。心里留存着那份感动，一直觉得要为他们做点什么才行，所以在 2016 年寒假之前，我给他们分别写了 31 封信，虽然都是絮絮叨叨，但我想让他们知道，我会一直陪着他们，希望我的存在能给他们带来哪怕一点点的帮助。

现在是 2018 年，距离他们来长理快两年了，而我也即将毕业。上次去看他们，突然觉得许久不见，我好像慢慢地不够尽职尽责了，但是向小可爱们道歉时，他们依旧认为我是他们最亲爱的学姐。所以，为了维持这份难得的特殊的感情，我要继续做好我下班党员的工作，对得起他们叫的“学姐”，然后若干年之后还能骄傲地叫出他们每个人的名字！

记得丁书记说过，一个学姐在她所下班级毕业时回来参加他们的毕业典礼，我一直记得这个学姐的故事，我也想成为这样的学姐，想一直记得我所带的电子 1602，一直记得给我温暖幸运的 1602。

我在长理的党员故事即将结束，而我的党员之旅才刚刚开始，我还在路上，故事也还在路上……

作者简介

姓名：牛林芳

性别：女

班级：电子 1402 班

所属党支部：电子党支部

毕业去向：签约郑州宇通集体有限公司

任职情况：曾任电子支部副书记、电子 1602 班下班党员、电气与信息工程学院蓝丝带志愿团负责人、电气与信息工程学院电光火时编辑，电子 1402 班学习委员

获奖情况：校级军训先进个人、校级三好学生、校级优秀志愿者、校级陶艺大赛一等奖、院级实践活动先进个人、院级十佳通讯员、院级手抄党章最具毅力奖、校级二等奖学金、校级三等奖学金、国家励志奖学金

座右铭：始终乐观，始终积极，对待生活自信自强自律。

我的"入党初心"故事

胡蓉朝辉

时光匆匆，距离我成为一名正式党员已经过去了两年多，但是光阴荏苒，初心不变，入党时的誓言依然在我的脑海中盘旋，入党的故事也历久弥新，让我久久不能忘怀。

在我很小的时候，爷爷就经常在茶余饭后给我们小辈讲他的党员故事。我80岁高龄的爷爷是一名老党员了，有57年党龄的他就是我党员之路的指明灯，是他教会我党员不是简单的两个字，而是代表了责任，代表了信念，代表了要做群众的领头羊、踏脚石，哪里需要就往哪里去。我印象最深的是妈妈告诉我，爷爷当时是炊事班的班长，是物资最充足的岗位负责人，但是爷爷从来不会凭借职务之便给家里谋福利，甚至有好几年妈妈和舅舅都是靠亲戚们的接济才能解决温饱，这让我感到很震惊，可是爷爷却说，因为他是一名党员，就要做党员该做的事，不该拿的不拿。爷爷说，他们那个年代在部队里入党是非常难的事情，表现好的士兵很多，几乎是优中选优，每个士兵都渴望能够早日投入到党的怀抱中，于是我的爷爷把这种渴望表现在事事带头、吃苦耐劳上，不管是多么艰巨的任务，他总是第一个去做，班上的每一个士兵有任何的困难他都当成是自己的困难那样去解决。在战争年代已经如此，到了现在和平的时代，爷爷作为一名党员的觉悟依然很高。记得有一次，我陪爷爷去买菜，在路口看到一个残疾人在乞讨，街上的人大多是视而不见或者避而远之，但是我的爷爷就走到旁边的早点铺给他买了两个包子，还给了他一点钱。其实那个时候我已经知道乞讨的有很多是骗局，我告诉爷爷，可爷爷却说，宁可被骗也不能因为自己的失误而让别人失去生存的希望。

这样的奉献精神深深地影响着我，在我幼小的心灵里深深地烙下了"党"这个字。中国共产党就是由无数普通人民群众所组成的，像我爷爷一样，其中有许多人出身于普通的中国农村家庭，因为中华人民共和国的成立而改变了命运。当他们思想上拥有足够的准备，也会投身于这个先进的组织，继续帮助那些曾和他们一样的人。我们这一代年轻人，成长在新时代，也许并没有这样的体会；但是，我们不应因此而忘记前人所做的贡献和付出，也不应在社会的磨砺和时光的流逝中忘记自己的初心——谁没曾想过将来用自己的力量帮助别人、造福社会、让身边的一切更加美好呢？中国共产党，和她千千万万的党员，正在为这个理想而不懈奋斗着，就像习总书记谈到的党的精神：“要把人民放在心中最高位置，坚持全心全意为人民服务的根本宗旨，实现好、维护好、发展好最广大人民根本利益，把人民拥护不拥护、赞成不赞成、高兴不高兴、答应不答应作为衡量一切工作得失的根本标准，使我们党始终拥有不竭的力量源泉。”

我加入党组织的初心是什么呢？小时候是因为想成为爷爷这样优秀的、为他人奉献的人，所以我早早地加入了少先队员的队伍；后来上了中学，在语文课本里我读到了刘胡兰、董存瑞、雷锋、焦裕禄等群体英模人物的事迹，那时，我已模模糊糊地认识到，共产党员和一般人不一样，他们能做到为了革命事业，坚强不屈、永不叛党、不怕牺牲。这段时期的学习经历，时刻激励我争取早日加入党组织，我又成为最早一批入团的中国共青团员。

直到上了大学，班导告诉我班上有五个积极分子的名额，这代表着我将离我的目标更进一步，我毫不犹豫地写了入党申请书，很幸运地我通过了组织的考验，顺利成为一名入党积极分子。我记得那个时候书记问我们的入党动机是什么，有同学说家里人认为当党员很光荣，有同学说大家都抢着入党自己也想试试，问到我的时候我犹豫了，我只知道自己对党是向往的，但是也说不上来为什么向往。书记告诉我，不能把入党当成是一个炫耀的资本，不能把党员两个字简简单单地挂在嘴边，更应该从心底里跟随党，信任党，一切跟党走，我突然明白了，也觉得自己坚持了这么久的事情是对的，是值得人尊敬和向往的。在成为入党积极分子的这一年时间里，我除了积极参与党课之外，还参加了一个爱心周末活动，每周利用周末的时间下乡寻找家庭贫困需要辅导的小朋友，然后把他们集中在某几个教学点进行集中的免费教学。起初我只是认为周末时间充足，可以帮助一下贫困家庭的小孩子是一件很棒的事情，可是到后来学业越来越繁重，工作上的事情也越来越多，我却越来越不愿意放弃这份教学“工作”了。这对于以前的我来说是不敢想象的，以前我是一个比较懒散的人，不愿意去担当不属于我的事情和责任，我突然觉得党员两个字在我的身上起了特殊的化学作用。到了大一下学期，爱心周末计划更是扩展到了特殊学校的学生，带队的邓然老师选拔了八个表现比较优秀的志愿者参加这次的帮扶行动，我很荣幸地成为八个志愿者中的一员，但是这次的挑战更大，因为我们面对的不再是一群健康的小朋友，而是一群从小因为各种原因或者是天生聋哑的高中生，年龄与我们相差不大，但是却承受着我们普通人不需要承受的困难，我更加感受到自己责任的重大，就这样每周的坚持，一直到他们参加完高考，我才觉得自己悬着的心放下了，这次的社会实践对我明确入党动机有了至关重要的作用。我觉得，入党目的和入党动机，绝不是一个用某一段时间可以一次性能够解决的问题，它应该是动态的、不断深入的、没有止境的漫长过程。因为党员的入党目的和入党动机是与党员对党的认识紧密联系的。记得一位哲人说过：一个人，一个民族，他所信仰的不应该是束缚自己手脚的桎梏，更不应该是绞杀自己的绳索，而应当是一股风，一股催你挺进、催你跋涉、催你奋斗的风。而我选择了信仰马克思主义，也就选择了向中国最伟大的政党——共产党积极靠拢。我既然做出了选择就会在自己选择的这条路上不断地进步不断地吸取经验教训。

2015 年 12 月 20 日，我成为一名真正的党员，我把这个消息第一个告诉了我入党的指明灯，我家的老党员——我的爷爷。爷爷说这比拿多少奖学金都让人高兴，都让他自豪，家里好久没有出过党员了，难得我这个小娃娃还有一颗想入党想奉献的心，还真的成为了党组织的一员。爷爷希望我入党之后依然能够保持一颗初心，就像习主席说的：要强化党的意识，牢记自己的第一身份是共产党员，第一职责是为党工作，做到忠诚于组织，任何时候都与党同心同德。我深知我身上还有许多的不足需要弥补，我也希望自己能够随着党和时代增添的新的内涵而不断进步，做一个与时俱进的先进的共产党员。“不忘初心，方得始终”，这就是我平凡而又光荣的党员成长故事。

作者简介

姓名：胡蓉朝辉

性别：女

班级：电研 1703 班

所属党支部：电研三支部

任职情况：现任电研三支部组织委员、电研 1703 班团支书、院研会办公室干事，曾任电气与信息工程学院学习部部长、辩论队队长

获奖情况：

［本科期间］国家级国家励志奖学金 2 次
校级特等学业奖学金
校级二等学业奖学金
校级三等学业奖学金
校级优秀团员
校级优秀团干
校级优秀干部
校级辩论赛季军
院级优秀辩手
院级歌手大赛冠军

［研究生期间］校级二等学业奖学金
校级研究生辩论赛亚军
院级研究生辩论赛第二名
院级《轻松学会独立思考》征文比赛二等奖

座右铭：生命里每一个努力的瞬间，都值得被铭记。

因为你，我举起了我的右手

廖圣桃

“没有共产党，就没有新中国，没有共产党，就没有新中国。”前段时间，我听到一群小朋友在唱这首儿歌，这段大家耳熟能详的旋律勾起我无限的回忆。想当年我儿时也经常与伙伴一起哼唱这首歌，当时也不知道歌词有什么寓意，只知道旋律好听。时隔十几年，耳边又响起这熟悉的旋律，旋律依旧好听，而如今作为党员的我有了更深的感受。

我在大学四年级下半学期入的党，入党的过程是波澜不惊的，可是有些事情就是这样，当时觉得不是多么重要或难忘，往往多年以后就变成了让人铭记的故事，正如古人传神的诗句“此情可待成追忆，只是当时已惘然”。

在系统学习党的知识之前，我对党没有太多的了解，只知道共产党好，因为在党的领导下，我们的生活水平一天天提高。更重要的是，曾经有一名普通党员给了我很大帮助，让我感受到了共产党实实在在的好，也是他给我埋下了入党的种子。

他是我的初中老师——肖老师，但是他不是我的任课老师。当时我还不太了解这位老师，更不知道后来我们之间还有很多故事。学生永远是那么调皮，基本每个老师都会有学生给他取的绰号。肖老师也不例外，当时学生们给他取了个外号“一米阔”。因为他的身材比较魁梧，学生用一米长来夸张形容他的背宽，“一米阔”的外号由此得来。肖老师是教政治的，而且是副校长，所以各种集会都能看见他在台上讲话。后来有件事可以说让我终生难忘。有一次上晚自习的时候，我和同桌在凳子上下象棋，当我抬起头时，发现他站在了我的桌子旁边，这简直吓我一跳，就这样我们被他叫去教室外面接受批评。出来他的第一句话就让我震惊了。他说：“你们刚才犯法了知道不?”他这一问让我莫名其妙，正当我摸不着头脑时，他紧接着说：“你们犯了九年义务教育法，在学习时间不认真学习。”然后又说了一串教育意义的话。我当时是又害怕又想笑，害怕被班主任知道，又是一顿批评，想笑的是我这算犯了哪门子法。现在想想，老师说的还真有点道理。这件事让我感觉这是一位严厉而又不失幽默的老师。

一个学期过后，我和肖老师的故事才真正开始。由于家庭比较贫困，班主任把我的情况告诉了肖老师，肖老师便为我申请了学校的补助，并在网上为我寻找资助人，这一来二去我和他便熟悉了。我了解到他还在帮助很多同学，而且他还帮助了很多有困难的村民。只要他碰见有困难的人，他都会伸出援手，给予帮助，甚至通过互联网召集爱心人士，把爱传递。由于我家离肖老师家较近，他还经常叫我去他家吃饭，待我如亲人一般。后来上高中，上大学，老师还一直在帮助我，记得读高二时，中秋节那天老师来学校看望我，给了我二百块钱，说是我奶奶给我的，后来放假回到家里问奶奶，奶奶说并没有给我寄钱。然后我就知道了老师的用意，我默默地把老师的恩情放在了心底。上了大学，老师还常常告诫我要本分做人，认真做事，积极向党组织靠拢，争取早日入党。

肖老师在帮助我的同时还帮助了另外一位同学，他们的故事更加体现了肖老师助人为乐、胸怀大爱的精神。在我的初中学校曾经有一个叫刘捡妹的学生，她家境极其贫寒，可以说她的名字就是她身世的真实写照。在她出生两天后就被重男轻女的父母抛弃，后来被一对年迈的爷爷奶奶捡回家，当作孙女抚养。爷爷家祖辈贫穷，其儿子有精神病，没有劳动能力，家房年久失修，有堵隔房墙都要倒塌，家里七零八落。全家靠刘同学的爷爷奶奶种田维持生活和供孙女读书。而刘同学从小学就是班干部，在校成绩优异。在我的初中，哪位同学有困难，肖老师就会出现在他身边。老师得知刘同学的情况后，立马通过家访来到了她的家中，才得知这天使般的女孩的确生活在如此恶劣的环境中。老师开始为刘同学的未来担忧，他看不得一颗希望之星因为家境贫困而过早地暗淡下去。所以，老师在刘同学家拍了一些照片，在网上发布了一篇题为“一个女孩的心酸故事”的文章，希望通过此文找到她的亲生父母，也希望引来爱心人士，助她早日成才。爱是可以传递的，它不仅感染了老师周围的人，也感染了城市另一边的人。老师发文不久，就有爱心人士联系了他，为刘同学捐助1000元，并表示要坚持资助到初中毕业。就这样，有了学校和爱心人士的资助，刘同学能正常地学习生活了。而肖老师的帮助还没有停下来，他决定要给刘同学改名。因为刘捡妹这个名字是爷爷收养她的时候帮她取的，老师觉得这名字太残忍了，就像是刘同学身世的反映，老师觉得这对刘同学的影响很不好。所以，征得刘同学和她爷爷的同意后，肖老师带她去派出所改了一个更加有寓意的名字，并帮她付了工本费。后来，刘同学初中毕业，懂事的她为了减轻爷爷的负担，选择了市里一所医专学校，学会一技之长，想早日毕业，回报爷爷奶奶。在她开学那天，肖老师亲自陪送她去学校，跟相关老师解释了刘同学的情况，为她争取了助学金。在刘同学上学期间，老师还会不定期地去看望她，了解她的生活情况。肖老师帮助别人可谓面面俱到，善始善终。如今女孩已长大成人，在肖老师的感染下，刘同学接过老师手中“爱”的接力棒，把大爱传递给更多人。

听肖老师说小时候他家也很困难，也受到了很多人的帮助，而现在有能力了，不能忘记初心，要感恩社会。作为老师，肖老师是一位称职的教师；作为公民，他是一名负责而又充满爱心的良好公民；作为党员，他是一名不忘初心，为人民服务的优秀党员。肖老师的行为事迹着实让我感动，在他身上我明白了许多道理，也让我找到了自己的心之归属。

平凡的事业，平凡的岗位，平凡的人，生活正是因平凡而真实，因真实而感动，因感动而精彩，虽是一桩桩一件件的小事，但像一串串晶莹剔透的珍珠，闪耀着我们共产党员的人格魅力。闻一多先生说过：“有的人说了却不一定做，而有的人做了却不会说。”这就是境界之不同。把每一件简单的事做好，就是不平凡。我们之中还有许多共产党员，他们在平凡的工作生活中，用自己的实际行动，为党旗增光添彩。他们就像一颗颗无名的星辰，点缀在浩瀚的星空，看似微小，却闪耀着璀璨夺目的光辉，照亮着你，感动着我。他们像一面鲜明的旗帜，引领着我们共同去开创祖国的美好未来。

老子有云：“上善若水，水善利万物而不争，处众人之所恶，故几于道。”很多平凡的党员就像水一样，处于平凡的岗位，不争名利，却用“爱”滋润着身边的每一个人。人生之道，莫过如此。作为新一代社会主义接班人，我们要发扬这种党员精神，像千千万万平凡的党员一样，勇于担当，热于奉献，为人民服务，贡献社会。

作者简介

姓名：廖圣桃

性别：男

班级：电研 1701 班

所属党支部：电研一支部

获奖情况：

[本科期间]校三好学生、校乙等奖学金、校级物理竞赛一等奖、国家励志奖学金

[研究生期间]校学业奖学金三等奖

座右铭：上善若水，水善利万物而不争，处众人之所恶，故几于道。

我是“90后”党员

李金泽

我是一名预备党员，也是一名“90后”。

一谈到“90后”，大家想到的便是“个性、宅、自由、活泼、注重自我，不喜束缚”等这些标签。现在的大学生大都是“95后”，甚至是“00后”。在时代浪潮的裹挟下，我们也逐渐站到了舞台中央。

我们不求另类，但绝不甘平庸，“90后”的我们每个人是自信而富有创造力的存在，我们以开放的精神包容一切。我们知道中国共产党是怎样一个党，党员是怎样一种人，它让我感觉到一种精神，这种精神与每一个华夏子民血脉相融。

身为预备党员的我开始思考，“90后”的我们该怎样成为一名合格的共产主义接班人呢？

我明白，从一个普通的大学生，成长为一名中国共产党员，这是一个质的飞跃。我需要在实践中不断地加强党性锻炼和党性修养，积极发挥先锋模范作用，努力在思想上真正入党。

社会实践是一个认识社会、了解社会、提高自我能力的重要的机会。我有幸在大二暑假前往国家电网客服中心北方分中心进行实习，而就在这里我的思想有了重大的转变。

在天津实习的日子里我有太多难忘的经历，领略了国企总部的高大上，绿色园区的规划建设、全国实时监控系统、业务支持系统、电动汽车租赁、第一次体验在一线工作岗位上奋战、第一次熬夜加班、第一次高强度的工作、第一次觉得接电话也有这么多学问。甚至是路边的太阳能发电的垃圾箱，都时时刻刻在刷新着我的三观。

但在实习初期，很多事情与自己的期望落差很大，比如宿舍环境卫生不太好、睡行军床、几乎天天熬夜加班……我产生了极强的抵触心理，怨声连连，甚至都有了打退堂鼓的念头。

带队邵老师看出了我们的心思，和我们分享了她和当年一起参加实践活动的同学们的经历，因为他们吃得苦霸得蛮，因为经历了磨砺体验了不易，因为有了对比有了感悟，回校后全部都更加珍惜学习机会、珍惜学校平台、珍惜同窗友谊……他们综合能力开挂，发展速度开挂，后期发展开挂，很多时候，大家看到的都是优秀者的闪光点，却看不到闪光点背后的汗水和坚持。

就是这些肺腑之言，我打消了退缩的念头，坚定了留下来的信心。来这里的目的就是锻炼，不吃苦何谈锻炼，而且作为一名预备党员，我更要身体力行，树立榜样，不能让个人的消极情绪传播到团队中去，我应该尽自己最大的努力，更好地完成这次社会实践活动！

在接下来的工作生活中，我们队伍中的党员同志身先士卒，遇到问题毫不回避，积极解决。

我们的工作主要是为客户解决问题，有住户反映停电事故，有工人师傅焦急地询问复电情况，也有国际友人核算电费，我们都会仔细处理好每一张工单，多一份认真就会为电力工人减轻一份工作量。但因为频繁加班，队伍中很多同学病倒了，工作的园区离市区非常远，我们党员们会牺牲自己的休息时间坐车几个小时去药店买药，贴心照顾他们，为了不耽误工作，我们会轮流顶班，为团队减轻压力。

在高强度的工作中，我们也不忘加强理论学习，挤出时间学习《将改革进行到底》，牺牲休息的时间写文章，推微信。在工作之余一起去看书锻炼。除此之外公司也非常关心我们大学生，开座谈会听取我们的意见建议，逐一解决，还安排了丰富的娱乐休闲活动来缓解我们的疲惫。所以办法总比困难多，我们积极面对，总会成功！

就在这近两个月的实践中，我找到了我的榜样——敖国进。他是我们党支部副书记，同时是实践队的室友，同样是预备党员。在实践起初我满是牢骚的时候，他没有丝毫抱怨，认真做好每件事，正是他的这一股劲影响了我，从他的身上我看到了一名优秀的党员应该有的样子，他让我洞悉到一种凝聚力，这种凝聚力蕴藏在我们团队之中，正孕育着无穷能量。

我们“90后”预备党员，真正做到了理论联系实际，学习到的理论知识真真正正用在了实际工作中。天天说要增强党性修养，在这里并不是纸上谈兵，在高压中我们经住了考验，在团队中起到了先锋模范作用。在这里的学习和成长是和学校中无法比拟的，这段时间得到的锻炼会让我们在今后的工作学习中找到方法，明确方向。

我们“90后”是生活在丰厚与充裕的物质环境中，我们出生的时候已经没有了饥荒、战争，但是“90后”的我们依然有着强烈的爱国主义精神和高度的集体主义感，我们并不懦弱。

汶川地震的时候，“90后”的官兵赶赴前线抗震救灾，没有说过半句怨言；上海世博会时，大批的“90后”志愿者参与其中，平昌冬奥会上“90后”运动员武大靖为祖国夺得首金，他们向世界展示了中国“90后”的风采。学有所成的“90后”跃出象牙塔，在社会磨砺中迅速崛起，本届全国人大，更多“90后”新代表走进会场，大学生村官、青年创业者、制造工匠……不同的身份，但共同盛放新时代的芳华。

中共十九大报告中，习近平总书记深情寄语青年，“青年兴则国家兴，青年强则国家强。青年一代有理想、有本领、有担当，国家就有前途，民族就有希望。”

更多的青年党员，是将国家发展与个人命运看成了一个共同体，希望能参与这一历史进程，推动这一历史进程，希望自己成为有机体的一部分。

前辈们扛得起的担子，我们一样扛得起；前辈们挑得起的责任，我们一样挑得起。“90后”的我们一样有着不屈的脊梁。

作者简介

姓名：李金泽

性别：男

班级：电气1504班

所属党支部：电气二支部

任职情况：现任电气二支部组织委员、电气1704班下班党员、党建宣传部编辑、学工办助理、电气1504班安全委员，曾任电气1504班团支书、院学生会纪检部干事等。

获奖情况：

校级优秀团干；
国家励志奖学金；
校级二、三等奖学金；
校级科技立项三等奖两项；
校级电子设计大赛三等奖两项；
校级“物电杯”三等奖等；
校级社会实践先进个人两项；
校级英语竞赛三等奖；
校级创青春优秀志愿者；

校级青春光明行优秀志愿者；

院级社会实践先进个人；

校级回访母校优秀组织奖；

校运会万米接力三等奖。

座右铭：不要把时间无谓地用在怀疑人生困惑未来上，要拿去体验不同的人生，经历不一样的时光，与其在无休止的自我否定和犹豫不决中迷茫不前，不如勇敢去闯荡去跌倒。

平凡，不平凡

唐婷婷

你有没有遇见过一些人，每天日复一日做着他们认为理所应当的事。你应该遇到过一些人，他们平凡，却做着不平凡的事。说起来，在2017年的那个夏天，我有幸遇到过他们，因为不是听说，所以深刻，因为亲身经历，所以难以忘却。

2017年，我参加了学院组织的社会实践“青春光明行”活动。当时我被分到了湘西队，和队友一起前往湘西供电公司实践，开展客户满意度问卷调查工作。逝者如斯夫，短暂而又难忘的学习旅程就像白驹过隙般飞速而逝，而这期间的感受也如调味瓶一般五味杂陈。回首这十多天，内心充满着激动，也让我有着无限的感慨。作为一名大学生党员，我收获颇丰的同时，也受到各位党员前辈的鼓舞，有了新的启发与思考。

一、初识“共产主义服务队”

或许你有疑问，什么是“共产主义服务队”？而最初的我也和你们一样，疑问在心中堆叠，是服务什么？为什么要冠共产主义的名而不是其他？7月18日，我们在国网凤凰县供电公司参加了以“我为古城送光明”为主题的道德讲堂活动，也是在这里认识了他们。

他们都做些什么呢？我们先跟随“共产党员服务队”一起前往某所大型医院，他们对电力设施进行了逐一检查，以此保证医院的用电安全。在这过程中，服务队中的叔叔耐心地为我们讲解此医院的电力设施目前存在的安全隐患，他说道：“一些微不足道的问题都可能导致重大事故，特别是对于医院这种单位，一旦停电将造成不可挽回的损失。”

随后，共产党员服务队带领我们来到凤凰古城，为古城商户送去安全用电相关知识，义务上门为专变客户检查用电设备。哪里有需要，哪里就有他们的身影。

“客户所需，党员所及；百姓满意，爱心奉献；电亮苗疆，饮誉凤凰。”共产党服务队的二十四字誓言，我似乎方才明白。我不禁为服务队的每一位队员的精神所感动，不管夏日炎热抑或是寒冬凛冽，共产主义服务队都要保证大型公共设施的电力设施的安全使用，为这个小县城送光明，他们正用行动践行“共产党员服务队”的二十四字誓言，用无私奉献的精神诠释着党员全心全意为人民服务的宗旨。试想，倘若没有他们，是否会增加许多突发停电事件？他们平凡，却做着不平凡的事。

二、是电力人也是党员

我曾经有过疑问：怎么才能处理好自己背负的多种身份呢？大学生、党员、大学生党员，我似乎有点思想跟不上身份的转变。

也是在社会实践期间，这个问题得以解决。当时古丈县默戎镇突降暴雨，山洪几乎吞没了大半个苗寨，洪水肆虐，不近人情，而正是危机当头，共产党员服务队纷纷赶往一线救援，只为能在最短的时间里为灾区送上光明。

灾难面前，我看到党员们无私奉献的精神，他们冒着风雨前行，积极开展电力设施受损情况收集和应急抢修工作，最大限度减轻灾害损失，及时对洪灾造成的电力设备故障进行抢修，在第一时间保障灾区的供电。大水冲刷着马路，普通小车会被淹没，那就站在挖土机的铲子上过去；山路再难走再崎岖，也要扛着电杆往上爬；白天完成不了工作，那就晚上继续，第二天再继续。也正是因为这次洪灾，我们本打算采访的最美电力人胡亚平女士已连续几天奔赴一线，直到我们离开古丈的那一天，我们也没有机会见她一眼，但我想，她已经给了我们最好的、最值得学习的一个答案。他们是一个个平凡的个体，只有他们为我们保电，我们才会在每晚夜幕降临时迎来家中温馨的暖光。

他们是电力人，也是党员，作为党员的他们需要奉献更多，需要在需要他们的时候挺身而出，需要承担更多的责任，这应该是一个党员的觉悟。而作为大学生党员的我，同样平凡而渺小，但也应该努力发挥先锋模范作用，不断加强党性修养，坚定理想信念，不忘当初信誓旦旦的入党誓言。

这就是他们的故事，我们也即将走向工作岗位，从一名大学生转变为一名社会人士，希望能尽我所能为身边人身边事而做好我应该做的。

作者简介

姓名：唐婷婷

性别：女

班级：电气1402班

所属党支部：电气一支部

毕业去向：现签约四川国网德阳供电公司

任职情况：现任电气1601班下班党员
曾任电气与信息工程学院团委会组织部部长，班级团支书

获奖情况：校优秀团员标兵，校三好学生，校优秀团干，校社会实践先进个人，校一等奖学金，院“互联网+”三等奖

座右铭：付出甘之如饴，所得归于欢喜。

山的那边有我的牵挂

严一帆

我的党员故事都是生活中的点点滴滴，一件件平凡的生活小事，甚至都不能作为饭后的谈资。但是仔细回顾大学两年半的时间，回想这两年半内自己都经历了什么，做了什么，收获了什么，归根结底还是那句不忘初心，方得始终。

党员意识说大不大，说小也不小。它可以是弯腰捡起垃圾桶旁的空瓶子，也可以是保家卫国的热血澎湃。但是不论大小，它都非常重要。它是我们人格的体现，是我们品行的象征。在我眼里，党员意识就是踏踏实实做好每一件有关集体的事，就是力所能及帮到能帮到的所有人。

第一次接触了解到党员这个名词的时候，还是小时候听到雷锋的故事时。那个时候身边的老师同学都在说学雷锋做雷锋，但是我对雷锋的认识还是模模糊糊的。后来，从真正意义上认识雷锋这个人还是在我初中的时候。出于好奇心，我上网查阅了雷锋的有关资料，才算真正了解到了雷锋这个人。其实在刚开始看到他的事迹时，我内心感到非常震惊。我从来都不敢相信一个人能这么热心肠，能这么舍己为人。他的一生可以说是为党而生，为人民而生。他是一个高尚的人，一个纯粹的人，一个有道德的人，一个脱离了低级趣味的人，一个有益于人民的人，一个真正做到“树立和保持高尚情操和革命气节，把自己的一切先给党和人民的事业”的人。

因此，一直以来我都把雷锋视为我心中党员应有的模样，并且慢慢地向他靠近，希望今后能够成为一名像他一样的党员。记忆中最深刻的学雷锋活动还是我的两次支教经历。我第一次支教的地方是湘西泸溪的一个小寨子，第二次支教的地方是湘西花垣县吉卫镇的一个小村子。这两次支教都是在暑假去的，虽然两次支教时间都只有 21 天，但是在这 21 天里我和当地的学校的校长、村民还有学生都结下了深厚的友谊。

大一的时候去支教，可能心中有一部分想法是去体验一下湘西的生活，借着机会磨炼一下自己的意志品质。而且大一的时候，整个人懵懵懂懂，对湘西留守儿童的印象只是停留在很浅的层面上，根本就没有认真思考过为什么会这样，自己作为一个大学生能做什么。但是经过在那里的21天，我深刻地感受到在湘西农村的孩子们学习的不易。在那里的孩子们一般只有一个学校、一个老师、两三间教室以及语文数学两门主课，他们的一年级到三年级都是一个老师来上。所以我第一次接触他们的时候，我就深切地体会到他们教育的落后。虽然说随着我们国家的发展、社会的进步，很多农村都已经达到了温饱水平，至少吃喝不愁。但是也同样是因为社会的发展，我们国家越来越需要高科技人才，而像湘西农村出来的孩子读大学的很少。大多数甚至都读不到普通高中，就算高中毕业了，高考上线率也只有可怜的15%。

他们的境遇让我不禁想起了自己。小升初的时候，因为学区原因，因此最后自己只能到稍弱一些的初中读书。那个时候我非常的沮丧，但是我的班主任特别关心我照顾我，在她的帮助下我慢慢地调整了心态，开始努力学习。最后功夫不负有心人，我考上了全市最好的高中里最好的班级。因此我非常感谢我的初中的班主任，她的态度让我改变了对这个世界的看法，让我重新获得前进的动力。所以，我也希望我能像我的班主任一样，给山区的孩子希望，给他们奋进的能量。因此，在那边的21天，我和我的支教队友相互扶持、相互鼓劲，每天都用精神满满的状态来迎接来上课的孩子。每天都用精心准备的教案来教给孩子不一样的知识。每天都不遗余力地给自己和队友加油打气，毫不抱怨，永不放弃。

21天很快就过去了，临行前孩子们把我们围住了。他们哭了，死拽着行李箱。我们也哭了，默默抱着他们。最后我们还是走了，而车后面是他们沉默地挥手。在他们的眼中，我看到了我们的努力，我看到了我们的希望。我告诉自己，如果有机会我还会再来的。因此大二的支教，不论如何艰难，不论要付出什么代价，都不在我的考虑范围内，我所想的只是如何让他们变得更好、更优秀。

这21天不仅磨炼了我的意志品质，更让我结识到了一批家人般的朋友；这21天也让我结识到了令人尊敬的村主任和校长，他们的无私帮助深深感动了我；更重要的是这21天让我再一次感受到了那边孩子们的纯真与善良，到现在我还能记得他们送给老师的每一份礼物，每一声问候。他们就如同一块不加修饰的璞玉，如果能够好好雕琢，以后必成大器。而我也许不能够成为他的雕刻师，但是我也许可以成为一名把他给雕刻师的人，我希望我的到来可以给他们带去希望，带去对山外面世界的憧憬。说到这里又不禁回想起，第一天去支教点的时候，一座又一座的山，一条又一条的河。我觉得很新奇，对于我这个生长在平原的人来讲，从未见过如此多的山。但是回头想一想，那边的孩子生活的环境是多么的艰苦。就像小学学的课文《在山的那边》一样，山的那头还是山，连绵不绝。但是经历过支教之后，我知道这是错的，因为山外的山还在山上，就算你爬完了所有的山，你还是在山上。唯有知识可以改变命运，唯有一代一代的努力，才能带来希望。感谢我的决定，感谢我选择了去支教，感谢我能与那边的孩子们相遇。

我的党员故事很简单、很踏实。就像雷锋同志一样，没有渲染、没有夸张，唯有一颗热忱的爱党爱民之心。希望自己能够和习近平总书记说的那样“不忘初心，砥砺前行”。我始终以作为一名共产党人而感到骄傲。

作者简介

姓名：严一帆

性别：男

班级：电卓1501班

所属党支部：电气四支部

任职情况：现任电气与信息工程学院勤工助学部部长，电卓1501班团支书、勤助委员，电卓1701班下班团干。曾任心星支教队队长。

获奖情况：

[个人]第三届互联网+省级银奖

国家奖学金、两次校一等奖学金

第一届校学生资助宣传大使、两次校优秀学生干部、校资助工作先进个人、校优秀团员、院优秀勤助工作者、花垣县优秀志愿者

[团队]校思政课实践汇报演出二等奖

湘能楚天电力专项奖学金优秀微信团队

座右铭：踏实肯干，一心一意，努力就有回报

信念点亮我的大学

郑应俊

时间的流逝总能冲淡脑海中很多的记忆，但有些记忆却是我这辈子永久难忘的，比如我的入党故事。

我从小沐浴着党的春风，在党的呵护下幸福成长。中学时，在父母与老师的培养教育下，我懂得今天的幸福生活是无数革命先烈用生命和鲜血换来的。作为一名共青团员，同时也是共产主义接班人，我肩负着光荣而又重大的历史使命。

2015 年我顺利通过高考，幸运地考取了长沙理工大学电气专业，翻开了我人生征程崭新的一页，朝着新的目标开始了新的奋斗征程。

经过高考的洗礼，班里大部分同学都是以一种脱离苦海彻底解放的姿态开始了大学生活，而我很庆幸入党这个支撑着我严格要求自己的信念，一直激励着我，使我保持一颗积极向上的心态。

辅导员告诉我，知识与能力要兼顾提高，这样才能成为一名合格的党员。

这一年里，我主动担任团支书，和其他班委一起完成老师布置的各项任务。由于经验不足，又是新的班集体，事情多且杂，很多工作都是从无到有，比较辛苦，熄灯后才回到寝室是常有之事。但是，在这一年里，我通过努力工作得到了老师和同学们的认可。那时，我也明白了要成为一名合格的党员，必须做到踏实工作，团结集体。

在递交入党申请书满六个月后，我非常荣幸地被班上的同学们推选成为一名入党积极分子。那时，我也明白了自己离党组织更近了一步，但同时也意味着自己需要承担更多的责任。2016 年 4 月，我自愿参加学校社团组织的暑期湘西支教社会实践，在经过层层的严格筛选后，非常幸运地成为一名支教老师。

在两个月的准备期间，支教团每周需开展 3 次跑步训练、3 次模拟课堂培训。虽然每次训练都很辛苦，但想着能给贫困山区的孩子送去知识与温暖，就咬咬牙坚持了下来，我还编写了 22 份教案。

在贫困偏僻的山区里，有很多求知若渴的孩子，那里条件落后，文化程度低，这样的山区里最需要的就是教育，很多人都因为条件太过艰苦，不愿意在那里当老师。作为一名入党积极分子，我觉得自己有责任去帮助那些孩子。

半个月的支教生活是短暂的，是忙碌的，也是充实的。重温自己的支教生活，尽管看起来显得有些平淡，但是它让我受益匪浅。它让我更加深刻地理解到“为人民服务”这句话真正的含义。那是一种快乐，更是一种信仰，能成为一名支教教师，是我无悔的选择。

为了弥补学校所学理论与实践的差距，在 2017 年暑假里我参加了天津国网客服中心社会实践，前后历时 30 余天。在那些日子里，有帮助客户解决问题被赞许的喜悦与满足感，有坚持到最后不断突破自己的成就感，也有被客户刁难责难、忍气吞声的委屈感，有些事情没有经历过便无法体会到。年轻是我们最大的资本。因为年轻，可以不惧失败，摔倒了照样可以爬起来。与其把时间用来怀疑人生困惑未来，不如把时间用来体验人生，尝试所没有经历过的事，勇敢地去探索去闯荡。

大一至今，牢记初心，砥砺前行。从班级团支书到年级分会主席，再到学院党建活动部部长，身在其位，必谋其职；参加百里毅行，坚毅地行走，在旅途中传递正能量；适逢学校六十周年校庆，义无反顾充当志愿者；日夜排练节目，只为给军训时的新生们慰问表演；看望敬老院老人六次，与寂寞的心灵进行交流。

2017 年 6 月 14 日，那个难忘的日子，我成为一名光荣的共产党员。只是那时，我已不再是那个初入大学时毛躁而无知的小伙子，是经受了入党信念的锤炼后一个坚定而自信的大学生。入党的信念使我的青春岁月丰富而绚烂。

作者简介

姓名：郑应俊

性别：男

班级：电气 1507 班

所属党支部：电气四支部

任职情况：现任党建学习活动部部长、电气 1707 班下班党员；曾任电气 1507 班团支书、电气 15 级年级分会主席

获奖情况：校级优秀团干、校级优秀学生干部、校级社会实践先进个人、校级优秀志愿者、校级管理人才奖、湘能楚天电力专项奖、校英语竞赛一等奖

座右铭：即使每个人都只有一个小宇宙，但也应该尽力燃烧出自己的形状。

党旗飘飘，我心向之

安志洋

2015 年 9 月，我只身来到长沙理工大学，就此开启了为期四年的大学生涯。也正是在这个时候，我正式地向党组织递交了入党申请书，细细算来，距今已有两年零五个月的时间。这两年多的时间里从成为入党积极分子、党校培训结业、参与社会实践，到成为重点培养对象、参与培训学习、当选发展对象，再到成为预备党员等一步步地走来，其间所经历的种种使我明白了入党的过程其实就是一个不断端正入党动机、净化思想观念、提升综合素质的过程。从一名入党积极分子到如今的预备党员，追求入党道路上我们所学到的知识、对党的历史的深入了解、不同时期思想上的转变才是使我们受益终生的。

还记得，第一次萌生入党的想法还是在高中时代，那个心无杂念、整个世界都是围绕着高考的年纪。高考结束后，作为全校最优秀的班级，学校分配给我们班两个入党名额，当时的我们，对于入党这件事还处于一个比较懵懂的状态。仅有的两个名额留给了成绩最好的两位同学，之后很长一段时间里我们对这两位同学的好运都充满了羡慕之情。这是我与中国共产党的第一次相遇，就此以为能够入党是一件令人羡慕、倍感骄傲的事情。

2015 年 9 月 3 日，入学第一天，遇到了在我入党道路上的第一位引路人——我的下班党员宋凯学长。从开学迎新、第一次班会再到新生军训，宋凯学长放下手中繁重的课业任务，挤出很多的时间陪着我们这群新鲜的面孔。在我们眼里他更像是一位父亲，不辞辛劳地悉心照看着我们这群初出茅庐的小朋友。待我们逐步适应大学生活，学长也慢慢地松开了那双手，任我们尽情享受着这美好的大学时光。给予我们足够自由的成长空间并不意味着任由我们挥霍，每隔一段时间，学长还是会抽出时间以或班会或走进宿舍的形式去了解大家近期的生活情况、学习状态。每当我们学习生活中遇到难题时，学长就是我们的一颗定心丸，虽然他仅仅只比我们高了两届、年长两岁而已。之后的时光，在学长的鼓励支持下我有幸被推选为我们班级的第一批入党积极分子，通过与学长的深入交流，我的入党动机不断地改变，由最初的仅仅为了满足虚荣心变成积极向党组织靠拢，努力成为像学长那样优秀的、时刻为他人着想、无私奉献的共产党员。之后，还是在学长的鼓励和支持之下我努力去尝试担任班级的团支书、班长、院学生会等职务，力求在服务全院师生的同时去提升自己的综合能力，虽践行着努力不求回报的原则，却也得到了大家的认可与赞赏。而后在通过了多次的党校培训学习、社会实践工作、党校考试考核之后，终于在2017年6月，在党旗下庄严宣誓，我真正成为一名中共预备党员。

而此时，我们的宋凯学长圆满地结束了四年大学生活即将离开校园。面对朝夕相处、无微不至照顾我们两年学习生活的下班党员，我问是什么驱使着他这样做，给予了我们那么多不图回报的关爱。学长笑着告诉我说，中国共产党的宗旨就是为人民服务，我只是做了一名普普通通的共产党员所应该做的。无论当初是谁担任我们的下班党员，对大家的关心和照顾也应是同样的。这不仅仅是一名共产党员所具有的优秀品质，它是中国上千万名共产党人心中的共同信念。到这里，我的心好像被什么触动了一下，没错，那是信仰，属于千千万万中国共产党人的共同信仰。

一次偶然的机会，我在网络上看到这样的一段对话。一位记者在街头随机采访那些在中国生活的外国友人："跟你的国家相比，你觉得生活在中国的区别在哪里?"其中一人的回答令我记忆尤为深刻，他说道："尽管我仍热爱我的祖国，但我还是要说在中国，无论我的孩子任何时候出去，我从不需要为他在外面是否会遇到危险而感到担心。可能他遇到的最大危险不过是一名小偷，那最多也不过是被偷去一些东西罢了，不会对他的生命造成安全威胁。"是的，当我们静下心来去思考对比一下就会发现，法国巴黎的恐怖袭击、美国的年均2万人死于非法枪击事件等，能有哪个国家的哪个政党能够像中国共产党这样给予拥有着十四亿人口的国家平安、幸福的生活居住环境?

没错，只有中国共产党做到了！从1921年成立不到100年的时间，中国共产党带领中国人民推翻封建主义、抗击日本侵略者建立新中国。短短几十年的时间里，带领中国人民从食不饱、穿不暖到现在的集体奔小康；从国民经济的全球下游水平到如今的世界第二大经济体；从国家教育、科技、国防的极端落后到如今的国产航母的成功试水、歼－20的成功研制、天眼的成功运行、天宫2号的成功发射。从毛主席带领建立中华人民共和国、邓小平的改革开放、江泽民的"三个代表"思想、胡锦涛的科学发展观再到如今习近平主席的强军筑梦、彰显中国力量。正是有了中国共产党这一先进领导集体的正确决策、前瞻性眼光，一代代共产党人始终如一的信念：为中华民族的伟大复兴而不懈奋斗，为了中国人民的美好生活而不断努力。中国共产党人带领着英勇无畏的中国人民用我们自己的方式去实现了西方国家几百年都没有做到的事情。

习总书记说过，为什么我们中国人能够做到那些西方国家想做却不敢做，敢做却做不好的事情？因为我们中国人能够在党的带领下举国之力齐心协力去做大事、做实事。是的，一个人的力量固然有限，但是如果我们每个人都坚信一个共同的信念，不遗余力地去为之而奋斗，那十四亿中国人的力量将会是异常强大的。一个政党，能够在取得如此大成就的情况下依旧初心依旧、不骄不躁、团结如初、拥有一个共同的信念并为之而努力奋斗，这将是一个多么伟大的存在！我为我能够成为一名光荣的中国共产党员而感到骄傲，今后我仍将会在党这支无畏无惧、所向披靡的先锋军的带领下，坚持共产党人永恒不变的信仰，不忘初心，竭尽全力去做自己应该做的事情，让中国共产党的党旗在祖国的领土上飘扬得更红、更艳！

作者简介

姓名：安志洋

性别：男

班级：电气 1510 班

所属党支部：电气四支部

任职情况：电气与信息工程学院党建下班党员组负责人、电气与信息工程学院学生会副主席

获奖情况：国家励志奖学金、湖南省第一届大学生物联网应用创新设计大赛省级一等奖、湖南百公里毅行省级证书、校二等奖学金、校 BP 大赛一等奖、校“物电杯“电子设计大赛二等奖、校“电苑杯”电子设计大赛二等奖、校级社会实践“先进个人”、校级“优秀学会干部”两次、校级优秀志愿者

座右铭：无论何时我们都应充分相信——“付出不一定与收获成正比，但一定不会成反比。”

青春两部曲，无悔话初心

杨　笛

故事的开头总是这样，适逢其会，猝不及防。故事的结局总是如此，花开两朵，天各一方。离开长理转眼间就是第三个年头了，从适逢其会踏入长理到而今与长理天各一方，中间已悄然流淌过6年的时光岁月。岁月如歌，6年的时光书写了各种精彩的故事，谱写了我青春的两部曲，有的已结束，有的刚开始。

一、青春悠扬曲：校园成长记

许多人说：大学是你人生中最美好的四年，因为这四年里的你不仅拥有青春的激情，也尚未沾染社会的戾气。在大学时，并不理解。而今回头再看，那确实是我目前经历过的最美好的四年。是否最美好，我无法断定，毕竟未来路还很长，但绝对是我人生最美好的经历之一，那里记录了我的故事，见证了我的成长。

我的大学，让我引以为豪的是四年的不断努力和对党的不懈追求，让我成为一名中国共产党员，这个身份更让我明白了进取和思辨的意义。

何为进取？进取就是抓住每一次学习和进步的机会。在高中未毕业之前，我总认为高中应该是我人生中学习最艰苦的四年，和别人有些不一样，我复读了一年。当时就憧憬着上大学之后就能解放了，因为很多人都说大学是人生中最轻松快乐的四年，你只需要随便混混就能大学毕业了。涉世未深的我信以为然，虽不说自己要混，但是想着能够轻松一些也是很开心了。而上了大学之后，我才发现并未如此，每天面对的还是一样繁重的课业，《微积分》《电力系统稳态分析》《电力系统暂态分析》《电路理论》等课程接踵而至，一门比一门还难以招架。虽然刚开始心态有些不稳，但是经过短暂的调整，我又立马投入到学习中。我总是要早早地赶到教室，抢占第一排的位置，为了看得清，也为了听得清。四年时光，我从未放弃学习的机会，学习成绩始终保持在前二十就是最好的证明。我的进取，首先是学习上不甘人后。

其实我并不是一个外向的人，我有些自卑，也不太擅于言辞，惧怕在公共场合发言，也不喜欢成为万众关注的焦点。不过，那是刚上大学时候的我，大学四年后，境遇和现状已截然不同，因为我已经成长为一个不卑不亢、专注自我的成年人。其中之道，在于进取。印象最深的是刚上大一的时候，对于从没有当过干部经历的我去应聘了学生会，结果自然是全线溃败，当时我的眼泪哗哗地落下，对自己又多了一重否定。然而，我也是倔强的。我找到了负责应聘的师姐，跟她说明了我的想法，表明了我愿意从最普通做起的决心，虽然我能力欠缺，但是我态度足够认真。也许师姐也是一个感性的人，她应该是被我的真诚打动了，最后把我收编放到了心理部。从心理部干事到副部长再到部长，其中的锻炼，才让你们看到今天的我。我的进取，就是抓住每一次成长的机会。

何为思辨？思辨是不放过任何提升政治觉悟的机会。大学四年里，我有幸在第二年的时候就加入了中国共产党，成为一名共产党员。在成为党员之后，我并没有感觉身份有什么变化，有时甚至因党员的身份内心有些许傲气。而对于党员更多认为只是一种有荣光的身份，却从未去理解党员的内涵，更别说党员责任的意识，甚至很长时间都忘记了自身的党员身份。一次干部讨论会上，我看到了别人作为党员，作为部门负责人关于自身工作的发言，我才意识到了自身的问题。在他的发言中我看到了一个青年党员的思想觉悟与思维深度，深刻认识到了自己离党太远，对不起自身党员的身份。自那之后，我开始主动去学习党章，学习党史，了解作为一个党员代表了什么。党员不仅仅是一种身份，更代表的是一种责任，作为青年党员应该要怀着为人民服务的信念，要以身作则培养良好品格，以自身作为影响身边人。而自那之后我也确实做到了，成为支部书记后，我积极协助学院老师完成各类党建工作，负责日常党课的学习和预备党员材料的整理等，在锻炼自我的同时也进一步提高自身党性觉悟。

我相信付出总会有回报，只要你保持一颗进取的心和一个思辨的思维，你的成长总会在经历风雨之后。作为年轻党员，我们更应该保持进取的姿态，用进取去描绘自己的人生，做新时代的领航员。

二、现在进行曲：职场历练记

职场对于很多还在校的你们而言可能只是一个概念，感觉可能很近也可能很远，于我而言，则是真切感受。目前的我身在职场，在经受着历练，不断地

“打怪升级”中。经过两年的历练，我也觉得有必要将自己的感悟梳理，送给尚未踏入职场的你们，也回望曾经一路走来的自己。

职场两年，我的感悟有三：勤做事、爱学习、重思想。算是老掉牙的字眼，但如果你是一个和我一样的人，我想你也会有所感悟。你是一个什么样的人，就会听到什么样的歌，写出什么样的字，遇到什么样的人。你能听治愈的歌，写着倔强的字，遇到正好的人。你会相信那些信念、温暖、梦想和坚持这些早就老掉牙的字眼。因为，你就是这样的人。所以，让我们携手并进。

关于勤做事。一勤则天下无难事，勤奋就是我们这些平庸之辈立足的基础。从进单位的第一天起，我就明确了愿意为其奋斗终生的目标。两年来，我也始终保持工作的激情，主动融入班组，为班组做许多实实在在的事。我目前所在的是调控班组，主要任务是电网安全运行监视和电网故障处理，具体工作有很多，不一而足。对于工作上的事情，事无巨细，我都会尽心尽力完成。比如调度信息映射核对、调度文化室建设、党建资料整理、班组 QC 发布，等等。这些工作，需要耐心，也需要费心，而我都做得很用心。我始终认为，作为年轻人，特别是年轻党员，我们需要跳出舒适圈，需要用青春的热情，投入到自己喜欢的事业之中，这样的人生才更有意义。

关于爱学习。好好学习，天天向上，真理往往最朴实，大道至简。如今是信息化时代，知识信息的更迭速度超乎想象，如果满足于现有知识，不经易间你就跟不上社会发展的步伐了。像我现在所在的班组，我们管辖的设备越来越多，服务内容也越来越细，要求更是越来越严。相较以往比较固定的工作环境和内容而言，墨守成规已然无法达到工作要求了。所以我们常常需要外出培训，接受最新的知识和技能培训。作为调度人，一年有两三个月在外培训是常态，参加各种各样的考试也是常态。每次和老同学聚会，我常常戏言，我得收拾收拾东西，万一有外出培训通知，我就不用再回来收拾直接出发了。当然，这是戏言，但也算是我们职场新人的真实写照。所以，要达到工作要求，跟上时代发展步伐，学习是必不可少的一件事。学习使我快乐，不应只是戏言，而应是内心的呐喊。

这期间也有信心满满却事与愿违，也有煎熬蹂躏仍不得要领，却仍然坚守初心，努力向前。印象最深刻的就是保护整定的计算，刚开始时我信心满满地按照学校所学进行计算，可结果往往与预想相反，不是算错就是无法算出，如此循环往复，只得暂时搁置。后来经单位的李工点拨，才发现症结所在。由此我才明白，埋头苦干并非全是好事，偶尔抬头仰望星空，思路也许会更宽广，坚持坚守才能无悔青春。

时光的巨轮滚滚向前，我们无法阻挡，那就顺应时代的洪流；青春的尾巴不期而至，我们无法留恋，那就挥洒青春的热情。文章太短，故事还很长，你我的每一页，我们都可以写得很精彩。

作者简介

姓名：杨笛

性别：女

班级：电气 1105 班

所属党支部：国网江苏省电力有限公司高邮市供电分公司调控分中心党支部

任职情况：曾任电气 1205 班下班党员

获奖情况：国家级励志奖学金；省级“创青春实践挑战赛”铜奖；省级“优秀志愿者”；校级优秀学生“一等奖学金”；校级“三好学生”；校级“优秀团干”；校级“社会实践先进个人”；院级“诚信为本”征文比赛“一等奖”；院级“管理之星”；院级“自强之星”。

座右铭：每一个不曾起舞的日子都是对生命的辜负，青春也不过这些日子，唯愿此生能倾其所有，听从自心，无问西东。

不断追寻的成长路

敖国进

“我志愿加入中国共产党，拥护党的纲领，遵守党的章程……永不叛党。”鲜红的党旗、紧握的右手、教室中回荡着嘹亮的宣誓声，在那样的一个下午，注定让我这一生难以忘记。那一天是2017年6月14日，距离今天已是我成为党员的第279天，当指关节触及太阳穴宣誓的那一刻，注定我这一生的路与“党”紧紧相连。

为什么想入党？这是每个时间节点我都会静下来思考的问题，例如成为积极分子时、成为发展对象时、成为一名预备党员时。对问题的答案，不善言辞的我，可能难以一次性说清，但它早已融入我的行为、我的故事中了。

记忆回到那次推选入党积极分子的班会上，当下班党员曾婷学姐叫到我的名字时，我迷迷糊糊地走上讲台，阐述着对党懵懵懂懂的认知。那时的我对党的认识可谓是冰山一角，对自己入党的认知又是那样不甚清晰。下班党员总结时，说道：“现在大家能成为积极分子，并不代表大家都能加入党组织。行动，唯有行动才是你们探寻内心、不断内省、不断加深对党认识的重要途径。”台下的我暗暗记住了学姐的话，在今后的学习生活中不断地提醒着自己去追寻我入党的答案。

积极主动向党组织靠拢，脚踏实地从身边的小事做起。曾记得一名老师说过：“我从不认为自己是一名合格的党员，但我也从不认为自己是一名不合格的党员，努力教书育人，站好这三尺讲台，传递好正能量，这便是我对党员的认识。”是的，一名党员所要做的事并非要有多伟大，而做好自己，能积极向善地影响到别人，这便足够了。本着这样的想法，我积极地投入班级事务中。

至今担任班委，已快有三年，在三年的班委工作中，我收获了什么？我想是对每一位同学的关切之心。记得大二搬寝室时，从早上搬到下午，那天还下着大雨，站在汀香园前坪看守着男生的物品，直到最后一件物品搬上寝室楼，之后又帮女生搬行李。劳累一天不曾休息，手中行李还未放下，心中却不曾想过有多么劳累，相反内心中充满的却是能帮到同学，帮到他人的满足。那时还是一名积极分子，于我心中，党员便是能为别人多做一点，再多做一点。

大二的那个暑期，参加了学院暑期“三下乡”赴国网客服中心北方分中心的社会实践活动。活动初期，队员因住宿条件不适应、工作时间过长等种种原因，而纷纷离队。在长期的工作中，了解到身边有很多党员也在坚持，更有更多的党员在一线作业，默默付出，为万家灯火在彻夜工作。而自己的这一点辛苦，不适应又算得了什么呢？一天晚上值夜班，接到一位老爷爷打电话来诉说他们那里因经常停电而带来的苦恼，类似这样的电话接到不下数十个，我们能做到的就是静静地听他们述说、安抚他们以及及时帮他们反映问题。那时候我是一名预备党员，于我心中，党员不仅仅要做好自己的本职工作，还要做一盏能照亮他人的明灯，温暖到他人。

在大学，如果要问我最不后悔的事会是什么？我会毫不犹豫地讲，是担任电气 1704 班的下班党员。学期之初参加学院的党员迎新示范岗活动，为新来的学弟学妹们指引宿舍方向，给他们发放校园卡。听到一声声的“学长”，会莫名地欣喜；回答他们一个个问题时，会有小小的满足。从开学之初的党员迎新示范岗活动，再到军训、第一次班会、篮球赛、辩论赛等活动，陪他们走过大一过渡期，真的很幸运。有一天，一位学妹送我一封信，提到“很高兴能认识到你，并想以你为目标”。那时我是一名下班党员，于我心中，党员就是要不断丰富自己，努力做到能成为别人的榜样。

大三第一学期可谓是我最忙碌的一个学期，从前只是一名班干部，主要做好班级工作就好。成为一名党员后，便在党组织中积极工作。党建党校部成员、支部副书记，有时候忙起来，真的没想到，会要忙到深夜才从办公室离开。记得那晚，我们在整理资料，一份资料、一份资料地整改，打印机的声音一直没有停息，但是大家都没有说要休息，直到工作完成。从中我认识到党员的勤勤恳恳、兢兢业业，这正是数千个日日夜夜的缩影，也是八千多万党员的缩影。那时我是一名基层党组织的党建人，于我心中，党员就是要能吃苦，勤奋工作，无怨无悔。

记忆又回到了那个难忘的下午，当握紧成拳的右手从太阳穴放下，我们身上的责任和义务便已肩负，我们的理想仍需不断追寻。仰望星空，脚踏实地，当理想尚在遥远的星空角落，低下头脚踏实地，撸起袖子加油干，才不枉我们头顶的那一片星空。我们永远年轻，我的党员故事还在继续。

作者简介

姓名：敖国进

性别：男

班级：电气1504班

所属党支部：电气二支部

任职情况：现任电气二支部副书记，电气1704班下班党员，党建党校部成员，电气1504班团支书、曾任电气1504班副班长、班长，学工办助理。

获奖情况：校级优秀新生奖学金；
校级优秀学生干部；
校级三等奖学金两次；
校级“电苑杯”电子设计大赛三等奖；
校级“物电杯”电子设计创新大赛优胜奖；
校级英语竞赛二等奖；
校级“集体婚礼”活动中被评为优秀志愿者；
院级第一届微媒体培训班中获优秀团队奖；
第27期学生入党积极分子培训班被评为优秀学员；
第16期学生预备党员培训班被评为优秀学员。

座右铭：愿自己能摆脱冷气，只是向上走，不必听自暴自弃者流的话。能做事的做事，能发声的发声。有一分热，发一分光。就令萤火一般，也可以在黑暗里发一点光，不必等候炬火。此后如竟没有炬火，我便是唯一的光。

我和爷爷心中的共产党

龙曼仪

我5岁，爷爷65岁，坐在爷爷脚旁，听着他讲故事。

“爷爷只有你这么大的时候，遇上了侵犯我们国家的敌人，那个时候我的爷爷，带着我，躲到一艘船上。”

“然后呢？爷爷，他们找到你了吗？”

“找到了，但是有八路军把他们打死了啊！”

“八路军抓坏人是不是，长大了我也要当八路军。”

爷爷笑着说：“八路军没有了，但是你要记住是共产党解放了中国，你以后要争取加入共产党。”

于是，在我心中共产党就是闪闪发光的救世英雄。

慢慢长大，电视里、广播里、课本里，对共产党的宣扬比比皆是，只是一直在一个和平安定的环境里长大的我，不能理解“共产党”这个群体给我们带来的变化与含义。

十一岁的我们，心里藏着一个大世界，喜欢刺激，喜欢新鲜事物，喜欢一切与自由有关的东西。我们不喜欢束缚，不喜欢古板，不喜欢老旧思想，那时候的共产党在我心中就是这样的存在。我拒绝历史，拒绝政治，拒绝回忆那些解放军们浴血奋战的日子，觉得新闻最是索然无味的东西，和我没什么关系。我们不是不懂得他们的付出，而是作为从来不用担心衣食住行的我们，吃树皮嚼野菜只存在于书本和爷爷的故事里。我也不再像以前一样耐心听爷爷的故事。然而，2008年的汶川大地震，让我知道，苦难不是不存在，而是有人在替我们挡。

在那么大的灾难面前，没有人说放弃，只有四面八方涌来的支援。没有人说因为有余震，可能有危险，所以逃避，反而聚集了更多的力量在一起。我记得那个时候小学还没毕业，下午两点钟所有人起立默哀三分钟，那是我第一次感受到大国力量，感觉到自己是十三亿中国人的一员。如果当时没有共产党，我们就会是一团散沙。当所有的人有了共同的信仰，才会凝聚成一股绳，对抗外敌与灾难，以前如此，现在如此，将来更是如此。危险没有消失，只是共产党像一堵墙，挡住所有突袭而来的战争灾难。从爷爷口中东躲西藏的不安定生活到现在如今我们安然的环境，是共产党给了民族崛起的希望，给了生活更好的期盼。

初一，当老师问我，只有一个入团的名额，你愿不愿意，我坚定地点了头，因为共产党在我心中依旧是那个闪闪发光的英雄，熠熠生辉。那天我高高兴兴地跑去和爷爷讲，爷爷特别欣慰地摸了摸我的头。爷爷心中的共产党一直都没有变，而我一直努力地在向他心中的那个共产党靠近。

十八岁的我上了大学，懂得了共产党更多的含义，可能是荣誉，可能是信仰。我递交了自己的入党申请书。

哥哥参了军，成为一名光荣的解放军人，每次爷爷说起他的时候脸上总是带着特别骄傲的微笑。荣誉是存在的，但更多的是背后的酸楚。刚参军的哥哥，开始两年多都没有回家，慢慢地，才有了回家的假期。到现在为止，也有六七年没有在家里过个年了。高二暑假的时候，奶奶病发，哥哥请假回来看了一下，而等他再一次回来时，奶奶已经去世了。荣誉的背后却是与亲人的离别，更是牺牲与奉献。

20岁的我，终于成为一名光荣的共产党员，在党课中，我重新认识了共产党。从最开始简简单单认为共产党是能打跑敌人的救世英雄，到现在，共产党员是榜样，而作为共产党员的我，更需要做好榜样，学会去奉献。入党之前，我觉得党员只是一个身份。而入党之后，更觉得这是一份责任。它不仅仅是一个光荣的名称，它意味着你与别人不同。遇见困难时，党员为先；脏活累活苦活，党员要抢着干；党员示范岗，党员榜样，都时刻要求你以身作则。“我志愿加入中国共产党，拥护党的纲领，遵守党的章程……”每当重温这段入党誓词，我都在问我自己，我是党员，而我是否有所奉献。加入党建宣传组，让我有机会更加了解共产党和共产党员。从党章小知识到国家时事，我开始紧跟习主席的步伐，真正认识到一个国家领导人的魅力。从学科竞赛到社会实践，我看到的是党员在行动。每次写党员榜样的微推时，我都无比敬佩他们的努力与成就，他们在用自己的行动深深感染着周围的同学。我想，这就是党员的魅力吧

今年我22岁，爷爷82岁，我坐在爷爷旁边，陪着他看战争片。看到炮火横飞的战场，我以为爷爷会神情凝重，没想到他却说这样的战争太假了，战争不是演戏，是残酷的。爸爸在旁边，远远地躲开了，他说他看不了这些满是血腥的画面。而我，对这些电视中司空见惯的场面，已经没有什么感觉了。我和

爸爸都没有经历过战争，所以不会懂，那些真实存在的画面，会不会比电视上的残忍一百倍。之后陪爷爷看《大道之行》，爷爷发出深深的感慨，他说正是有了毛泽东，有了共产党，才有如今这么安稳的日子啊。中华人民共和国成立之初，那是一个有钱都没有东西买的时期，却也比之前饱受战乱的日子好太多。而现在，在习主席的领导下，中国正以新的姿态站在全世界面前。世界那么大，问题那么多，国际社会期待听到中国声音，看到中国方案，中国梦连接世界梦，中国力量照亮每一个笑脸。“一带一路”“人类命运共同体”让中国发展带动了世界发展。当中国制造支撑姆瓦莱在肯尼亚的发展，中国企业实现了坦桑尼亚一个小村落姆盖尼一家的彩色电视梦；当中国影视走出国门，成为“文化国礼”；当中国春节走上各国街头，中国魅力散发光彩。现在，共产党代表的是感染，是促进，不仅是中国发展得越来越好，更带动全球共同发展。

妈妈说，隔壁的爷爷入党就是在战争时期一座山坡上宣了誓，而我们如今入党要经过层层审批。电影《建军大业》中，作为共产党湖南代表的毛泽东在全国第五次人大代表会上站出来指出，我们不应该只抓笔杆子，不抓枪杆子。农民阶级才是革命的本钱，应该武装起来，成为革命的主力。而当时的人却认为他篡改了马克思主义，工人阶级永远是革命力量。而后来呢，事实证明毛泽东是对的。入党的方式变了，共产主义的内容变了，共产党变了吗？没有，人民的信仰不会变，我和爷爷心中的共产党也永远是一致的。

共产党员，四个字，肩负了多少民族大义。作为一名大学生共产党员，我们更应该肩负起这四个字带给我们的责任，以身作则，并赋予他更多新的内涵。习主席在共产党成立95周年时说：青年是祖国的未来、民族的希望，也是我们党的未来和希望。中国共产党的创始人之一李大钊同志说过，青年要“为世界进文明，为人类造幸福，以青春之我，创建青春之家庭，青春之国家，青春之民族，青春之人类，青春之地球，青春之宇宙，资以乐其无涯之生”。作为大学生党员，作为新时代青年，可能已经不需要我们每个人都抛头颅洒热血，但是青年兴则国家兴，青年强则国家强，中国梦肩负在我们身上。作为共产主义的接班人、中国未来的建设者、中国梦的实现者，青年大学生党员要以自己对党和国家的热爱与忠诚，对社会奉献担当的使命感与责任感，牢记中华民族的历史，开拓中华民族的未来，不忘初心，继续前进，让青春绽放最绚丽的光彩，让人生奉献在祖国需要的地方，让生命燃烧出最灼热的温度！

作者简介

姓名：龙曼仪

性别：女

班级：轨道 1402 班

所属党支部：自动化轨道党支部

任职情况：组织委员，宣传委员，党建宣传组组员

获奖情况：2016 年校二等奖学金

2015 年校三等奖学金

2015 年获“长理好故事”摄影比赛优胜奖

2016 年“三下乡”社会实践优秀个人

2017 年微信运营优秀个人奖

2016—2017 年校级三好学生

寻光而行，遇见好时光

王洪宇

2017 年 6 月中午，我最后一次来到长理云塘图书馆，看着窗外人来人往，情绪复杂，兴奋而又惶恐。兴奋的是即将面临一个崭新的世界，在去广州读研继续深造，惶恐的是背负着母校的牵挂与期望前行，却不知选择的正确与否。

时光飞逝，转眼已经毕业 10 个月，我也终于有机会回头看看大学四年生活的点点滴滴。虽然有短暂的苦涩与无助，但仍然很庆幸当年选择了这条从北方来到南方的求学路。

个人成长——筑梦长理

2013 年 9 月，在妈妈的陪伴下来到长沙，来到长沙理工大学，来到电气与信息工程学院。“交通之魂，电力之光”，来到电气与信息工程学院，何其有幸！初入大学，伴随身份的改变，一切都感到新奇与困惑，在我的下班党员邓志平学长的关心下，慢慢融入大学生活，思想也逐渐成熟起来。

在邓学长丰富多彩的经历的影响下，我开始对中国共产党有了初步的印象，认识到优秀的组织一定汇集了优秀的人才，那我为什么不向优秀的党员看齐呢？记得邓学长送给我们六个字：“主动，坚持，珍惜”。也正是因为这样我开始思考党员的光荣与责任。在大一时，我心里就埋下了一颗种子，想要成为长理的一颗星星。或许正是这颗连我自己都没有察觉到的种子，默默地激励着我在大学中不断进步。在大学期间，当初有点内向的我，也因担任体育部干事、体育部副部长、主席团副主席的经历变得日渐开朗，组织“电苑杯”篮球赛、“迎新杯”篮球赛、趣味运动会、田径运动会、大众健身操比赛、十月诗会等等。如今，我依旧记得艳阳下的篮球比赛和创意造型的舞蹈；记得陪着学弟学妹们早起布置会场；记得他们认真练习诗歌朗诵的模样；记得每次为他们的出勤率而忙得焦头烂额的我们；全身心的投入，带给自己的不仅是比赛名次的收获，更多的是内心的自豪感和满足感。服务学院更不忘班级同学，从体育委员到团支书，我想要强调的是当你想要变得卓越的时候，不如也把身边的人变得卓越，优秀不是个人的，是整个团体的。作为一个领袖，如果你做出的决定没办法让他人有所改变的话是很失败的。在任学生干部期间，我的很多工作并不是命令式的交代，更多的是和大家一起去完成。我印象特别深刻的是我担任团支书的时候，在学院的倡议下，开通班级微信公众号——长理电气电子1302，当时大家对微平台的关注度并不高，后来我坚持鼓励同学们把自己的成长故事记录下来，培养自己的人文素养，用班级故事讲述电苑风采，传播电苑正能量，得到同学们的认可与赞赏，在同学们的努力下，我们的班级微平台连续两次获评“十佳微支部”称号，我连续两次获评“十佳通讯员”称号，多次得到丁书记的鼓励与支持，为班级同学和其他班级树立良好的榜样，也为我坚持建设微平台坚定了决心，我就觉得大家一起做事情，热情是会传染的。在完成自己工作的同时，我对学习的热情丝毫不减，大学四年间的绩点及综合测评成绩排名均位列专业前茅，连续三年获得国家励志奖学金、校“一等奖学金”“三好学生标兵”“优秀团干”等。面对荣誉与收获，我感谢前进路上的困难与挑战，也会努力把荣誉化成动力，争取更大的进步。

迎接“小鲜肉”——做好引路人

也许是怀念大一青涩的样子，也许是作为党员的一份责任，在大三学年里，我担任电子1502班的下班干部，那段时光无疑是我一直怀念的日子。从暑假开始在社交群里便与学弟学妹们交流，为他们解答疑问，分享自己的生活，告诉他们云塘的有趣故事，一问一答间，我和他们的陌生感渐渐消除，心理距离渐渐拉近。军训的那段日子，每天我都带着疲惫入睡，却也带着激情起床。我期望他们能很快地找到适合自己的生活方式，收获好的情谊。也因为下班干部这个身份，促使我需要面对形形色色的新生，他们有些活泼，有些寡言，有些调皮，从与他们的交谈中，我一次次地领会到自己的不足，也促使我一次次地进步。忘不了与他们共同学习，帮助他们备战英语四六级、计算机二级考试；忘不了与他们外出游玩，打成一片，不分彼此；忘不了他们获得“迎新杯”篮球赛冠军的喜悦，听到他们一声声的“宇哥”，就是对我最好的肯定，希望我这个曾经的新生，现在能成为你们的“引路人”。

挥洒汗水——研途追梦

人们总说黎明前的夜最黑，大四这一年对于我是最难熬的黑夜。也许身边已经有人放弃了，有人正在放弃的路上，但我不会放弃。面对就业与读研的岔路口，我选择了后者，继续深造，完善自己，以应对激烈的竞争压力。经历是最好的导师，经历会让自己慢慢地发现成功得来不易，任何梦想不付诸行动，都只会成为不切实际的谎言和空谈。很庆幸，长理的每一块土地都在默默支持着行走在梦想路上的人。在得知被暨南大学录取时，更多的是怀念与小伙伴奋斗在图书馆的日子，怀念准备复试时的焦虑与互相激励的场景。我也与打算考研的学弟学妹们分享奋战经验，解答考研疑问，让他们多一些捷径，事半功倍。寻光而行，遇见好时光，四年大学生活转眼即逝，如果一定要用什么代名词结束我的大学生活，我想“校优秀毕业生”“省优秀毕业生”“优秀共产党员”这些称号可以为我的大学画上圆满的句号。2017 年 9 月我来到羊城广州，9 月的广州仿佛还是蝉鸣热情的夏日，9 月的暨大比天气更加热烈的是新生们的熙熙攘攘，来自天南海北的新生们如期而至，被赋予一个新的名字——“暨南研究生”。研一上学期的课程很多，没有课时便待在实验室看文献，除了学术科研外，美食与旅行是我的最爱，作为一个不折不扣的吃货，约上好友，寻觅馋嘴的广州小吃。本科生转变为研究生，党员的身份没有改变，我进入了新的党组织——电子工程系 2017 级研究生党支部，并成为支部的宣传委员，继续贡献自己的力量，组织党员开展“学习十九大”交流活动，参观科技展览和国家重点文物保护单位以及观看各类文艺演出等，党员同志们技能水平、组织协调能力、人生观念等各方面都得到较大的提高。

我的党员故事，还在进行中。兴趣是源，视野是舵，知识是帆，衷心祝愿学弟学妹们，无论是选择继续深造还是踏入社会，时刻保持对世界的好奇之心，既要勇敢尝试，也要慎重选择，相信蕴含在自己小小身体里的大大能量。我始终相信：念念不忘，必有回响！

作者简介

姓名：王洪宇

性别：男

班级：电子 1302 班

所属党支部：电子支部

升学院校：暨南大学

任职情况：现任电子工程系 2017 级研究生党支部宣传委员

曾任院学生会副主席、体育部副部长、团支书、体育委员、电子 1402 下班党员、电子 1502 下班干部、班级微媒体责编

获奖情况：

[国家级]2014/2015/2016 国家励志奖学金

[省级] 2017 湖南省优秀毕业生；2015 湖南省"互联网 +"创新创业大赛优秀志愿者

[校级]2017 校优秀毕业生；

2017 校优秀共产党员；

2014/2015/2016 三好学生/三好学生标兵；

2014 优秀团干；

2014/2015/2016 校"一等奖学金"(1 次)、校"二等奖学金"(2 次)；

2014/2015 校电子设计大赛二等奖、三等奖；

2013/2014 校英语竞赛二等奖、三等奖；

2013 校"十月诗会"书法比赛二等奖；

2016 校科技立项优胜奖；

2016 校"管理人才奖"

座右铭：天再高又怎样，踮起脚尖就更接近阳光。

在平凡中坚守

杨悦光

列宁说过："少说些漂亮话，多做些日常平凡的事情。"身为共产党员，需要践行这样一个道理。

平凡不意味着平庸，不意味着在自己的岗位上得过且过，平凡意味着坚守，意味着脚踏实地。共产党人需要平凡，因为这样才能更好地融入群众；共产党人更需要坚守，因为这样才能尽可能让一个人在自己生活的圈子里发挥更大的作用，切实做到全心全意为人民服务。

在写入党申请书之前，我就看过、听过很多故事：在失败了 190 次之后成功提取出青蒿素的屠呦呦；冒着巨大的危险雕刻火药，被人们誉为"大国工匠"的徐立平；努力改变乡村面貌的基层好干部段爱平；悬崖边上的护梦人，西藏墨脱山区教师格桑德吉……当时只是觉得这些人很伟大，拥有高于其他人的思想境界，所获得的成就与荣誉是我所不能及的。

为了更好地体会老一辈共产党人传承下来的艰苦奋斗敢为人先的精神，党课学习期间，我特意参观了南昌八一纪念馆。让我感触最深刻的是二楼南昌起义参加者名录墙，除了起义的领导者外，更多的是一个个普普通通的名字，从名字可以看出来，很多是一家兄弟几个齐上阵。90 年前，中国共产党在南昌打响了武装反抗国民党反动派的第一枪。南昌起义参加者共 2 万余人，至今留下姓名者仅 1042 人，大多数人连名字都没有留下就消失于历史长河。他们渺小，平凡，却值得缅怀，因为他们用血肉之躯坚守共产主义信念，为新中国的诞生牺牲自己的生命。如今，墙上的名字还在不断地更新，每确认一名南昌起义战士的身份，都会增添一分对革命先辈的尊重。

经过两年的学习教育，我对平凡这个词有了不同的理解，也渐渐感受到了坚守的力量。从中国共产党成立到如今为实现中华民族伟大复兴，无数平凡的共产党人抛头颅洒热血，前仆后继，平凡的力量汇聚在一起，锐不可当。那一个个可歌可泣的人物事迹不仅令我动容，更让我有了前进的动力。

假期，我很喜欢看央视的一档节目——《中国相册》，一张张看似平常却弥足珍贵的照片，讲述着大背景下平凡人的生活。有几个故事印象比较深刻，都是普通党员在自己的岗位上发光发热的记录。比如有一张照片，看起来很普通。其实，这是东方红一号卫星早期工作小组成员们唯一的合影。由于工作需要保密，当年英姿勃发的小伙子胡其正和他无数的同事恪守着“干惊天动地事，做隐姓埋名人”的航天精神。还有一张照片，珍藏者是一个对父亲颇多不解的儿子。他的父亲是曾任中共福建东山县委书记的谷文昌。虽然在别人眼里，父亲是位好干部，带领东山人民苦战风沙十四年，把荒山变成了宝岛，东山更因此留下了“先祭谷公再祭祖宗”的习俗。但在儿子眼里，父亲总是不近人情。

他们都是和我们一样平凡的人，更准确说是平凡的共产党人，只是他们明白党员肩负着中国民族的伟大复兴，代表着最广大人民的根本利益。平凡并不可怕，平凡的共产党人坚守在平凡的岗位上，在人民群众眼里就是伟大。

2017“感动中国”落下帷幕，每年的这个时候，总是不禁泪目。我们之所以感动，有时不仅是因为他们做了伟大的事情，更是因为他们用平凡书写辉煌。87岁的中国科学院院士卢永根无数次说，作为一名共产党员，无论是一帆风顺的日子，还是身处逆境的时刻，始终坚信，要把一生献给祖国！“生命诚可贵，爱情价更高；若为祖国故，两者皆可抛。我希望能像一束小火花，点燃你们心中的爱国主义火焰。”

卓嘎、央宗姐妹俩在父亲的带领下，加入了中国共产党。半个多世纪以来，父女三人以放牧为生，守护着祖国数千平方千米的国土。一个家、两代人，用半个多世纪的坚守，告诉后来者：家是玉麦，国是中国，祖国的土地，一寸也不能少。这样的故事实在太多太多。在这个平凡的岗位发挥党员的先进性，需要坚守初心，牢固全心全意为人民服务的观念。

做一个平凡的党员，恪尽职守，艰苦奋斗，不忘初心，牢记使命，从群众中来，到群众中去，不求荣华富贵，只愿闪闪发光，成为百姓心中的旗帜。就如黄大年曾说的：“做一朵小小的浪花奔腾，呼啸加入献身者的滚滚洪流中，推动人类历史向前发展，这才是一生中最值得骄傲和自豪的事情。”

作者简介

姓名：杨悦光

性别：女

班级：电气 1508 班

所属党支部：电气四支部

任职情况：任职于党建学习活动部，现任电气 1508 班宣传委员，院学生会心理部部长

获奖情况：2016—2017 年学年校级优秀学生干部

座右铭：怀揣希望去努力，静待美好的出现。

那一身军装照亮了我的大学

叶　鑫

我是一名普通的中共预备党员，也曾是学校民兵连这个组织中的一名小兵，在我看来，在民兵连的经历是我大学这近三年成长历程中最为宝贵的一部分，我如今能够成长为一名中共预备党员，很大一部分也得益于在民兵连中的锻炼。在民兵连中我们常喊的口号就是“脚踏实地，艰苦奋斗，乐于奉献，锐意进取”，这就是长理精神中的铺路石精神，在我看来，作为一名党员也应当如此。

脚踏实地、艰苦奋斗

回想大一，在看到学校民兵连招新的通知时，我第一时间就报名了，那时候的我只是为了圆自己的军装梦，想着自己能够穿上那身帅气的军装，可理想总是与实际相差甚远……民兵连的训练谈不上很苦，但也说不上轻松，而且刚加入的我们还只能穿着军训的衣服，只能默默期盼着正式入选后能够得到那身军装，这是我那时坚持下去最大的动力。

民兵连里每周四次训练，最难的便是克服自己懒惰的心理和经过一个暑假“摧残”的身体。其中周二和周四的早训是最困难的。绝大多数人都喜欢睡懒觉，尤其是自然醒的那种，我也不例外，可加入民兵连之后，这两天的晚起就不存在了，说什么开始训练便就是什么时候，迟到、旷训将会面临严厉的惩罚甚至是清退，并且如我们的赵连长最喜欢说的那句话：“一人生病，全家吃药。”记得有一次早训，我没有被定好的闹钟叫醒，突然惊醒后看了下手机就从上铺一蹦而下，尽我最快的速度穿好衣服狂奔而出，但结果还是迟到了，我们一个班十几个人还包括班长，都因为我而受罚，虽然他们没有一个人埋怨我，但自己心中的愧疚却消散不了，我告诉自己，这种事情绝对不能再发生，于是我把之前仅仅周二、周四的5点50分的闹钟调成了每天，这样成习惯后就再也不会睡过头了。而在民兵连之外，这种强烈的时间观念致使我做其他事情也是一样，这对我当时在社团和班上的工作有很大的帮助。

民兵连第一年的训练中，体能训练无疑是最痛苦的，尤其是到后期，队列动作训练得差不多了的时候，无论是早训、晚训，还是周日整个下午的训练，每次我们都要绕整个学校跑，我曾经特意去测量过，两圈下来大概5.4千米，对于体能好的基本不在话下，但对于我来说，并不是轻松的事情，虽然允许掉队，或者中途打报告离队，但我觉得这是件很丢脸的事情。“你可是想去当兵的人，这么点强度都承受不了，女生都能跑下来，你怎么能掉队。”我脑子里有个声音这样骂着我，为了在女生面前不丢脸，在训练之外的晚上我也坚持跑步，长此以往，我体能得到很大的提升，在民兵连里每次跑步都能跟着队伍跑完全程。我可以自豪地说，大一一年的训练里，我从未掉过队。在这段过程中我还找到了一个激励自己的好方法，每当我觉得实在跑不下去的时候，我告诉自己：“再跑一段路再出列。”然后给自己定一个小目标，比如到前面拐角、前面上坡，而跑完这一段之后，又对自己说：“还有点力气，再多跑一点点，就一点点。”就这样跑着跑着，不知不觉就跑到了结束。

忘了是什么时候，是在下午还是早上，只记得某天突然期盼已久的迷彩服终于发到了我们的手上，自己心中很开心，但似乎也并没有特别激动，好像自己的目标已经慢慢发生了转变，已不再仅仅是穿上这身衣服，而是如何让自己能够配得上那身军装。“穿上军装就要有军人的样子，如果你觉得自己不行，就不要穿着这身衣服。”连长这样对我们说道。于是乎，我们又只能继续投身于日复一日的训练中。

其实不管是作为一名学生，还是作为一名教官，更或者作为一名党员，首先就需要踏踏实实地学习专业知识，或是提高自己的队列动作，然后努力克服这个过程中所遇到的各种困难，之后自己才有能力承担自己作为某种身份的责任。这个过程往往很枯燥、很艰难，但如若不这样打下坚实的基础，即使是摩天大楼也会突然倾倒。

乐于奉献、锐意进取

学校民兵连建立的目的就是承担新生军训任务，尤其是在最后一批国防生毕业后。2015年加入民兵连，经过一年的训练，我们便要担任2016级新生的军训教官。在很多人眼中，当教官是一件很好玩的事情，但实际上这根本谈不上“好玩”。大家都说军训是新生大学的第一课，这样军训教官就是新生们的第一位老师，在带训之前，我一直都不确定自己能否很好地担当起这一角色，是否能够在新生刚入学时通过军训培养其态度和习惯，帮助他们摒除高考后一个暑假所遗留的坏习惯，但我应该也必须得承担起这一份责任。或许每个人加入民兵连的目的不同，但加入之后我们需要承担的责任都是一样的，学校成立这个组织的目的也在此，我们平时的训练，暑假提前一个星期到校进行的集训，都是为了这个目的而进行的。作为民兵连的一员，我们要服务于学校，承担起新生军训的任务。作为一名教官，我们要服务于学院，通过军训将学院新生假期所遗留的懒惰去除；要服务于同学，给他们上好这大学第一课。在战争年代，很多时候扛炸药包、做敢死队队员是共产党员才有的"福利"，而在和平年代，不需要我们去奉献生命，但尽自己所能服务他人也是共产党员乃至每个中国人所要做到的。

一个军训排六七十人，要管理好这么多人，还要教会他们基础的队列动作，让他们在两周后能够站上阅兵场，这是每个教官都要思考的问题。老师上课前要备课写教案，而我们作为教官也需要提前做好准备、做好备案，每一个教官所面临的人和事情都有不同，所以每个人都需要有自己的方法、策略以及面对突发情况的解决办法。为了达到更好的训练效果，你可能会需要"创新"，想出一些新颖的教学方法，这许多的东西是需要自己去思考的。对于新生来说，军训时我是军训教官，在训练场上他们要服从我的指令，这样军训才能圆满完成，军训的目的也才能达到。但放在现实来讲，这些新生大多数都是独生子女，在原来的高中也都是优秀的一分子，他们凭什么就要听你的呢，就因为你顶着一个教官的头衔吗，这个理由并不充分，要让他们服从你，你需要得到他们的认可，这也是每个教官在军训期间必须要重视的问题。自身素质不过硬、教学方法不进步，就不能带领一个方阵进步，"兵熊熊一个，将熊熊一窝"说的就是如此。这就要求我们作为教官在这期间必须得不断提高自己处理关系的能力，不断调整自己的教学方法。

作为新生军训教官，每次为期两周的军训也是检验我们民兵连训练成果的时刻。在这两周里，我们陪着新生成长，当最终自己带的方阵踏上阅兵场，整整齐齐经过主席台的时候，我心中的自豪和满足无法言语，似乎自己之前一年的训练也有了更多的意义，老师们在看到自己学生时也就是如此吧。人们都说奉献就是蜡烛点燃自己，照亮别人，在我看来，这同时也温暖了自己。

我在民兵连度过了我大学最为宝贵的两年时光，在这段时光里我绝不仅仅是学到了那些队列动作或是提高了自己的身体素质，更为重要的在于自己待人接物、自我约束的能力得到了提高，自己服务于他人的意识得到了提升。在民兵连里，我也见到许许多多优秀的人，我的赵连长——大一应征入伍两年兵旅生活回归学校，就与几个退役老兵一起创立了民兵连；李指导员——在实验室搭帐篷，大四考研进入中科院，成为一颗2016年的“中国大学生自强之星”；赵排长——在训练场上严厉训练场下只是个搞笑的学长，大四保研了哈工大，去了我梦想中的大学，还有好些优秀的前辈。每当我看着他们的时候自己也就有前进的目标和动力，而我加入中国共产党也正是为了结识更多这样优秀的人。在担任新生军训教官，在服务学院、服务同学的同时，我自身的价值也得以提升，加入党组织，我也能够更好地接受党的领导，更好地服务他人。

如今，我虽然已不是民兵连的一员了，但在民兵连的“战火”中所锤炼的意志和能力将伴我成长。作为一名党建人、一名大学生中共预备党员，在今后的学习、生活、工作中，我也必将更加努力钻研专业知识，踏踏实实做好本职工作，服务于全班、全院乃至全校的同学。借用李四光先生的话自勉：“我是炎黄子孙，理所当然地要把学到的知识全部奉献给我亲爱的祖国。”

作者简介

姓名：叶鑫

性别：男

班级：电气1501班

所属党支部：电气一支部

任职情况：现任2015级年级分会文体部副部长，曾任电气1501班班长、零度漂移协会会长等

获奖情况：校级优秀团员、校级优秀学生干部、校级社团活动先进个人、校级电子设计大赛三等奖、校级科技立项二等奖、省级数学建模竞赛赛三等奖等。

座右铭：天生我材必有用。

没有涅槃重生，但有破茧成蝶

朱诗云

“大家好，我是本科生电气三支部的朱诗云。”

以前自我介绍的时候，只是说我是电气1406班的学生朱诗云，现在我多了一个光荣的身份：电气与信息工程学院的一名预备党员。

2014年大学刚开始，能成为电气与信息工程学院的学子，我感到十分荣幸，和大家一样，对大学有了打心底里的向往，想做这个想完成那个，但是对党的向往几乎为零。

军训开始没几天，许多同学都已经交了入党申请书，看着大家陆陆续续地写了自己的入党申请书，我也就随大流地递交了我人生中的第一份入党申请书，那是2014年9月。

因为没有从内心想要加入中国共产党，自然对之后入党积极分子的竞选抱以远观的态度，看着别人在讲台上说着稚嫩但却很笃定的目标和追求，我也就只是那个在下面为他们鼓掌的普通的同学。

直到那时，好像我最接近党的一次，就是给她写了一份稀里糊涂的“情书”吧。

一、党向我打开了一扇窗

2015年10月中旬，和班长、团支书的一番谈话让我有了想更加接近党的意愿。或许是因为党的光辉照亮了他们的心房，他们愿意把窗户打开得更大一些，让阳光照进来，照耀着我这个对党有了懵懂之情的小孩。在班上同学的支持下，2015年10月26日，我光荣地成为一名入党积极分子。

对于这个身份，我感触不深，但是有些许的自豪，我是一名入党积极分子了！我把这件事告诉了我的父母，他们的鼓励和支持让我对党的向往之情有了很大的提升，想离她更近一些。

在成为积极分子之后，我进入党校学习。给我印象最深的一次是有位老师说我们要把党当成自己的男朋友或者女朋友一样，在现实中谈恋爱的时候要记住纪念日、对方的生日、对方的喜好厌恶以及底线等，在恋爱过程中只有更加珍惜对方，两个人才能长相厮守。这次的党课让我记忆犹新，我觉得老师说得很有道理，并且通俗易懂。我们在追随党的脚步时，应该铭记于心的是党的宗旨、党的规章制度。我们在成为一名党员之后，更应该保持那一份敬党爱党的初心，永不叛党，永远怀着热忱之心。

当有人帮我推开了窗户，让阳光照亮我的同时，我想象着假如有一天自己也能为别人推开窗户的滋味，一定很甜。

2016—2017学年，我担任了班级的学习委员，想为更多的同学服务，在此期间，我们班级的计算机二级过级率达到38%，英语六级过级率比一年前提升了10.3%，学风改善颇多，挂科率也有所下降，虽然我们不是最好的，但是我们依然在努力变成更好的自己。

在大三学年，我还多次参加了志愿者活动，给我印象最深刻的就是我们学校的60周年校庆，我担任志愿者在帮助老师同学们的同时，也收获了他们口中的谢谢和脸上的微笑，感受到了服务他人的美好。这激励我愿意继续以志愿者的身份，参与更多的活动，去帮助我能够帮助到的人，继续践行党的宗旨：全心全意为人民服务。

我慢慢地追随上了党的脚步，阳光也渐渐地照亮了我的心房。

二、推开大门，倾泻阳光

当有一天，我不再满足于透过窗户射进来的阳光时，我想推开门去看看外面的世界。

2016年6月13日，我们支部召开了发展大会，这是我第一次和我们支部的学长学姐这么正式的见面。在会上我的发言很胆怯，我在党的面前就是一个怀揣着敬畏之心的小孩，在会上我着重介绍了自己的入党动机，这是我一点一点接近党的心路历程。从军训开始的随大流，到积极分子时期的懵懂，到现在的全心全意为人民服务，这就是我的成长，这也是党对我的教育。我不再是一名普通的大学生，而是要起先锋带头作用的大学生预备党员了。这次大会我收获最大的还是学长学姐们的忠告，能听得出来，他们都是用最真诚的话语来给我指明方向，给我勇往直前的力量，我记得有一个学长说了这么一句话：有些事情你现在没有做，但是你明天和未来一定要去做！也一定会做好！

2017 年 9 月我担任了电气 1405 班的下班党员，作为兄弟班级，我们班级有很多地方要向他们学习，现在的他们已经当选为“全国活力团支部”，这对他们对整个学院都是一份至高的荣誉，这离不开班级的每一个人的努力，只有一个班级拧成一股绳才更有力量。

2017 年 12 月 14 日，我们学院召开了电气与信息工程学院的党员大会，到场党员 222 名，丁书记的话给了我们很强的使命感。身为电气人，我们始终应牢记“追求卓越、勇于创新”是电气人的精神使命与价值追求，电气学生党员更应牢记这一信念。面对繁杂的学业与工作，我们要学会管理好自己的时间，提升个人管理能力与工作管理能力，在“两个协调”中拓展自己潜在的深度。面对当前中国由“大国”向“强国”转化的使命号召，面对我们所处的时代的蓬勃力量，我们唯有不断加强学习，提升自己的思想觉悟，培育优秀的能力素质，牢固树立榜样意识，才能让自己在日复一日的琐碎与平凡中去铸就不平凡的自己，去肩挑时代赋予我们的使命，去感召更多的青年学子，最终让自己真正成长为信念坚定，有理想、有情怀、有温度、有内涵的优秀大学生党员。

党的光辉是普洒大地的，有的人闭窗锁门，屋里一片潮气，没有阳光，无法生活。而有的人试着推开窗打开门，当阳光洒向房间的同时，房间被照亮了，人心也被填满了。

三、破茧成蝶，享受阳光

现在的我已经是一名准毕业生了，没有带过 2015、2016、2017 级的学弟学妹们是我的一个遗憾，在一步一步成为预备党员以来，我遇见了很多优秀的学长学姐，也正是因为他们，我才能成为现在的我，比刚进大学的自己更笃定、更自信、更乐观、更坚强。在此我想对学弟学妹们说：优秀的人总是在你的身边，你要用你的眼睛去发现他们，你要用你的行动去追随他们，他们不是望尘莫及的，因为他们也是从懵懂的少年成长为他们自己满意的样子。我真诚地期待你们都能如花绽放，前程似锦。

窗外有阳光，难道你还不准备破茧成蝶，来外面的世界看一看吗？

作者简介

姓名：朱诗云
性别：女
班级：电气1406班
所属党支部：电气本科三支部
签约单位：株洲中车时代电气股份有限公司
任职情况：电气1405班下班党员，曾任班级学习委员、文娱委员
获奖情况：第十九届“外研社”全国大学生英语辩论赛优秀志愿者
长沙理工大学“创一流”暨办学60周年优秀志愿者
2014年军训先进个人
2014—2015学年获校级三等奖学金
2015—2016学年获校级三等奖学金
2016—2017学年获校级三等奖学金
2014—2015学年被评为长沙理工大学三好学生
2015—2016学年被评为长沙理工大学三好学生
2016—2017学年被评为长沙理工大学三好学生
2015—2016学年被评为优秀团员
2016—2017学年被评为优秀团员
2017—2018上半学年获校级二等奖学金
座右铭：Everyone has roses and thorns in the life.

那一段北方夏天的"实践"记忆

彭慧玉

犹记得去年暑假，我只身奔赴遥远的北国，在千里之外的天津留下了一段难忘的回忆。40 天的列车开往终点，回过头再去看这一段时光，的确很苦，这 40 天里，会有无数个感觉很累的时刻，有无数个想要放弃的念头，可是我不后悔来到这里，相反，我很庆幸我能够来到这里，很感谢这一次机会，让一段宝贵的经历在我岁月的长河中璀璨生辉。同时我也很自豪，这条路虽艰难，但是我坚持到了最后，想对自己说一声：彭慧玉，你真的很棒！

对于这次暑期社会实践，每个人都会有不一样的收获。对我而言，似乎也是人生道路的一个分水岭。大学前两年的我，活泼洒脱想玩就玩想闹就闹，没有过多的想法去提升自己各方面的能力，倒是在吃喝玩乐方面开拓了一片新天地。可是前两年的随性也给我带来了莫大的压力，大二结束后，我意识到自己在专业知识和个人能力方面与别人的差距。不得不说，这段赴国家电网客户服务中心北方分中心实践的经历，对我的思想冲击以及个人能力的提升都有着至关重要的作用。

刚到这里的时候时间安排得特别紧，每天早上 6 点多起床，晚上 11 点才能结束培训和总结工作。身为通讯员的我还负责整个团队拍照和宣传的工作，感觉身上的担子好重，甚至有点力不从心。白天没有时间，只能连夜加班。印象最深的一次是推团队第一篇微推的时候，那天晚上和刘鑫、思尹把微推的所有细节修改完毕准备睡觉时，觉得今夜的路灯格外明亮，正纳闷着拉开窗帘一看，原来太阳已经快要升起。这种熬夜熬到完全忘记时间的感觉，应该只有同为新媒体人才会有真真切切的感悟。每天背着相机到处拍照对我来说简直是一个美差，当我们的第一篇微推被培训老师看到，我被她夸人美又多才的时候，感受到莫大的满足感。虽然宣传工作很辛苦，但是每一次新闻稿的整理，微信推送的制作，都会让我进行更加深入的思考，这也让我的实践经历变得更加有价值。

当所有人早已进入梦乡时，办公区的灯火依旧通明。伴着星辰回去，迎着黎明而来，这便是我实践工作的常态。你若问我的工作时间，我只能告诉你大约朝五晚九是我们最轻松的时刻了。若你问我为何如此坚持，我只道一声“为您用电安心”。当耳畔响起熟悉的电话铃声，我也会暗暗担忧能否回复好一个用户的咨询；当电话的另一端传来一声轻轻的感谢，所有的紧张与不安在这一瞬间全都烟消云散；挂断电话的那一刻，心中仿佛绽开了一朵花。

手机里不知从什么时候开始会多出几个省的天气预报。最怕听天气播报的时候听到黄色预警？今天的安徽在下雨吗？今天的河南是不是很热？当接听到来自远方的停电消息时，敲击键盘的声音也变得急促起来……会有很多不被客户理解的时候，会有很多被客户破口大骂的时候。听着电话里传来的此起彼伏的叫嚣时，我能够理解客户的需求，平息内心无数的怒火，压着内心所有的委屈，向客户表达最真诚的歉意。熬过几次大夜之后时间也晃到了实习最后几天。整日地接电话说不乏味是骗人的，曾有过数着秒钟盼望下班的时候，也有趁着离席偶尔偷懒的时候。这40天里，有无数个感觉很累的时刻，连续十几个小时的工作，电话不断的大夜班接到第二天嗓子说不出话来，无理取闹甚至是随意谩骂的客户……可是这些我们都坚持下来了！虽苦虽累，我也会拼命感激这段带给我不同经历的别样时光。

暑期社会实践让我收获颇丰。

第一，锻炼了自己与人沟通交流的能力。每天接触到的客户很多，每个客户的需求和态度都不一致，这个时候，很好地与人交流沟通就显得尤为重要。尤其是夏天，用电量大，每天都有很多棘手的问题，同时也需要耐心和交流技巧去安抚客户的心情。印象最深刻的一次就是刚进入部门的时候，业务还不大熟练，接到了一个比较难缠的老大爷的电话，聊了很久之后老大爷就说要投诉我，我当时完全就懵了。后来我们的培训班长过来一直安慰我，帮我解决了这件事。当时我真的被班长感动了，不争气地哭了。现在回忆起来可能是一件很小的事，但是当时对我的冲击还是挺大的，也就是在那个时候我感受到了部门的温暖，直到现在我都非常感谢那位班长，感谢我们的主管和各位班长对我们的照顾和关怀。

第二，收获了更加独立的精神，同时我的执行能力得到了很大的提高。这次国网实习也是一次学校与社会的接轨锻炼。还记得那一次姜楠学姐给我们的分享，我最佩服的就是她的独立精神。这段时间所接触到的企业文化，处理职场事务的能力和一些工作经验都让我受益匪浅。

第三，学习到了如何提升自己的抗压能力。在刚参加实习的几天里，工作强度大，遇到了很多困难。但是我能正视这些困难，并且能珍惜这些困难，因为是它们让我学会了如何去抗压，如何用最好的状态、最好的耐心去认真负责地完成我的工作。我最幸运的就是进入了客服二部，遇到了我们部门七个坚强的女孩子，遇到了一个暖心的主管和班长。我想要不是我们互相之间的鼓励与陪伴，现在客服二部也不会留下这么多人。和他们一起工作，我收获了许多，也增强了自己在高强度压力下的坚韧性。

在国网这个大企业里我学到了很多，也收获了同事之间的友情。学会了很多职场中的处事方法，了解了大企业的企业文化，这些都是课本里学不到的东西。我明白了不管是专业知识的学习还是进入工作岗位后的工作，都应该尽心尽力做到最好，用自己的耐心和韧性，做好每一件事情，提升自己的综合能力。

路漫漫其修远兮，吾将上下而求索。作为一名大学生学员，铭记初心，不负使命，是我们应不断去感知并践行的。感恩这一段难忘的“实践”记忆，它让我懂得了何为“坚持”，何为“坚守”，何为“初心”。未来之路，心若向阳，何惧风雨。

作者简介

姓名：彭慧玉

性别：女

班级：轨道 1502 班

所属党支部：自动化轨道党支部。现任自轨支部副书记、轨道 1702 班下班党员，曾任轨道 1502 班团支书、新媒体中心责编、编辑等。

获奖情况：国家级第二届全国大学生环保知识竞赛优秀奖、湖南省大学生运动会优秀志愿者、校级优秀团干、校级优秀学生干部、校级优秀学生记者、校级优秀工作者、校级社会实践优秀个人、校级创新创业先进个人，校级科技立项一等奖、校级“互联网 +”三等奖等。

座右铭：在这个无知无畏的年纪里，奋力拼搏才是最美的姿态；脚踏实地，心系远方。

这些年，“大学”引领我成长

赵心蕊

大学入学，每个班都有一名下班党员，那时的我就觉得这是一个自豪的岗位，于是在刚入学就递交了入党申请书，希望可以通过自己的不断努力，不断学习，加入到党员的行列。

三年来，从凭借一腔为人民服务的热情申请加入中国共产党，到成为入党积极分子，到成为渐渐理解党的思想纲领的发展对象，再到有着自己独立思想的预备党员，无论从知识、心智还是能力，我都成长了，成熟了。大学伊始，我离开父母，开始住宿的大学生活，开始独立面对从来没有经历过的面试，面对在全班同学面前脱稿进行“文化早餐”的演讲，面对竞选军训负责人管理班级事务，面对各种大大小小的挑战。初次进行入党积极分子竞选，我满怀期待和热情，光荣地成为了一名入党积极分子，我开始明白自己的努力方向，在今后的日子里以更高的标准要求自己约束自己。对于党组织，思想上的汇报是不可或缺的成长方式，它就如好友间的倾诉，无论是好是坏，都诚于向党组织汇报，好的不骄不躁，思索提升自己的方法；坏的勇于检讨，进一步认清自我的缺陷，进行自我批评。生活工作中我努力为班级同学服务，为学院为学校献出自己的一分力量，在服务中提升自身能力，为同学们组织、创造带有自己心意的活动。

院学生会办公室是我三年来成长的地方，从一开始的按照“上级”指示做事，生怕有一丝不慎引起些许错误；认认真真学习各种技能，去安排每天的工作，不漏下任何大小事宜，日常工作、平时活动都要提前考虑好自己部门的职责和任务，同时要将自己一年多来所学所思教给“新生力量”，共同进步；再到成为统筹者，要思考部门应该怎样成长，要解决各种突发事件，要坚守也要创新。正是因为经历了如此困难、如此挫折，我才可以在思想上在能力上不断提高不断进步。

向党组织不断靠拢的这两年来，我参与了大大小小的会议，每次会议都是我前行路上的明灯，给了我前进的动力和勇气，让我铭记于心。

“双联双学”是支部内成员一起学习党的指导思想的会议，几次会议都带给我思想上的碰撞和提升，让我明白作为一个党员，要不断加强个人修养，让党员“有底气”，更要“接地气”。逐字逐句、细嚼慢咽、按部就班的学习过程中把原文读透读通，重要内容烂熟于心、融进血液，真正做到知其然，知其所以然。既要通过学习提升个人修养，更要通过自身的举止去影响、带动身边的同学。老师的批评与意见、同志间的提议、每个人的经历，都会教给我一些未曾关注和体会过的经验。我希望在接下来的学习中，我可以大胆地说出自己的见解，把自己的故事分享给大家，迈出展示自我的第一步。

2017 年的转正大会让我记忆尤为深刻，自动化轨道支部一直以来都是一个非常优秀的支部，支部就像是一个大家庭，大家相互鼓励，相互学习，每个成员都积极向上，有非常多优秀的学长学姐给我树立了很好的榜样。转正大会上，每个人都总结了自己一年来的经历和生活。有人说：“考研是一场艰苦的战斗，在这场战斗中，能否坚持，能否成功，这条路上将遇到的身体、心理上的变化和挑战，都是我们所未能预见的状况，所以坚持运动，保持良好的心态，向前冲吧！”有人说：“身体上的痛楚，心理上的煎熬，让我做了我从前未曾做过的艰难决定，也使我重新去追求人生的价值和意义，希望大家可以不忘初心。”还有人说：“找工作看似只是签个合同那么简单，可人生大事，当没有父母的陪伴，一个人做抉择和决定时，心中的无助和煎熬是从前的我们无法想象的，我才感觉是真正成长到为自己负责的年纪了。”……我们相互倾诉，给予力量。这是一次让我非常感动的会议，我看到了团结和向上，感受到了温暖和力量，我决心不断努力进取，去创造自己的未来。

前些天我与一位同学谈话，能够通过从平时党章学习到课后的了解，真正理论结合实际地消去他的困惑。我第一次明白了，理论不是空洞的，更是贴近生活的。我听见过有人对于党奉献的不解，却不知党性对于我们的鞭策，可能的使我们成长为更优秀的中国青年。

不忘初心，砥砺前行。我们应争做自觉遵循、原原本本学党章的新时代共产党员，做坚决维护、凝神静气学党章的新时代共产党员，做模范践行、融会贯通学党章的新时代共产党员。感慨时光流逝，却不忘胸间的一腔热血。今后不论身处哪个领域、东西南北中哪个地方，我们定要落地、生根、开花、结果。

作者简介

姓名：赵心蕊

性别：女

班级：轨道 1501 班

所属党支部：自动化轨道党支部

任职情况：现任轨道 1701 班下班党员、院学生会办公室主任，曾任轨道 1501 班班长

获奖情况：

[国家级]软件著作权(智能化电气绝缘系统 1.0)

[省级]2017 年挑战杯志愿者
2016 年创青春志愿者
2017 年全国大学生田径运动会志愿者

[校级]长沙理工大学学生课外科技立项项目结题
五四评优“三好学生”证书 两次
长沙理工大学二等奖学金
长沙理工大学三等奖学金
长沙理工大学英语竞赛二等奖

不忘初心——我的党性修炼之路

刘湘联

毕业一年半了，平时总能看到大学同学在朋友圈里提到校园时光，还有很多微信公众号里面的内容推送，感觉自己依然还在长理，温馨如家。这里我不敢妄称党性修养，因为自觉境界未到修养这一层面，我以为只有对党的正确认识深刻到一定程度，方能“养”，目前姑且将自己对党的认识称之为“修炼”吧。

一、做最好的自己

2012 年 5 月 16 日我成为高中生预备党员。也许是深受中国优秀传统文化的熏陶，前 12 年的学生生涯中许多思想意识和行为举止都朝着“共产党员”的标准看齐，我才成为了当时县城里最好的高中 500 多名同学当中的 4 个幸运儿之一，因此，我非常珍惜党员身份，深知自己虽然在组织上入了党，但思想上还应该进一步向党组织靠拢，自觉学习党的各项先进理论知识，提升对党的认识。

有些人认为按照要求写入党申请书，成为入党积极分子再一步步接受党组织的培养和通过考验就能顺利成为一名中共党员。我觉得这只是形式上的入党，而真正意义上的入党是一种提升自我修养与实现社会价值的融合。这就像一场修行，你每天都在修炼，并不知道什么时候会功德圆满，每天都尽力做最好的自己，这样才能在修行的路上走得更快更远。高中时代的我，思想积极进取，生活态度乐观，学习努力，工作认真，乐于助人，在班上起到了良好的带头作用。然而青年党校结业时的我，仍然不明白自己怎么就被贴上“共产党员”的标签。如今回忆起来恍然大悟，这个标签从那个时候开始，必将成为我一生的属性之一。

二、铭记自己是一名学生党员

大一时，我们班有三位高中生预备党员，那时候，我们三个帮着下班党员邹学长处理一些班级入党积极分子的管理事务，从那开始我渐渐地对党有一些感性的认识，就像一块海绵，不断从老师、学长学姐以及周边的同学身上汲取养分。

大一时的我虽然没能当成班委，但是却热心于班级的每一项集体活动，比如班委们策划了一次步行去橘子洲的“小百里毅行”郊游活动，当时大家都特别的开心，把平日烦闷的心情换了个风和日丽。可是，这次活动前期的准备却有很多不为人知的辛酸。为了模拟活动当天的步行状况，我在一个午后独自从新开铺路口寻找一条路线去到橘子洲。夏日炎炎，迎面吹来的风跟我的心一样热着，我沿途设置休息点，并计算每段路程的用时，因为心中想着这是班级的事，我的脚步异常轻快——也许党性就是这样一步步走出来的吧。

后来有一次去班主任的办公室，周老师问起我心中的“共产主义”是什么，我很清晰地记得自己当时的回答是两个字——责任，周老师说更准确的说法应该是一种信仰，其余的话语已经记不太清了，但自此引发了我的思考。可能现在人们的利益心比较重，共产主义的梦想难以照进现实，然而我觉得还是要保留这份憧憬，现在不能理解不能达到不必着急。虽然当时我自知对此说不出个所以然来，但是大一时候我理解的共产主义就是一份积极进取心和一份责任心。整个大一，我时刻铭记自己是一名学生党员，思想松懈的时候就会暗暗告诫自己：同学们都看着呢，不能辱没了“共产党员”这个称号。

三、习惯自己是一名学生党员

大二是我大学相对来说比较迷茫的一个时期，虽然学习成绩还过得去，学生工作也不出差错，但我总觉得自己的状态不对，于是一颗探索思考的心让我选择了拓宽这个时期的宽度。2014 年的 5 月份，除正常的上课之外，我还参加了学院的啦啦操排练，中午或傍晚在东门 BOBO 炭火鱼做兼职，每周 3 次晚上 10 点骑自行车去 3.5 公里外的长沙美术学校做家教，还有就是与轨道 1301 班的班委们一起管理班级事务（2013 至 2015 年整整两年，我担任轨道 1301 班的下班党员）。

虽然每天事情都特别多，很多时候走路都是用跑的，但是心里觉得开心充实，生命因忙碌而精彩。在这段时间内，我脑海里面不时地有着两种思想在交锋，一种是用一般同学的身份来思考问题，另一种是用学生党员的身份来思考，久而久之，后一种思想渐渐占据上风，成为一种惯性。

整个大二，接触的工作多了，大学生活也更加丰富了，渐渐习惯自己是一名党员，很多时候都会从党员身份的角度出发思考问题和面对各种情况，也终于能够坦然自信地面对他人所称的“党员”。以前总会觉得党员要承担很大的压力，这段时期才渐渐克服这种心理暗示，在经过一番探索之后，才明白平常做最真实的自己就好，关键时刻要对得起党员的称号。也许最高的境界是忘掉自己的党员身份，将之内化为自己的一种本能属性。

四、不忘初心，砥砺前行

最累的时候往往收获最多，大三时期最大的收获是担任电气四支部副书记锻炼而来的大局观和统筹兼顾能力。刚开始的时候，我还不能很好地协调分配学习与工作的时间比例，临近期末考试的时候，甚至有想过丢下手头的工作不管不顾失踪几天好好恶补一下学习，然而惯性使得我无法只学习不工作。有时候自己也在问自己：“你后悔吗？人的精力毕竟有限，花那么多精力默默地奉献值得吗？”也不知是从何时开始，我回答自己：“每一段人生经历都会教会你一个道理，只要你用心学习，勤于总结归纳，生活才是最大的课堂。”

在我的书桌上，一直有一句用相框装着的座右铭：“我要争做一名优秀的共产党员。”每当我懈怠或者迷茫的时候我都会静静地看着这句誓言，然后调整好心态再次投入到学习和工作当中。

大学时代，恰同学少年，风华正茂，良师益友，浩瀚书海，我们可以心无旁骛地求知问学，也可以在课余时间充分发展自己的兴趣爱好。在电气与信息工程学院学习生活，感触良多，总结成一句话就是带着思考去学习，提升自我，服务他人。愿你我无悲常喜，所流出的泪水皆因喜极而泣，不忘初心，砥砺前行。

作者简介

姓名：刘湘联

性别：男

现工作单位及岗位：上海正泰自动化软件系统有限公司软件工程师

现属支部：中共正泰电气股份有限公司委员会元件党支部

原属支部、班级：电气专业四支部、电气12级卓越班

获奖情况：校级优秀共产党员、校、级优秀毕业论文(题为《基于FTU的高压跌落式熔断器远方通讯及监控的设计》)、校级暑期“三下乡”社会实践活动先进个人、校级“感恩母校，相约长理”回访母校社会实践活动三等奖。

任职情况：

2012年9月—2013年9月，学院学风督导查课组大一组组长；党员发展转正工作小组组员

2013年9月—2014年9月，电气十一支部宣传委员；电气2级卓越班、轨道1301班下班党员；学院学生党员理论学习小组组员

2014年9月—2015年9月，电气专业四支部副书记；轨道1301班、轨道1401班下班党员；学院学生党员理论学习小组副组长

2015年9月—2016年3月，学校招生就业处助理

座右铭：我要争做一名优秀的共产党员。

成长在路上

赵子墨

我叫赵子墨，2015 年 6 月 19 日加入中国共产党，2016 年 6 月 21 日转为中共正式党员。

从懂事起，就听老一辈讲革命先烈的故事，在抗战时期怎样为了民族解放事业，为了共产主义的信仰而舍生取义，那时候党的光辉形象就已经深深地刻在了我幼小的心灵上。小学时，我加入了少先队；初中时，我成为共青团的一分子；进入大学，我便向党组织递交了入党申请书，这些都让我在行动上不断地向党组织靠拢。然而，在思想上，对党的认识还是一知半解，为什么要入党，这个疑问一直在我脑海中徘徊。作为党员的父亲得知我要入党，和我深谈了一晚，我记得他说了这样一句话：一个人永远不能忘了自己的责任，一旦成为党员，那么你就要担负起建设未来的责任！大一的寒假，在父亲的指引下，我阅读完了金一南教授所著的《苦难辉煌》一书，从将军的笔下，才真正了解到中国共产党发展的艰苦历程。从 1921 年 7 月至今，经历了一段段血火交织的岁月，一场场风雨砥砺的记忆之后，中华民族在我党的带领下开始崛起于世界之巅。

回首自己的成长过程，过去的我一直内向、沉闷，对外界的一切都感到畏惧，高中偶然的机会，我加入了学生会并成为社团社长，经过生活中的锻炼，与人不断沟通交流，以及在学生工作中不断成长，现在的我逐步变得乐观、自信，勇于向外界展现自我，表达自我。我是看着自己在一点一滴地蜕变。其实每个人都有着无穷的力量，而面对困难，说自己办不到这是为懦弱找借口。没有尝试，怎能说自己不行，即使失败，也是在为未来的成功垫下基石。

回忆起在大学学生会办公室工作的日子，办公室一直是学生会中的一个特殊部门，就如同一个大管家一样，有着无数繁杂而琐碎的工作，如发通知、安排座位表等，这些看似细小的工作却不能出一丁点差错，否则随时可能打乱整个活动计划。而经过两年的锻炼，我的浮躁和马虎已经被打磨为沉着和细致。

有时为了一个通知，经常连发数条短信，拨打上十通电话，只为了将信息及时传达；为完成一次年终总结，利用所有休息时间，收集与整理了全院无数份数据与材料；为了尽早地完成交代的任务，给后续工作提供宝贵的时间，无数次奋斗到深夜。这一切的一切，都在不断地锻炼着我，磨砺着我，虽偶有抱怨，但我从不后悔，看着自己完成的工作成果，这便是对自己最好的回报。

大二那个暑假，我参加了大学生暑期“三下乡”活动，并报名国家电网“青春光明行”且担任怀化队队长一职，或许那是我第一次直接接触社会。在为期一周的调研中，前往怀化市的6个县城，分发了上千张问卷并成功收回，走访了“娃哈哈”等6家大型企业；参与了沅陵供电公司巡线工作，旁听了国家电网公司新员工“道德讲堂”培训。最让我印象深刻的便是芷江供电公司的营销班班长谭洪平，他在岗工作多年，自从安排到用电营销部台区一班，从事专变客户电费回收工作以来，电费回收率达到了100%。采访时他说：“回收电费这个工作，酸甜苦辣都有。”2013年底，中铁一局第二工程公司尚拖欠芷江电力公司电费数十万元。由于该施工单位管理人员大多来自北方，此时都在准备着回家过春节，打算等春节后才来付电费。了解情况后，他顶着寒冷的天气，连续数天一直守候陪伴着该公司的领导，宣讲公司的电费政策，宣讲按时交纳电费是客户应尽的职责，苦口婆心反复解释。不管他们的冷淡、烦恼，甚至是厌恶、白眼，始终寸步不离，用真情微笑回报他们。在他的不懈努力下，客户终于按时交清电费，最后客户对他说：“我们大江南北到处施工，第一次碰到你这么‘拼命’的人，对于你的执着敬业，我们服了。”作为一名党员的我，对谭班长敬业的精神感到由衷的敬佩。工作就是一份责任，我们每个人都必须承担好属于自己的责任，全心全意地奉献自己的一分力量。

大三期间，在院学生会担任主席一职，对那时的我是一个挑战，也是对自己做出的更高的要求。主席这个职务，在光鲜亮丽的背后，承载着的是一份份沉甸甸的责任：带领新一届学生干部开展工作，服务学生的责任；突破自我，进行创新实践的责任；培养贤才，将学生会不断壮大发展的责任。每一项，都颇具压力。第一次组织并召开班长团支书联席会议，第一次担任迎新晚会负责人，第一次在双代会上进行总结并发言，所有的第一次，都在不断地磨炼自己，提升自己，让自己处事更加从容，更加自信。

如今，我已经进入研究生学习之路，已经不能再如本科那样懒散与迷茫。研究生阶段我对自己会更加严格，除了刻苦学习，钻研学术，写出自己的论文，还有课题组方方面面的工作需要去完成。只有对自己不断苛刻的要求，才能使自己不断成长，而作为一名党员，我必须走在最前面。

我一直记得中学班主任老师说的一句话：让优秀成为一种习惯。诚然，作为党员，我们要不断追求优秀，追求卓越，学会从优秀党员的事迹中挖掘其亮点，对比自己的不足以及思想上错误的认识，努力改进，让自己不断向优秀的人靠拢，甚至于超过他们，成为更优秀的人。

作为一名中共党员，我想对各位说的是，雄关漫道真如铁，而今迈步从头越。未知的艰辛与坎坷随时会出现，而我们永远不能忘记自己肩上的责任。在未来的旅途中，我们需一步一个脚印，永远跟随着党的步伐，和党风雨同路！

作者简介

姓名：赵子墨

性别：男

班级：电研1703班

所属党支部：电研三支部

任职情况：曾任电气与信息工程学院学生会主席

获奖情况：

[本科期间]国家级“互联网+”三等奖
国家级“挑战杯”二等奖
省级“挑战杯”金杯
省级优秀毕业生
校级暑期“三下乡”先进个人
校级优秀学生干部
校级三好学生
校级三等学业奖学金

[研究生期间]校级三等学业奖学金
校级“创青春”大学生创新创业大赛一等奖
校级创新项目策划大赛一等奖

座右铭：在有限的时间里，做更多想做的事情。

那引领我前行的“旗帜”如此绚烂

史梦鸽

“党员”二字对刚入校的我来说是那样地遥不可及。还记得刚到大学的时候，对周围的一切都感觉那么地陌生，从来没有过在校住宿生活体验的我对周围的一切都充满了无限的好奇，随之而来的是无尽的陌生感。当时由于我家离学校比较远，所以提前了两天到学校，我们寝室也就只有我一个人，而在这时尽管我们的下班党员自己有很多事情要忙还要准备计算机考试，但还是在我一到校就一直关心我，陪我一起聊天，陪我一起打扫寝室卫生，陪我去熟悉校园，带我去图书馆……也正是由于她的细心和贴心，让刚进入大学的我初次感受到了学校的温暖。

我的性格是属于比较慢热，比较内向的。在我们班第一次竞选班委的时候，我坐在下面想了好久，却一直没有勇气站上去，而我们的下班党员一直在旁边鼓励我，也正是有了她的鼓励，才让我慢慢有了敢于尝试的勇气。后来从一些学长学姐那里了解到，学姐是一个不折不扣的学霸，从那个时候开始，我一直把学姐当作我努力的目标，在将来我也想要成为一个像她一样的下班党员，这也第一次让我对入党有了强烈的愿望。在大一开学的第一周，我就积极向党组织递交了入党申请书。那个时候的我对成为党员的认识其实很狭隘，我以为只要学习成绩足够好，就一定可以入党。直到我第一次参加党校的培训时我才意识到我的想法错得有多么离谱。2015 年 12 月 15 日，我被确定为入党积极分子。我认识到学习只是用来衡量一个人是否优秀的众多标准之一，也是选拔入党时的一个最基础的条件，一个好学生不等同于一个好干部，也不等同于一个好党员，最重要的是要有坚定的理想信念、奉献和服务的意识，并切实做到实处。“为人民服务”——短短五个字，值得我们用一辈子的时间去践行。第一次的党校培训，让我认清了自己，及时端正了自己的入党动机，也明确了自己要努力的方向。

有了想法就要去付诸行动，想要向优秀的人、优秀的集体靠拢，那首先就要让自己成为一个优秀的人。在学习上，我始终坚持一句格言“不放弃努力本是我的任务，在现有的基础上争取再争取更是我的职责”。从进校以来，我学习上从未松懈，有明确的学习目标，认真钻研专业知识，刻苦学习，善于发现问题、解决问题，因此大学以来成绩还算不错，在大一和大二均获得了特等奖学金。除了课内的学习，为了拓宽自己的知识面、丰富自己的课外知识，我也积极参加了挑战杯、科技立项、电子设计大赛、互联网 +、数模竞赛等。除了自己的学习之外，我也会尽自己的能力为同学们答疑解惑，无论是在网上还是在教室里，对于别人的疑问我也会认真思考，大家一起讨论问题、解决问题，这既是帮助别人解决问题的一个过程，也是让自己查漏补缺的一个途径。

在参加了党校培训一年之后，我在 2017 年 6 月 14 日光荣地成为一名中共预备党员。为了提高自己各方面的能力，我担任过学习委员、团支书、下班党员、支部组织委员、党建办公室部长等职务。我对待工作从不拖拉，认真对待每一项工作，并且在每一次的工作结束后，我都会及时进行总结和反馈，对做得不好的地方进行反思，力求下次做到更好。自从担任下班党员一职后，自己也有了很强的责任感。从与学弟学妹们的第一次相遇，第一次下寝，第一次开班会，第一次去看他们的辩论赛、篮球赛等，有了太多太多的第一次，和他们的相处从来都是那么融洽。其实在和他们接触之前，我心里也有一点点的紧张，怕自己有考虑不周到、疏忽的地方，怕自己的能力有限，会有很多地方帮助不到他们，但在心里对这 39 个学弟学妹也有一点点的小期待。还记得我们第一次去下寝的时候，心里也有诸多的担忧，万一气氛很尴尬怎么办，不过这所有的忧虑都在我们进寝室的瞬间烟消云散，一见面并没有所谓的陌生感，大家互相自我介绍一下马上就熟悉了，在这种氛围下把一个本来性格内向的我也变得侃侃而谈。在第一个寝室聊天就待了快一个小时，后来也有人私下和我说学姐你那天讲话好激动呀，是的呀，我真是恨不得把自己所知道的一切都告诉他们。在他们军训的时候，我也经常走过他们军训的场地，走过的时候偷偷地瞟上几眼，拍几张照片，每次看到他们被罚蹲着或者在地上撑着的时候我都会觉得时间怎么过得如此漫长啊，很不幸的是在他们军训期间连下了好几天的雨，这雨说下就下，下得还挺大，丝毫不给人反应的时间，淋雨也是无法躲避的一件事了，我们就趁着他们还没下训赶紧到校医院去买了几大包板蓝根，心里也默默祈求着接下来的几天千万别再下雨了。尽管大家平时见面机会比较少，但是这半年以来无论是什么节日，学弟学妹们都会送来小礼物，这也是让我心里觉得很愧疚的一点，相比于他们，我对他们的关心真是太少太少了，我也深知自己还有很多做得不到位的地方，在接下来的大学时光，我也愿与他们共同成长。

其实回想一下自己大学的这段时光，无论是成为积极分子还是推选为预备党员，真的一路走来都十分“幸运”，不过这种在别人看来所谓幸运的背后更多的是需要自己一天一天的积累与付出，什么事情都不会有无缘无故的幸运。

2018年6月14日，我顺利转正，成为一名中共党员。很荣幸自己可以成为一名党员，成为这八千多万分之一，这对于我来说更多的是一份责任、一份担当。无论是在学校中还是今后走向工作岗位，我都会坚持勤奋努力、踏实工作的优良作风，在工作上学骨干，在政治上求先进，在活动中求积极，认真努力地做好组织交给的每一件事，带着热情和责任感对待自己的本职工作。

简介

姓名：史梦鸽

性别：女

班级：电气1501

所属党支部：电气一支部

任职情况：电气一支部组织委员、党建办公室部长、电气1701下班党员、电气1501团支书，曾任电气1501学习委员、社团组织部部长等

获奖情况：省级电工杯数学建模三等奖
校级“挑战杯”二等奖
校级优秀团员两次
校级优秀团干
校级三好学生标兵两次
校级军训先进个人
校级特等奖学金两次
校级学科竞赛奖单项奖学金
校级“寝室文化节”一等奖
校级“十月诗会”原创诗歌大赛一等奖、二等奖
校级“十月诗会”诗朗诵三等奖
院级“电苑杯”电子设计大赛三等奖
院级英语竞赛一等奖、三等奖
院级学习之星
院级优秀学习委员
院级“我以青春报祖国”最佳组织奖
院级“十九大与两会”知识竞赛二等奖

座右铭：支撑我们前行的不是眼前若隐若现的梦想微光，而是身后步步紧逼的万丈深渊。

（二）下班党员写给学生的“情书”

时间飞短情谊流长　昨日已逝未来可期

——写给轨道1401班的一封信

刘湘联

亲爱的学弟学妹们：

好久不见，你们都还好吗？

时间一晃而过，转眼间，你们也已经走出校园，步入社会，或是将要踏进另一个校园，开启研究生生涯的崭新篇章。昨日翻看朋友圈，偶然看见邵老师的推送里写道：昨晚有事打电话给几个班长，轨道1401班的胡宏耀说：“总觉毕业是很遥远的事，转眼间已经走过头，我翻看以前的微信、照片，把自己关在屋里哭了一个晚上……”

是啊，6月的夏，心情是潮湿的，毕业季，看起来美好却又是感伤的词。毕业，就像一个大大的惊叹号，从此我们告别了一段纯真的青春，一段年少轻狂的岁月，一个充满幻想的时代；毕业，也像是一个不小的问号，出师在即，何去何从，几多愁绪。

两年前你们一个个用满脸的笑容和鼓励的眼神，祝福我和图图学长毕业的情景，仿佛就在昨日。犹记得当时你们送的情谊满满的31封“情书”纪念册，让我整晚感动兴奋得睡不着觉，找到当时写下的心情：“我只想说有缘相识已属难得，能够在你们大一大二时候装装小大人，更是我的幸运，将心比心，换得真情，愿你我的这段纯真回忆，愈久弥香。这是我收到的最感动的毕业礼物，谢谢轨道1401班的小伙伴们，谢谢你们的用心和美好祝福！再次祝愿你们能在大学提升自己，塑造一个更好的自己，每一天都过得充实快乐，不畏远方，只为心之所向！带着这样一份沉甸甸的力量上路……加油！”

而如今，被祝福的主人公换成了你们，相信你们也是感慨万千吧。在这个毕业的季节里，我们经历着离别，被爱和不舍所感动，四年的同窗之情犹如凤凰花开般，在友谊之树的枝头一片火红，云塘、金村的大门迎来送往，一季一季的轮回，花开花落，其色不褪，真挚的友谊面对分离，叫人怜爱，使人着迷。相信你们也与自己的室友，或者志趣相投之人立下约定了吧，一定也互相劝勉着彼此面对未来，要勇敢去闯，待到归来相聚时，个个仍是翩翩少年。

大学时光，就像来往于车站和校门口的公交车，坐上车去了又回，那是开始了一个新学期；坐上车去了不回，就毕业了。毕业之际最容易让人怀念往日的美好时光，宿舍的生活，4 个人用同一样式的钥匙打开同一扇门，晚上的卧谈会，下雨时有人把衣服一起收进来，偶尔逃课时会有人代答到，篮球赛场“轨卓必胜!”的啦啦队呐喊助威声，军训那时候中国好声音的余热未散，教官特意营造的“为爱转身”歌唱表演，刘超和马云飞惊艳的嗓音……一幕幕的场景，就像一张张绚烂的剪贴画，串联成一部精彩的电影，你们在这部名为“青春”的电影里看到彼此的身影一定比我更多吧，这里面播放着我们的快乐和忧伤，记录着过往和梦想，也见证着我们的情感和成长。

和你们离别的两年时光，我也在社会这个最大的课堂里继续学习。在你们的 QQ 班群里，在你们各自的朋友圈和动态里，清晰地看见了两年前那个对未来充满了激情和渴望的自己。

如果可以，真的希望自己闭上眼睛再睁开的时候，突然就回到了那个夏夜，我可以熬夜熬到很晚，不用担心第二天上班打不起精神。我可以放心地睡到下午，然后外出玩到晚上，再坐末班车回学校。我可以与我周围同学及老师一起，对我们的专业充满希望，而不是听着工作中偶尔遇到的“老油条”，以一个过来人的身份劝诫公司新来的实习生趁年轻赶快改行。当然，你们熟知的联哥肯定是按时上班，工作时精神状态饱满，面对老员工略微消极的建议肯定是左耳朵进右耳朵出啦。

社会可以教我们很多学校课堂上学不到的知识，这里面有很多是充满正能量的，也有很多不良风气很可能腐蚀你的灵魂。在这个略显浮夸的时代，要沉下心来，不好高骛远，辨明是非曲直，取其精华，去其糟粕，同时也要相信这个世界好人永远比坏人多。我们从学校出来就像是给社会注入了健康的新鲜血液，我们不是仅仅来适应社会，生存下去，而是要为这个社会做些什么的。

咱们班的专业是轨道交通与信号控制，主要的就业方向是地铁、轻轨和城际轨道交通部门(公司)，从事轨道交通通信及信号设备的运行管理、安装调试及管理，轨道交通控制设备及车站机电设备的检测维护、技术管理等工作。专业市场需求不断扩展，未来前景一片光明。

算上大四实习的时间，我在上海正泰电气这家输配电设备制造企业已经待了3年了，毕业后参加工作的第一年，我一直在公司熟悉各种产品性能，这段时间虽然工资低，但是让我有足够的时间把学校学到的专业理论知识结合实际生产和设计，在生产环节中加以不断重复的实践练习(这段时间显得枯燥乏味，几乎每天重复同样的事情，然而却是一个理论知识体系应用于实践的量变到质变的过程)。于是第二年前半段时间派外出差项目现场服务时，现场可能发生的状况在第一年的公司内部学习中几乎都已遇见过，便底气十足，可以自信地解决现场的各种问题。由于公司技术部门人员岗位变动，结合我的个人职业发展规划，我在第二年下半段时间至今便又转岗成为一名研发人员。这是我参加工作以来的技术路线，也许会与你们的职业发展轨迹稍有不同，但是无论你们往哪个方向发展，我想第一阶段稍显乏味的打基础过程是必不可免的，正如销售人员必须非常熟悉自家产品的性能才能更好地向客户推销。建议你们入职的前两年，也要静下心来去沉淀、去学习、去适应，为今后的厚积薄发积蓄力量。

如果说，大学是一次旅途，那么就让我们把在这次旅途中唱过的歌，念过的诗，流过的泪，统统化为下一次旅途中勇敢面对未知挑战的力量吧。愿我们都能够装着对于生活本身，以及对这个世界的热情，义无反顾地踏上一次又一次旅途，那么我们便可以在无数个归途里，无憾地过好精彩而饱满的一生。

愿大家一切顺利！

刘湘联

2018年7月4日

作者简介

姓名：刘湘联

性别：男

现工作单位及岗位：上海正泰自动化软件系统有限公司软件工程师

现属支部：中共正泰电气股份有限公司委员会元件党支部

原属支部、班级：电气专业四支部、电气12级卓越班

获奖情况：校级优秀共产党员、校、级优秀毕业论文(题为《基于FTU的高压跌落式熔断器远方通讯及监控的设计》)、校级暑期“三下乡”社会实践活动先进个人、校级“感恩母校，相约长理”回访母校社会实践活动三等奖

任职情况：

2012年9月—2013年9月，学院学风督导查课组大一组组长；党员发展转正工作小组组员

2013 年 9 月—2014 年 9 月，电气十一支部宣传委员；电气 2 级卓越班、轨道 1301 班下班党员；学院学生党员理论学习小组组员

2014 年 9 月—2015 年 9 月，电气专业四支部副书记；轨道 1301 班、轨道 1401 班下班党员；学院学生党员理论学习小组副组长

2015 年 9 月—2016 年 3 月，学校招生就业处助理

座右铭：我要争做一名优秀的共产党员。

强大于外表　柔情于内心

——给电气1405班小伙伴们的一封信

朱诗云

亲爱的电气1405班的小伙伴们：

作为四年兄弟班级的同学，能够在2017年9月成为你们的下班党员是我的荣幸也是我的挑战。在这一年的时间里，我单独和你们相处的时间比起大一到大三的所有都要多上太多，如今我们到了分别之际，这些时间对我来说弥足珍贵。我有许多话想和你们分享，以后的相见不知会在哪一天，那就趁现在这个机会，通过这封信讲讲你们带给我的温暖和感动。

毕业了，你们的帮助我仍铭记在心

记得大三的专业课程比较多并且难度较大的时候，我还只是一个普通隔壁班级的同学，当我向李雪芹、赵茜等班上同学请教问题时，你们的知无不言让我真的感受到了温暖和感动，正是这份感动让我有勇气也很愿意成为你们的下班党员，和你们再多上一些有我在的回忆。

在成为下班党员之后，和团支书张乐蒲的来往比较密切，给各位积极分子开会、收各个积极分子的思想汇报都是你们一直帮助着我一起完成所有的工作，从不懈怠，从不埋怨。平时生活中的你们也无私地帮助身边有需要的同学。罗国香给我的印象最为深刻，在我看来你就是全天打鸡血型，不仅我能看得出来，班上同学也从来不吝啬对你的赞美。我记得一次支部大会上，李雪芹对你的评价就是：遇到任何事只要找国香就不再是事儿了！在学院老师的眼里你也是最得力的助手之一，在临近毕业典礼的最后几天，你在学工办工作的身影真的超级帅气。最近这段时间李宏宇也被我和班上同学约出来拍摄毕业晚会所需要的视频，你的一句话：时间地点你们定，我随时有空！让我把所有的担心都抛在脑后了。

虽然成为你们的下班党员只有一年的时间，但是你们给我的帮助真的可以够我怀念一生的。你们让我看到了“全国活力团支部”的灵魂与魅力所在！

毕业了，你们的优秀我仍为你们欢喜

作为整个年级学习的榜样，你们的优秀是老师心中的骄傲，也是我们“嫉妒”的对象。在2017年咱们班获得了“全国活力团支部”的荣誉，是你们共同努力的结果，这是我们学院很久没有过的骄傲了。从收集材料到PPT的制作，从准备演讲稿到答辩结束，踏实团结一向都是你们的标签，在所有同学的努力和全院老师的帮助下，你们如愿以偿地拿到了这项带给班级带给学院的荣耀。

据我了解，光是用来演讲的视频就做了8个版本，事迹材料更是改了又改。为了拍班级合照，你们从图书馆跑到了田径场，摄像师段芳铮同学不辞辛劳地排练队形，即使下了雨全体同学也没有一个落下地完成了视频的拍摄，奔波于校园的各个角落。三年磨剑，一朝共舞，数个星期的忙碌，只为那夜的绽放，三十个人三十个日夜的劳累，终于得到了好的结果，三年的嬉笑怒骂，三年的同窗情谊被你们展现得淋漓尽致。

整个班级的优秀，是每个人努力的结果。班上有获得过特等奖学金的赵茜，有获得优秀学生干部的雪芹，有考上本校研究生的段芳铮，有签约广东电网的许铎、新疆电网的黄佳敏，有签约岳阳电厂的朱睿婷，还有签约常州博瑞的李宏宇……虽然我不知道你们所有人的去向，但我知道的是你们无论身在何处，都会闪闪发光，因为你们有一个优秀而又响亮的名字：电气1405班！

毕业了，你们的不舍我仍念念不忘

即将毕业的你们，微信公众号的文章也变得有些许伤感，罗国香的一篇“我希望你是我的独家记忆，留在心里不管我身处何地！”记录了你们的点滴，从2014年的9月1日开学典礼，2018年6月28日毕业典礼，即使再不舍长理的四年大学生活，你们在将来的某个扬着静谧阳光的午后，翻看着独属于你们的钥匙扣等班级纪念品，怀念着那时候最美好的青春时光。

和你们在一起的毕业季是幸福的，和段芳铮一起完成了毕设，和潘轩、许铎一起成为正式党员，和国香、刘旭的最后一面我流下了眼泪……我不会忘记要离校的那天国香、刘旭见我眼泪汪汪的样子对我说的那句话：要走了？那多保重！我点了点头扭头离开但是再也不敢回头。

我曾经想过自己是多么幸运才能够和你们做同学，后来做了你们的下班党员，到现在和你们做了朋友。和你们一起上课下课问问你们中午吃了什么，给你们开会问问你们思想汇报都写完了没有，和你们一起走在路上谈了谈未来的梦想。人心都是肉长的，你们的温暖也都看在我们的眼里。

你们有共同的班级生日，有一起坚持的校园夜跑，有一起疯狂过的别墅之旅，有一起奋斗过的图书馆自习室，有一起坚持发表的微信公众号——长沙理工大学电气 1405 班，还有那一起拍摄过的毕业合照。即使你们在未来的路上扎根不同的省份甚至不同的国家，但是优秀是一种习惯，优秀的你们会影响身边一批又一批人，让他们也变得和你们一样优秀。

最后，因为和你们同级，如果说对你们有所叮嘱其实是有点做作的，但是祝福是一定少不了的。我想你们其中的一部分人一定和我一样记得这句话吧，那我就用我们共同的记忆为所有电气 1405 班的你们送上最真挚的祝福：祝愿你们内心强大，前程似锦！

作者简介

姓名：朱诗云

性别：女

班级：电气 1406 班

所属党支部：电气三支部

任职情况：曾任电气 1406 班文娱委员、学习委员，现任电气 1405 班下班党员

获奖情况：第十九届“外研社”全国大学生英语辩论赛优秀志愿者

长沙理工大学“创一流”暨办学 60 周年纪念活动优秀志愿者

2014 年军训先进个人

2014—2015 学年获校三等奖学金

2015—2016 学年获校三等奖学金

2016—2017 学年获校三等奖学金

2017—2018 上半学年获校二等奖学金

2014—2015 学年被评为长沙理工大学三好学生

2015—2016 学年被评为长沙理工大学三好学生

2016—2017 学年被评为长沙理工大学三好学生

2015—2016 学年被评为校优秀团员

2016—2017 学年被评为校优秀团员

最美的时光，做最华丽的蜕变

——给自动化1501班的一封情书

张琼花

亲爱的自动化1501班：

一年不见，你还好吗?

你的尤克里里学得怎么样了?

你上次咨询出国的事情，现在考虑好了吗?

你说要考研深造，每天坚持去图书馆了吗?

你说你还是很迷茫，现在找到前进的方向了吗?

时间总在不经意间溜走，仿佛昨天你还在问图书馆的路怎么走，今天你就要为考研、就业或出国做准备了。前些天你发了条朋友圈，对比大一的自己和现在的自己，感叹大学是一所整容院，其实我知道，你大学改变的不只是容颜，还有人生阅历，增强了你发自内心的自信，这将会是你走入社会后一笔重要的财富。作为下班党员，我最幸运的事，是在你大学求知旅途中成为你的摆渡人，也能有幸见证你褪去稚嫩、迎接成长的蜕变。

嫩芽初生，你用触角摸索陌生的世界。记得在接到担任你的下班党员的通知后，我准备好了所有我能解答的问题的答案，甚至为你规划好了大学四年如何度过，在我的认知里新生应该是无知懵懂的。果然，刚进校门的你像个好奇宝宝，一堆问句甩过来，我无力招架，只能调动后方力量——我的学长学姐来给你解答。但，你又不像我想的那样单纯和幼稚。新老生交流会上，你抱着吉他陶醉在它的旋律里，你行云流水般书写王羲之的《兰亭集序》，笔酣墨饱、苍劲有力，你默默地、细心地做着后勤工作，我知道，你是一个有着诗和远方的少年。入党谈话间，你说你争取入党是要更好地为班级服务，我知道，你可能暂时不清楚自己为什么想入党，但你有一颗甘于奉献的心。班委竞选时，你说你会带领班级变得更好，我知道，虽然不知道以后会怎样，但你的眼神里透着坚定。后来，你加入了读者协会，你加入了羽毛球协会，你加入了学院学生会勤工助学部，你说你校学生会面试没过，我知道，不管是成功还是失败，你都在用你的触角小心的触摸这个世界，去寻找最适合自己的位置。

跌撞成长，你在阳光下施展拳脚。你从对微信公众号一窍不通，到让班级公众号得到认可；你从内向不自信，到大小党建活动都活跃着你的身影；你从买到人生第一把尤克里里，到流畅地弹奏改编版《对面的花姐看过来》送我毕业；你从跆拳道社团新人，到登上舞台表演俘获一众女生的芳心；你从全心全意为同学服务，到真正被发展成为党员；你从成为学霸，到成为与同学分享自己总结的知识的学霸；你从不服管教，到成为黑马、拿到高数全班第一名；当然，你也有调皮的时候，比如在给一年后的自己的一封信里，偷偷存上一百块钱，为未来投资。你在一步步成长中，变得更加自信和强大，在大学这个舞台上，慢慢走到了聚光灯下。

蓄力飞翔，你需要更加自信和勇敢。你问我，大三才开始认真学习算不算晚，学习，在任何时候都不算晚。大四，是最关键的时刻，成绩和经历都已成定局，但未来还未成定局。准备考研的你，不要担心学科成绩不好而考不上，尽自己最大的努力，才不至于留下遗憾。准备投简历的你，不要担心自己不够优秀而发挥不好，自信和敢于表达的人，往往更能脱颖而出。

党员是一面旗帜，既要迎风飘扬，又要指引方向。我自知很多方面不如其他诸多党员，但我尽最大可能把我的闪光点呈现在你面前，用正能量去引导你，成为你的良师益友。大学四年只剩下四分之一，未来希望你积蓄力量，展翅飞翔，飞向更广袤的天空，在最美的时光，完成最华丽的蜕变。

一年未见，甚是想念。想念你——自动化 1501 班所有弟弟妹妹们。

你的花花姐

写于 2018 年 7 月 4 日

作者简介

姓名：张琼花

性别：女

班级：自动化 1301 班

所属党支部：自动化轨道党支部

担任职务：曾任电气与信息工程学院学生党建党校部部长，自动化轨道党支部副书记，自动化 1301 班学习委员，自动化 1501 班下班党员。

获奖情况：

[个人] 校单项、三等奖学金
青春光明行优秀志愿者、心星志愿者协会优秀教员、院优秀党员干部、校三好学生、校优秀学生干部、校优秀大学生党员

[团队] 第十届物电杯电子设计创新大赛企业组优胜奖
校“七一”表彰先进党支部

座右铭：严于律己，宽以待人。

回首以往，翘首前行

——给电气1508班小伙伴的情书

欧阳希

亲爱的电气1508班小伙伴：

与你们分离已经有一年多了，不知道大家的近况如何。时常想回母校看看大家，和大家唠唠嗑，分享彼此间的酸甜苦辣。只恨身边琐事缠身，未能抽出时间来看看大家。

回首与大家相处的两年里，有些点滴之事仍然在我脑海里徘徊着。第一次在行健轩的党员迎新岗上相见，看着一张张陌生却又亲切的面孔，内心顿时波浪起伏，想与你们相熟、相守；第一次和你们漂亮的丽莎学姐下寝，看着一张张青涩的脸上都挂满了好奇，问题如潮水般扑面迎来，似乎想立马吃定大学、步入丰富的大学生活；第一次给你们开班会，你我之间慢慢熟识，相互间也开起了玩笑，当发现你们已经步上大学轨道后，我告知你们："大学就是独立，追求思维、行动上个性化的发展"；第一次给你们开入党积极分子评选会、第一次陪你们过元旦、第一次给你们培训专业课、第一次看你们的篮球赛……多个第一次间，你我之间变得熟悉，越发觉得你们成为我生活的一部分。

丢掉了对大学生活的陌生感，脸上的青涩也慢慢褪去，取而代之的是充实的课程学习、丰富的文体生活和绚丽的爱情故事。有些小伙伴在这个蜕变过程中成长，也有一些小伙伴变得有些迷茫。为了不让迷茫深渊吞噬你们的火一般的青春热情，我开始更深入地了解你们。大多数的通病是方向不确定性与目的不强性，外部显现出来的就是随波逐流。于是，我便不断给你们讲一些优秀者的故事，为你们树立一个正确的发展方向，同时向你们分享我个人的成长经验。当听见你们有人计划出国、考研深造与求职时，我确切发现你们有了自己的想法，也明白了自己的方向。漫漫人生路，未知还等待着你我的探索，幸福还等待着你我追求，请保持一个好奇心、向上之心。丢掉那一些思想结绊，你们的能力让我充满信心，你们比那时的我更为出色，请大家翘首向前，做自己认为是对的并值得付出的事，你们将成就不可能，实现人生命运的向前递进。

作为你们的下班党员，我自认为自己做得不是很好。在你们正式进入到大三沉重的专业课学习时，未能在你们身边助你们一臂之力；在你们进入大学的抉择期，未能在你们身边分享我的所见所闻，这些或许能减少你们对未来的徘徊与些许迷茫，我只能在手机的另一端用只言片语回答了几位同学的问题。每次看见几位小伙伴发过来的问题，自己有一些欣喜但同时有一些失落，欣喜是因为被你们信任与承认让我明白了自己的价值与责任；失落是因为有些问题似乎有些千篇一律，正是这个阶段的通病，而我却未能站在你们的身边，为你们所有人指出方向、划出重点。作为一个比你们大不了两岁的人，我未能有万贯缠身的钱财赠送于你们，我未能有翻云覆雨的权力助于你们，我拥有的只是这一步步走过来的所见所闻所想。这并不能让你们一蹴而就，但是这些前车之鉴更助你们稳步笃行，少犯对自己有害之错，多做对自己有益之事。未来的路上，我觉得你们需要做到三件事：1. 秉承一颗赤子之心，对生活、未来充满热情；2. 选定一个正确并适合自己的人生方向，笃定前行；3. 保持学习的态度，所学的知识和技能在未来的某一天将会转化为你的人生财富。

漫长的人生道路上，你我之间不仅仅局限于担任你们下班党员的那两年，你我亦可谓朋友。未来的日子里，如每次开班会我向你们许诺的那样，你们所求必定有我所应，你们给予信任，我必回以真心。“革命”还未胜利，同志们得继续前行。

你们的老下班党员：欧阳希
于重庆大学 2018 年 7 月 5 日书

作者简介

姓名：欧阳希

性别：男

班级：电卓1301班

所属党支部：电气四支部

任职情况：曾任电气1508班下班党员、电卓1301班学习委员

获奖情况：全国数学竞赛二等奖、湖南省数学竞赛一等奖、湖南省物理竞赛三等奖、电工杯全国数学建模比赛三等奖、校优秀毕业生、校优秀学生干部、校特等奖学金。

座右铭：饥以求知，痴而求真。

越过山丘，有人等候

——写给电卓1601班、电气1610班

曾中泰

时间就像长沙6月的大雨，一瞬间淋湿了四个四季，仿佛一切都还在原地，谈笑间却多了分离。

两年前的这个时候，我满怀欣喜与激动成为一名下班党员，整整一个暑假，我都在思考，我该做什么，我该如何做。我细细回忆我大一大二的生活与学习，我想把我那时渴望得到的，后来我自己摸索出来的经验和方法全都告诉你们。我希望陪伴着你们的两年，是灿烂的，是温暖的。

相遇总是美好，我大三你大一，两颗赤诚之心，你怀揣着对大学生活的向往，我怀揣着对你们成长的期待，校门口迎新，第一次见面会，第一次班级活动……我们都共同经历，共同体验。我大学过半，多了份成熟与稳重，但和你们在一起，我就像回到了大学伊始，一切都是新鲜的样子，一切都是充满活力的样子。

收集照片时我特意多收了一张，把你们的照片认真地贴在本子上，下面写上你们的姓名，来自哪里，联系方式，特别有仪式感与成就感，临睡前都会翻几遍，这样就能快速和你们相识，常常感叹，怎么就这么巧，怎么就这么好。

那时的你们，总有无穷无尽的问题："学长，快递在哪里拿?""学长，哪个食堂好吃?""学长，大学也不是我想象的那么美好，有点失落。""学长，我不适应南方的天气和饮食。"……大三是大学最忙的时候，可面对你们各种现在看起来十分可爱的提问，我总是能抛开其他的情绪，耐心地和你们解释和说明，不带私心，不带杂念，只希望你们能在长理快乐生活，快乐学习。

在大四的时候，我接到了老师的电话，"有一个转专业班级，需要一名下班党员，你是否方便来担任一下?"我犹豫了，转专业的每一位，都是各个专业的佼佼者。一番思想斗争后，我决定接受这份使命，我坚信事在人为，所有的经历都是成长，我便成为两个班的下班党员。

在和转专业班级的见面会上，我鼓足勇气在会上讲了我大学三年的经历，历经失败与迷茫，感情的挫折，但最终通过自己的努力，回到了正途并实现了各种目标，这样讲述自己的故事是需要很大的勇气的，但我毫无保留地将这些讲述，仅仅是希望我们可以坦诚相待，下班党员并不是高高在上，并不是十全十美，我有我的落魄和辉煌，和你们都一样。但是我们都可以学会规划，勇于突破，持之以恒，最终实现自己的梦想。

我们都知道，大学是一个万花筒，每一个人都能活出自己的特色，活出自己的精彩。渐渐的，我发现我和你们有“隔阂”了，你们渐渐成长，有了自己的想法和规划。我深知我的大学轨迹只是很多选择当中的一种，深知自己的发展不适合每一个你们，也深知你们需要的是更广阔的舞台。慢慢地，你们的提问变得越来越深入，但也变得越来越少。

我经常问自己，是不是自己做得不够好，是不是自己不够关注你们，也曾苦恼于我们之间关系的变化。后来我想清楚了，成长就是伴随着远行，就像我们离开父母来长理求学，将来会去更远的地方工作。相比苦恼，我更欣喜于你们的成长，欣喜于你们能明确自己想要的是什么，并在为之不断努力。

当我看到你们之中，有的人静心学习拿到了国奖，有的人登上了最绚丽的舞台纵情歌舞，有的人沉浸在实验室完成了一个又一个有深度的作品，有的人在学生干部各个岗位上发光发热……每一个你都如此优秀，我愿意站在你们的背后，为你们鼓掌欢呼。

如果你问我，是不是留有遗憾？回答是肯定的，我的遗憾在于，不能完整地陪伴你们的大学时光，我的遗憾在于自己不够强大不能给每一个你们更加专业的指导，我的遗憾在于还有一些同学都没有坐在一起好好聊聊……

最后一次班会，我站在台上，你们给我送来了礼物，往事如电影在我脑海一幕幕快速闪过，眼角泛起泪花，我推心置腹地和你们讲了很久很久，生怕遗漏了某一个细节。你们终会迎来新的下班党员，但在我心里，依然是你们的下班党员，依然期待你们来与我诉说欢乐与忧愁。

在前行的道路上，愿你我不忘求学初心，始终怀揣着一颗感恩之心，做一名全面发展有所作为的当代青年！

谨以此文献给与电卓 1601 班、电气 1610 班共同奋斗的岁月。

曾中泰

2018 年 7 月 4 日

作者简介

电气卓越1401班曾中泰

任职经历：电气卓越1401班班长
电气学院党建理论组成员
电气卓越1601班下班党员
电气1610班下班党员
电气学院学生会年级分会主席
校团委青年志愿者联盟主席
电气学院2018届校友理事会会长

获奖情况：2017年湖南省“最美志愿者”
2018年湖南省优秀毕业生
第十二届“挑战杯”省级优秀志愿者
中国扶贫基金会善行一百一星级志愿者
校级优秀党员
校级优秀学生干部
校级优秀团干
校级优秀团员
校级暑期“三下乡”社会实践先进个人
校级社会实践先进个人
校级社团活动先进个人
校级一等奖学金
管理人才单项奖学金

座右铭：未雨绸缪，敢于突破，贵在坚持。

愿与你们友谊长存

——给电气 1604 班亲们的一封信

付金泽

亲爱的电气 1604 班的学弟学妹们：

做你们的下班党员已有两年时间，我见证了你们从迷茫困惑的大一新生转变为能够独当一面的社团大佬、学生干部、学习中的佼佼者，你们也见证了我从一名预备党员转为正式党员，从一名大二的电气学子转变为如今的长理校友。我们一起经历了很多很多，两年时间也结下了深厚的友谊。和你们相处，我想你们也知道学长不是一个善于表达感情的人，但在离校这一刻，我还是有很多话想要对你们说的。

还记得自己刚刚入党不久就做了你们的下班党员，也就是在那时遇到了 40 个可爱的你们。我们第一次见面是在第一次班会上，当时我没什么经验，开会完全按照流程来，唯有笑容可以作为暖场的工具。会后你们还留言跟我说学长看起来有点呆，但是很温柔可爱。第一次见面就被你们夸，心里暖暖的。从那之后我动力十足，经常从云塘跑到金村来看你们，陪你们过节，给你们送水果，陪你们军训，跟你们交流，为你们排忧解难，时间久了更加了解你们，你们也愿意把心里的想法跟我交流。记得你们有问过学长会不会玩游戏，学长大学谈恋爱管得严不严，大学晚上几点关门等之类调皮的问题，也会问学长考研一般什么时候开始准备，学长我们的专业难不难学，学长怎么入党等上进的问题。不管什么样的问题，我都把自己的建议和想法告诉了你们。慢慢地我们感情越来越好，友谊也越来越深。我们一起相处的两年，可爱的你们用心准备视频，在纸条上写祝福语送给我，请我吃饭，在班级微推中写信给我，在我即将毕业之际，特别组织班级聚会送我，这些我都一一记在心里，我真的特别感动，也特别感谢你们。相处久了，你们的可爱，你们超前的意识和上进心让我感到非常的欣慰和佩服，一切一切让我觉得能作为你们的下班党员是多么幸福的事！我会记住与你们的难忘经历，愿我们的友谊地久天长！

作为你们的学长，作为你们的下班党员，更作为你们的朋友，有一些建议还是要送给你们。这些你们可能不是第一次听了，但我希望你们能再看一遍。

首先要重视接下来的专业学习。你们即将步入大三学年，也是大学最为关键的一年。这一年你们将学习我们专业最为重要的几门专业课，就像最后一次一起吃饭时我说过的，不管你是准备考研还是找工作，这些专业课对于你们都是至关重要的。所以一定要好好学，不要只求能过，要追求能学懂，这样你后面复习起来才会容易轻松一些。

其次要合理地利用课余时间。此时的你们该考虑减少花费在游戏和其他娱乐方式上的时间，娱乐活动可以作为调节生活节奏用，但在这关键的一年，它应该更多地给重要的事情让步。这一年你的课余时间应该用来增长技能和经历，如果四六级和计算机还有没过的，这一学年是最后的机会。另外如果你想找工作，这学年是你增加社会实践经历的关键时期。可以担任一些学校学院班级职务，可以利用假期时间到公司参加实习和实践，还可以着重加强自己的一项特长，这些都可以作为你应聘单位的加分项。

最后我希望你们都能保持乐观积极向上的心态。心态对于我们做事的效率和成功率非常的重要。在生活中可能处处都存着这抱怨、失落的声音。我希望你们能够主动远离这些声音，心中充满正能量，永远保持乐观积极向上的心态。遇事不急，从容应对，做一个开心的人！

转眼间，我已是一名长理校友，但与你们的感情、与你们的友谊永远不会改变。亲爱的1604班的学弟学妹们，愿你们剩下的两年多大学生活能够充实开心快乐，希望你们两年后都能去到自己满意的归宿，祝愿你们内心强大，前程似锦！

电气二支部付金泽
2018年7月4日

作者简介

姓名：付金泽

性别：男

班级：电气 1404 班

所属支部：电气二支部

任职情况：曾任电气 1404 班班长、电气二支部副书记、电气二支部纪检委员、电气 1604 班下班党员、党建理论活动部成员、学工办助理。

获奖情况：国家励志奖学金 3 次，校一等奖学金 4 次，优秀新生奖学金，湖南省物理竞赛三等奖，校物理竞赛三等奖，校数学竞赛三等奖，校优秀团员，校三好学生，社会实践先进个人，院优秀共产党员。

座右铭：机会都是留给有准备的人。

趁年轻，去做有意义的事

——写给轨道1601孩子们的一封情书

王佩锟

孩子们，展信安！

来图书馆又带了手机，今晚上看样子书是看不了多少了，本来这封信应该是上周的周末就该写好的，拖延症犯了就一拖再拖直到今天，难得静下心来，好好跟你们说说话。

我记得在我上小学的时候，路过学校门口那个幼儿园，总会羡慕里面的小朋友，不到十岁的小孩儿就知道叹息年轻真好，不用做什么一个笼子一只鸡一百只兔子，每天过得无忧无虑。

我看现在的你们，就像小学的我羡慕幼儿园的孩子。如果可以，我真的还想再重新来过，因为，这一路上有太多的遗憾，可我又不是峡谷里时光老头，所以在我成为轨道1601的下班党员的那一刻，我就下决心，一定一定不让你们再走我走过的弯路。

虽然我不相信什么人有来世，但我相信，我们的一生该走什么样的路，该经历什么事情，该认识什么样的人，冥冥中自有安排。我们都在自己的人生道路上走啊走，终于在2016年的夏天我们的人生有了交集。我们应该庆幸，因为，你没丢，我也没丢，差一点我就遇不见你。

还记得第一次班会么，我跟你们讲，西苑啊，在长沙保卫战的时候，是个万人坑，要身有正气方得平安、好好学习才能进步。还给你们讲狼来了，不好好学习的孩子会被吃掉的故事。好吧我承认，是有点骗小孩的感觉，但我是真的希望你们可以从大一开始，好好听课，好好学习，养成一个好习惯。很显然，你们好像不太害怕什么万人坑，然后期末考试，很多同学就挂了科。我还是那句话，对于挂科的同学请记住，没有挂科的大学不是完整的大学，体验过一次就可以了。对于那些没挂科的同学请记住，好好学习，千万别挂科。不管怎样我依然相信，触底反弹，知耻而后勇，下个学期的你们一定会有所进步，请喝下我这口“鸡汤”。

我还记得2016年的毕业季，我们送别我们轨道1401班的下班党员刘湘联。学长那天喝了很多酒，说了什么生死离别海誓山盟的话已经记不得了，尤记得跟联哥最后分别时，我说，这一别不知道啥时候能再见，联哥说，没事，有时间来上海找我玩啊。是啊，有时间，那有时间的又是何时，这一辈子又会有几次有时间。龙应台在目送中说：“我慢慢地、慢慢地了解到，所谓父女母子一场，只不过意味着，你和他的缘分就是今生今世不断地在目送他的背影渐行渐远。”我们这一生总是不停地在跟我们爱的和爱我们的人渐行渐远。我知道，对于已经大三的我来说，陪伴你们的可能也只有这一年了，后面你们又会有更优秀的下班党员来指导你们。所以对于你们的每一次活动，每一次班会，只要天不塌，我都陪你们一起度过，你们只管请，不来算我输。我最高兴的，就是你们见面热情地喊我一声“锟哥”，我最希望的，就是等你们带学弟学妹的时候，还能吹一波你们的锟哥。

我多么希望，年轻的你们可以少玩点阴阳师少看点《三生三世》，多去看看书；我多么希望，年轻的你们可以早睡早起按时吃早饭，凌晨玩手机第二天真的很难受；我多么希望，年轻的你们，可以多去实验室看看，在你们大三的时候可以多拿几个奖；我多么希望，年轻的你们不要整天在峡谷里打打杀杀，多出去看看祖国的大好河山；我多么希望，年轻的你们可以少听点马老师的课，好好听听高数老师的微积分……真正做点有意义的事情吧！

就写到这吧，可能是我上大学以来码字码得最多的一次了，也感谢“党员E家”给我这个平台，让我在收到你们的信的时候也可以回一封信给你们，礼尚往来，希望你们会有更精彩的四年。

祝

安好！

下班党员：王佩锟

2017年3月12日

“初次见你，一见钟情”

——给轨道1702的一份情书

张开来

如天赠大礼，又如天降大任，使我结缘于轨道1702，与其说是幸运，倒不如说是荣幸。有幸结识，有幸同行，有幸一起欢歌笑语，有幸分享生活点滴。

初识：初识只知花名册上个个都是天使，略带些许忐忑，略带些许谨慎，略带些许好奇，我一遍又一遍地浏览信息，为在见你们之前多记住几个名字。当真正一张写满好奇的脸孔在我眼前出现之时，一瞬间所有的忐忑与不安消散，和你们开第一次班会之时，便几乎记住了你们中的每一位。对我而言，你们都是我的弟弟妹妹，我要做的是尽快让你们了解大学，让你们在大学生活中绽放光芒，而不是虚度四年光阴。“初次见你，一见钟情”，坚定了我要对你们负责到底的决心。

经历：还记得吗？在新老生交流会上，我嘱咐你们的点点滴滴：在大学学会做人、学会交友，在大学注意休息、关注健康，不让千里之外的家人操心，在大学努力学习专业知识，全方面发展自我……还记得吗？军训晚会上我们彼此分享同一个夜晚、同一块蛋糕，我想我会永远记住蛋糕上同你们一同吹灭的烛火，我想我会不经意间哼起同你们唱过的同一支歌，我想我会怀念我们一同嵌入相框乐不可言的那一刻。还记得吗？军训时你们挥洒汗水，每到晚上我会来看望你们，听你们讲军训时的趣事。还记得吗？你们英语四级模考老是考不过轨道一班，而我经常来抓你们背作文，做阅读。我们的努力是有成效的，模考成绩不好的最后四级都过了。还记得吗？经常我会登录王者荣耀看看你们谁一直在打游戏……经历真的太多太多，我感恩你们带给我的经历，也钦佩你们活出了我羡慕的精彩。静若处子，我欣慰于你们追求完美一丝不苟时认真的模样，动如脱兔，我欢喜于你们率真开朗生龙活虎如兄弟姊妹般的嬉戏打闹。偶尔也会看到你们一时愁眉不展一时思绪无解，这是我也曾经环绕心头也有过的不知所措和迷茫，而你们企盼于我的聆听，我欣喜于你们赠予我的信任，于我而言，这，不仅仅是荣幸，更是自豪。

鞭策：记忆深刻的是我凭着年长你们两年的资历对你们偶尔严厉且要求甚高的模样，无论是四六级的亲身在侧督促，还是对你们偶尔执迷于玩乐的疾言厉色，这背后都饱含了我对你们的满心期盼。作为你们的哥哥，当看到你们大一第一学期挂科率在百分之五十的时候，我是真的真的气愤呀！我会想是否是我管得太多，而取得效果相反呢？总而言之，弹指一挥间，一瞬就四年，是鲲鹏，就应该展鹏程万里之才，是骏马，就应该发驰骋万里之力。新的一年新的展望，我相信你们都是厚积薄发的轨二人，未来的日子里，我会继续扬鞭，让你们奔跑。

期盼：都说每位党员都是一面旗帜，旗帜不敢当，表率不敢当，模范不敢当，但我深知，优秀如你们，积极如你们，勤勉如你们，定当会是下一届乃至下下届的旗帜、表率和模范。在我所亲身经历中，经验也好，教训也好，我都愿意倾囊相诉，知无不言。积极向党组织靠拢吧！我们都知道，是党组织让我们相遇相知，携手同行，我相信，你们都会是未来最鲜艳的旗帜，迎风飞扬而英姿飒爽。加油吧！

感谢：言谢则俗，与其说是感谢，倒不如说我当感恩。感恩这场青涩的遇见，感恩一路同行的机缘，感恩你们寄予我的信赖，感恩我们一同遇见了更好的自己。若非你们，我不会知我也会有循循善诱事事躬亲的耐心；若非你们，我又怎会在原本稳重不足浮躁有余的性格中多添一丝沉着；若非你们，我可能也不会重拾那份本已在平淡中被磨灭的释放自我的真性情。原来进步，也是你们赠予我的礼物。

感想：同力协契，精诚团结，你们让我看到了轨道精神更紧致地传承，无论以后身处何方，在何岗位，我都与你们一样，不忘集体，不忘轨道精神之发扬，也望你们将这份优秀与自豪带至今后所到之处，所任之职岗。大学本身就是美好时光的代名词，而与你们的相遇让这美好的代名词添加了浓墨重彩的一笔，我坚信这充满故事的四年，一定会将你们锤炼成一匹匹风驰电掣日行千里的骏马。

若干年后，你们成为各行各业的精英，你们也会记得刚进大学有个学长曾给予你们支持，我也会记得，记忆深处有轨道 1702，永不可磨灭。

作者简介

姓名：张开来

性别：男

班级：轨道 1502 班

2017 年 6 月 14 日成为预备党员，2018 年 6 月 15 日成为正式党员。

所属党支部：自动化轨道党支部

任职情况：现任党建宣传部部长，轨道 1702 班下班党员，曾任轨道 1502 班班长、电气与信息工程学院分团委科技部副部长等

获奖情况：全国“两学一做”支部风采优秀案例奖　成员
省级“创青春”优秀志愿者、
湘能楚天电力专项奖学金优秀微信团队、
校级三等奖学金、
校级社会实践优秀个人、院级、校级“三下乡”先进个人等。

座右铭：Dare to be the first and pursuit excellence.

奋斗的青春最美丽

——给电气1705班亲们的一封信

罗国香

亲爱的电气1705班学弟学妹们：

从2017年8月成为你们下班党员到2018年7月，还未满一年时间，还没有好好和你们道别，转眼间我就毕业离开了长理。离开长沙理工的那天，我拖着行李站在校门口，驻足回头看校园的那一刻，我问我自己："在长理的大学四年，你有没有留下遗憾?" 心里给我的答案很多，其一就是作为你们的下班党员，我没有尽我全力去照顾好你们、履行好自己的职责，这点我深表歉意。也许以后我也再无机会给你们开班会，就想通过这封信，把我大学的一些经验和教训告诉你们，希望你们能够耐着性子看下去。

珍惜大学的每一天，珍惜身边的每个人

这几天在家收拾行李的时候，看到最初给你们第一次开班会打印的电气1705班花名册，仔细再看了一遍你们每个人的名字和信息，看着花名册上给你们记下的一个个便签，想起那时第一次见面，你们迷茫懵懂的眼神，心里倍感忏悔。十分抱歉，我这个不称职的下班党员，没有带给你们多少帮助和指导。

这些天，我一个人在家整理大学留下的东西，越折腾，想起的故事越多，越伤感，心里甚至冒出想把这些东西全部丢掉的想法，可我知道，就算丢掉了，心里面还是会不停地想起那群可爱的人，想起那些难忘的事情。毕业这事情，不到那个时候，你们永远体会不到那种感觉。那种没有归期的离别最是让人伤感。散伙饭喝醉了的人，在男寝号啕大哭。那些平常从来没有哭过的男生，到最后毕业离别时刻都忍不住流下了眼泪。相信你们到毕业季的时候，你们也会特别留念睡在上铺的兄弟，一起哭过闹过的闺蜜。所以趁现在还有时间，请好好珍惜你们剩下的三年大学时光，珍惜那些和你们在一个花名册上的同学，不

要留下遗憾。

如果你们大四时搬去金村，请不要选择在外租房子住。你一旦搬出去，在你选择了一个好的住宿环境的时候，你也放弃了和室友同学们相处的寝室生活，甚至说是脱离了整个班集体，最后留下的更多的是遗憾，毕竟这种寝室生活以后很少再有了。

你迟早有一天会知道学习很重要，在你知道前，努力学习，时间会给你回报

大学学习的重要性我不想多写什么，至少我们班上不少同学包括我本人到大四毕业时才后悔之前没有好好读书。考研复试前复习专业课步步维艰，后悔大三时没有好好学习，只在期末考试前花几天时间突击学习了一下。参加宣讲会投简历时因为绩点太低被刷时，后悔之前没有把学习当回事。因为少几分而错失优质生源资格……类似这样，后悔没有好好学习的故事我听了太多太多。可我身边也有这样的同学，她初入大学目标是出国留学，努力保证各科成绩均分在 85 以上，虽然最后她因故放弃出国，转而考 985 高校研究生失利，虽然她曾因错失就业好时机打定主意要“二战”，但凭借大学优异的成绩，她在毕业前最后一个月，抓住了一次偶然的机会，顺利签约南网广东佛山市供电局。

所有命运赠送的礼物，早已在暗中标好了价格。不要觉得自己可以轻易取得什么，不要觉得你的辛勤付出迟迟得不到收获，生活中的一切都是需要你付出努力和代价的，就算你能轻易获得生活中的馈赠，最终也要付出代价。不要等到毕业后再后悔没有好好学习。

学生工作本身就是一种锤炼，去积极应对吧

以积极的态度去对待手头的工作，想方设法努力去做好自己的工作，不要太过在意自己会从这次工作中收获多少东西，工作的过程其实就是一种锻炼一种成长。

真正等到毕业之后，去工作去读研的时候，很多时候我们都是在某一个领导手下工作或是在某一个导师手下做科研，如何在领导或导师面前脱颖而出而得到看重甚至是得到重用。这其实就和大学里面在某一个学生会部门工作或是在某个老师指导下工作相类似，有的人在大学时就开始利用各种机会锻炼自己，努力提升自己的能力。有的人玩了四年，等到真正工作的时候，再临阵擦枪。大学四年怕辛苦，等到毕业才后悔四年大学没有好好锻炼自己，后悔自己

能力不够。

关于工作，我想说的几点是，一是不要害怕别人的批评，批评你的人只是“不识趣”地想让你变得更好；二是善于总结，在总结中发现自己的问题并在下次工作时积极改善；三是不要抱怨部长总是给自己安排这么多工作，不要抱怨老师总是给自己安排事情。让你负责一件事情其实是一种对你的信任，也是给你的一种锻炼。

这个世界从来都不是公平的，你要坦然地接受它

有些人在学校靠着助学金过活，有些人 iPhone 手机换了一个又一个。有些人从没坐过飞机，有些人出行一直是飞机。有些人正想着暑假去哪儿打工挣学费，有些人暑假了想着去哪里旅游。你觉得这个世界不公平吗？为什么有些人轻而易举就获得你梦寐以求的东西？我想说，这个世界从来就是这样的，不管你乐不乐意，它都不会变。

不要去抱怨这个世界，等你毕业了，工作了，结婚了，你会发现人与人之间差异的存在再正常不过。抱怨不能改变什么，只会让你的生活变得更差。我们要做的就是努力让自己变得优秀，不要让自己曾经所经受的苦难浪费。

我很佩服我们班一个男生，四年大学，他工作学习兼职爱情四个方面互不耽误，工作上任学生分会主干，踏实肯干，认真负责。学习上成绩优异，校奖学金、励志奖学金拿到手软。兼职方面，他靠业余时间兼职赚钱，大学几乎没有花过家里的钱，自己还有多的钱换手机换电脑。爱情方面，他依靠自己的优秀追到了自己的喜欢的女孩，和那个女孩一起努力，两人一同考上了同一学校研究生。

这个世界上没有谁能够真正地拯救你的生活，如果你想从生活的泥沼中挣脱出来，只能靠你自己。

关于大学生活，学会记录

大学，我做得最有意义的一件事就是坚持写日记，坚持每个月整理一次手机里面的照片，及时分类上传云盘。所以，尽管现在我已经毕业了，时间会流逝，记忆会模糊，但是我写下的日记，我收藏的这些照片会帮助我永远记住我四年大学生活。

四年大学，我写了 400 多页日记，写完了 6 本 16K 普通线装本，从一开始记下自己几点吃饭，几点开会，会上发生了些什么。到最后记录下自己难忘的

大学经历，对事情独特的所思所得，成长的人生感悟。

四年大学，我存下了 2 万多张照片，我能在几分钟时间里找出我大二时在西湖小学支教教小学生的照片，能找出我 2017 年暑期在岳阳供电公司实习某一天实践时拍下的照片，甚至能找出我们班同学曾在班群里流传已久的黑照。

我想无论过了多少年，在某个舒适的晚上，或某个惬意的午后，我都可以打开我日记或是网盘里面的照片，翻看我写下的那些文字或珍藏的照片，向我们的爱人和孩子讲述我在长沙理工大学电气 1405 班最美好的四年大学生活。

坚持健身，时间会给你 6 块腹肌

不知哪一天，被一张“炫腹”的照片吸引到了，还没有好好地计划，我就贸然开始了我的健身之旅。没有办健身卡，也没有大神带着我，从只能做 10 多个俯卧撑开始，坚持一周三次，每次半小时，一开始就坚持到了最后毕业。

人生有很多事情，只要坚持去做，时间会给你答案。一个月、两个月……渐渐地自己也能做单身俯卧撑了……也能做倒立俯卧撑了……也能做百来个俯卧撑了，体型也在日复一日年复一年的锻炼间悄然变得有形了。

虽然现在的自己离健身大神之间的差距还是很远很远，但是我坚持下去的这一路过来，健身给了我强健的身体，给了我克服困难的勇气，给了我面对一切的自信。我想这就是我想要的，有一个自己的兴趣爱好，一直坚持下去，直到这项爱好带给我收获，带给我成长，带给我喜悦。

参加一次学院组织的暑期社会实践

其实学院对学生的培养还是非常用心的，从暑期实践中就可以看出来，我个人是参加过学院组织的两次社会实践活动，从中得到的收获和成长很多。所以，我建议大家在大学期间至少参加一次学院组织的暑期社会实践活动。

我们在学校课堂上更多的是学理论，而在实际工作中，更多的是一种理论的应用，在实践中能学到很多课堂上学不到的知识，能够巩固学到的专业知识，同时在这样一个理论联系实际的过程中，能够发现自己的学习漏洞，能在之后的学习中去弥补。

参加这样一次实践，对你将来的就业也是很有帮助的。其一，这样一次实践经历可以填写到你的简历上，成为就业的垫脚石。其二，我们学院大部分人都是就业电网，而电网公司又有很多部门，检修室、变电运维部、营销室、计量室等。通过这样一次社会实践，你能深入电网内部，了解电网的结构，了解各个部门的工作职责，了解这些部门工作的相关情况，这能帮助到你将来就业时找到适合自己的部门岗位。

写了这么多，我写的这些东西都是我个人的一些经验和建议。小马过河的故事大家都知道，你不能听小松鼠说的，也不能听老牛伯伯说的，只能靠自己去实践去摸索，才知道这些东西适不适合自己。毕竟像王健林提出的“先赚1个亿试试”的建议并不适合所有人。

尽管我已经毕业离校，人生路上，你若迷茫，你若困惑，欢迎你们打开和我的聊天框，向我倾诉，我会尽我所能为你答疑解惑。长江后浪推前浪，一代更比一代强，我相信你们的大学生活会比我的更精彩更美好，你们也一定会找到一条适合自己的人生路，在这条路上活出你们的精彩人生。

最后，我想用一句话来结束这封信：“人的一生只有一次青春。现在，青春是用来奋斗的。将来，青春是用来回忆的。”

未来人生路，我们一起努力，一起加油！

罗国香

写于2018年7月3日毕业离校后

作者简介

姓名：罗国香

性别：男

班级：电气1405班

所属党支部：电气三支部

任职情况：于2017—2018学年任电气1705班下班党员，曾任电气学院学生会勤工助学部副部长和电气学院2017年赴国网岳阳供电公司暑期社会实践队队长。

获奖情况：校级优秀学生干部、校级三好学生、校级二等奖学金、校级三等奖学金、校级暑期“三下乡”社会实践先进个人、院级优秀勤助工作者。

座右铭：如果你接受失败，那你就会得到失败。

来自时光旅人的一封信

——写给我的电气1704班

敖国进

亲爱的电气1704班：

时光似一阵风，恍惚之间，便卷走了一年的记忆，如果风要是有味道的话，我想那一定是甜的。暑期将至，担任你们下班党员也将达一年之期，自接到一纸花名册，听到那“学长哥哥”的称呼起，便怀揣着兴奋和忐忑之情，我想那些迎新时楼上楼下跑的下班党员们也是如此心情。只不过我仍觉得这份感觉还是那样新鲜，一份兴奋缘自我是第一次担任下班党员，不足之处还请多多指教；一份忐忑是因心中一直存在着一个问题：“我能成为一名合格的下班党员吗？”

这个问题我已经思考了近一年，答案是，我还没有做到，自省有三：

三毛曾说，“心之何如，有似万点迷津，遥亘千里，其中并无舟子可以渡人。除了自渡，他人爱莫能助。”而我却偏偏不信，一心想做你们的摆渡人，不求渡心，但求渡事。然而事实告诉我，成长终究是一个人的旅行，对你们唠叨太多，要求太多，总会让人心烦。就像我弟弟小时候一样，总是告诉他什么该做什么不该做，希望他能快快长大，反而会适得其反。大概是抱着“为你们好”的心态对待了你们大半年，告诉了你们很多捷径，要为以后多准备些什么，希望你们能走得越来越快，殊不知这样的想法是错误的。原来一个人的路要自己去摸索，这样才会在路途中，遇到更多的可能，得到更多的收获。

“安静地倾听，感同身受地回应”，大概我并不是这样的一个合格倾听者。大家平时也会遇到很多的烦恼，每次和你们聊到夜深，每次你们有心事来找我，我大致的思维便是帮你们想办法，提供解决方案，或是讲道理。原来，道理大家都懂，只不过是迈不出那一步或是迈不过心中的那道坎罢了。我的回应可能并没有帮到你们甚至是加深了大家的困惑，深感愧疚。

“下班党员是一面旗帜，殊不知，你们于我更是一剂鸡血。”学长我也不是学霸，工作能力也不突出，面对大家的种种问题，实在难以做到有求必应，有问必答。每次对于自己的无能为力，都暗下决心，要让自己更加优秀起来，所以你们才是我不断努力的源泉啊。自知理论水平不足，于是和你们一起开展《与下班党员共读》读书活动；面对大家思维方式的不同，也在一些心理学书中寻求解答；给大家提出的要求，自己也要先达到才行。我们一起努力，一起进步，才不负这段黄金时代。

于我而言，下班党员并不是一种职务，而是一种情怀，一份无法割舍的感情。一年之期将至，还剩下一年时光相伴，我在你们的青春里走过，你们也成就了我的芳华，愿你我都是努力的人，都是温暖的人。一年之期，在这里，我想对自己和大家提出几点希望：

一是要有理想，有梦想。习总书记在北大讲话就提道："要励志，立鸿鹄志，做奋斗者"，我们要珍惜这个时代，做新时代的奋斗者。同时，借用台湾作家九把刀的一段话："梦想不是挂在嘴边炫耀的空气，而是需要认真的实践，等到对的风，我们展翅翱翔；没有风，只要拥有足够强壮的翅膀，我们照样拔地飞行，天空见。"愿我们大学四年的一切努力，是为了以后有兼济天下的气魄，而非为一蔬一饭的苟且。

二是要有温暖，有爱人之心。鲁迅先生曾说："愿中国青年都摆脱冷气，只是向上走，不必听自暴自弃者流的话。能做事的做事，能发声的发声。有一分热，发一分光，就如萤火一般，也可以在黑暗里发一点光，不必等候炬火。此后如竟没有炬火，我便是唯一的光。"若我们不能成为一束光，也要是一星萤火，纵使是萤火之光也能温暖他人。

三是要有爱，敢爱敢恨。江南在《龙族》中写过这样一段话："如果喜欢谁，就满世界去找她，别等她来找你，她可能也在等你……别让她等得对你失望了。如果你喜欢的人要嫁人了，就跟她表白一下，就算为此要把她婚车的车胎打爆也没什么，这是你说出来的最后机会。把这个秘密带进棺材没价值，连陪葬品都算不上。"大家要勇于追求爱情，珍惜身边的友情，"亲戚是父母帮我们找的朋友，朋友是自己给自己找的亲戚"。

四是要坚持，不放弃。有一种只生长在中国最东边的竹子——毛竹。它在前四年，仅仅只长高 3 厘米。在第五年开始，以每天 30 厘米的速度疯狂地生长，仅仅只用六周的时间就长到了 15 米。其实，在前面的四年，竹子将根在土壤里延伸了数百米。做人做事亦是如此，不要担心你此时此刻的付出得不到回报，因为这些付出都是为了扎根。人生需要储备，多少人，没熬过那 3 厘米。如果你还没有看到那回报，请继续相信下去。坚持自己喜欢的事，跑步也好，看书也好，也许它会成为你最无助时最难过时的那一点寄托。不喜欢的事不要强求，“喜欢的事自然可以坚持，不喜欢怎么也长久不了”。

其实我知道，于你们而言，我只不过是个匆匆而过的旅人，不过这也何其有幸！

昔日小苗，现已亭亭如盖，此后山高水长，把酒言欢可好？

最后祝，前程似锦，初心不忘！

下班党员　敖国进

2018 年 7 月 7 日

（三）写给下班党员的“情书”

佳人归来，情暖天空蓝

——写给电气 1207 班下班党员何佳娜

庞德文　黄武超

2016 年 6 月，既是我们紧张的考试月，也是学长们不舍的毕业季。随着毕业季的来临，拍毕业照成了 12 级毕业生的一件大事。

对于人生中的这一重要时刻，每个毕业生也许会邀请各自的亲朋好友一起拍照，留下共同的美好回忆；而对电气 1207 班的学生，拍毕业照的这一天迎来了全班人共同的家属，曾经的下班党员何佳娜。

记忆被拉回到 2012 年 9 月份。刚入学的我们就像一群懵懂的少年，对大学生活充满着好奇与憧憬，是何佳娜学姐帮我们指引着前进的道路。

那一年，来自五湖四海的我们带着几分青春懵懂，为了一身天空蓝汇集到了长沙理工大学电气 1207 班。开始的我们，刚刚挣脱高考的牢笼，对生活充满无限遐想，对万事万物都满是好奇，是最容易迷失方向的时候。依然清晰记得以“梦开始的地方”为主题的第一次班会上，何佳娜学姐说这个班会主题是她想了很久的，她很沉迷地述说她的梦想，用她的亲身经历告诉我们大学的意义。那时我很受触动，原来大学不是终点，而是起点，是实现梦想的起点。她的一番话唤醒了我们的初心，给了我们最及时的思想引领，让我们认清了大学的方向。从此，我们一起，共度青春。

她成了我们最亲的人，也是对我们影响最深的人。

一个好的下班党员，体现在当班级需要你的时候，你能第一时间出现。电气专业本来学业就重，作为一个转专业进电气的学生来说，学姐的压力就更不言而喻。但是学姐不但能把学习搞好，始终名列前茅，还能在我们需要她的时候第一时间出现。从最开始班会上的大学生活指导，到军训买药、慰问，到后来的入党指引、学习指导、生活关爱的点点滴滴，她总会在我们需要的时候及时出现，哪怕是牺牲自身的利益都毫无怨言，学姐总是用她的关爱来陪伴我们，用思想来感染我们，用拼搏来影响我们，用实际行动诠释着下班党员的责任与使命，为我们的大学生活添上了浓重的一笔。她说她知道当下班党员会耽误自己一些时间，但是很值得，也很有意义。

身上充满正能量，在感染我们。何佳娜学姐曾教育我们，当觉得大学过得比高中轻松的时候，意味着你在浪费大学的时间。听到这句话时我很诧异，心想难道大学真的要像高中那样拼搏吗？周围那么多人玩手机，难道不就是大学的样子吗？她告诉我们，大学的真面目在图书馆，空闲时间要多去图书馆。每次去图书馆都能看到她在埋头学习，甚至把枕头带来了，中午累了就在桌上趴会。她的拼搏精神深深地影响着我们，向我们传播着正能量，也有效带动了我们班级的学习氛围，虽然我们有训练，但大一第一学期，我们班级挂科率比绝大部分班级都低。

下班党员有一种精神，在代代相传。何佳娜学姐是一名不折不扣的高颜值学霸，热爱学习并享受着。别人都觉得她是个两耳不闻窗外事的纯学霸，但是她一直有想当新生下班党员的想法，相信很多人都很奇怪吧！她想当下班党员是因为受到自己的下班党员的影响，她的下班党员也是学霸，但牺牲自己很多时间去帮助新生融入大学这个集体，细心排忧解难，耐心教育辅导。她是其中的一名受益者，所以她想把这种精神传承下去，让更有人受益，她也是这么做了，其中我也是受益者之一。

毕业分离不断情谊，时刻关心我们。亦师亦友，毕业后，依然保持着联系，依然关注着我们的成长进步，依然跟我们分享她的收获快乐。正是她的真心、她的无私、她的付出使得这份友情进化为亲情。

2016 年 6 月，我们毕业了，学姐专程请假跑回长理，像迎接我们进入大学一样，欢送我们学成离去。看到我们都长大了，看到我们即将奔赴全国各地去投身国防建设，她应该很欣慰，也牵挂着。

虽有不舍，但我们相信短暂的分离是为了更好的相聚，愿我们都能过得越来越好，不辜负彼此的相遇。

2016 年 6 月 1 日于金盆岭有感而发
庞德文、黄武超

作者简介

庞德文简介：

性别：男

班级：电气1207班

所属党支部：电气专业四支部

任职情况：曾任电气1207班下班党员、学院党建理论学习小组组长、原电气十支部支委，国防生连队排长、指导员

获奖情况：学院优秀共产党员、学校优秀共产党员、优秀国防生、校三等奖学金、二等奖学金、蓝天奖学金

座右铭：不抛弃，不放弃。

黄武超简介：

性别：男

班级：电气1207班

所属党支部：电气专业四支部

任职情况：曾任电气1207班团支书、轨道1402班下班党员、国防生模拟连骨干、国旗班主旗手。

获奖情况：省优秀毕业生，优秀国防生标兵，国防生一等奖学金，校优秀毕业论文，校三好学生、优秀团干、优秀学生干部，校自强之星，院自律之星，两次获国家励志奖学金等。

座右铭：潜心磨砺，立志成才！

我们的青春因你而美好

——写给电气1405班下班党员王霖浩学长

罗国香

2014年8月31日，对你来说，是不平凡的一天。从那天你的青春遇见我们开始，你所有的努力不仅是让自己变得更好，而且也是为了让我们每个人变得更好，让我们整个班级班风学风变得更好。对此，你不辞辛苦为我们付出了两年青春，在你离开我们的时候，我们忘记对你说："谢谢你给我们留下了一个美好的电气1405班"。

2014年8月31日，对我们电气1405班每个人来说，是幸福的一天。从那天我们的青春遇见你开始，在你的关心和帮助下，我们不断成长。如今我们已经毕业离开长沙理工大学，我们想对你说："谢谢你，我们的青春因你而美好。"

2014年8月31日，我们之间的故事从这天开始。还记得你组织我们开的第一次班会，你腼腆灿烂的笑容让我们永远记住了你，记住了这个出现在我们青春中注定不平凡的学长。

还记得2014年9月8日，那是我们在长沙理工大学过的第一个中秋节，我依稀记得，是你和何聪学长掏钱请我们每个人喝了一杯奶茶。那是我在大学喝的第一杯奶茶，也是我大学喝过的唯一一杯喝到肚里，暖到了心里的奶茶。也是你告诉我们，在长沙理工大学，我们还有你相伴，还有另一个可以寄托的家——电气学院电气1405班。

还记得你下寝来看望我们的晚上，你一待就是一晚上。不记得你来过多少次，只觉得你好像和我们住同一楼，晚上总是会看到你。不敢去想象在这背后你为我们付出了多少青春时光，一想就觉得感激不尽。那时特崇拜你的我，总拉着你坐在我们寝室行五A202，听你谈人生谈理想。那时你总坐在靠近门的下铺上，而我总搬一条椅子一脸迷茫地坐在你面前，认真听你分享大学生活学习工作的经验，听你讲述你美好的大学生活。和你交流多了才知道，学长一直是个超级大学霸。从那时起，我就打定要以学长为榜样，好好学习，天天向上。到如今，虽没有成为像学长一样优秀的人，但也在不断向学长学习的过程中摸索出了一条属于自己的道路。

还记得你作为下班党员组织我们开过的各种班会，在会上，你给我们讲中国共产党的相关知识，给我们讲申请入党的详细流程，还给我们讲如何当好一名共产党员。其实，你的一言一行早在我们心中树立起了一个优秀共产党员的榜样。你是我们入党的指路人，带我们不断向党组织靠拢。我很幸运，在学长的指引下，大学期间也成为一名共产党员，成为一名下班党员，努力发散自己的光和热。

还记得你和何聪学长为了给我们班营造一个好的学习氛围，大一时为了帮助我们突破英语四级考试，特意抽出晚上复习的时间，借教室组织我们进行四级模拟考试，带我们复习英语。大二时你也丝毫不放松对我们的关照，临近期末考试，学长你主动站出来当我们学霸课堂的老师，给我们串讲知识点，带我们在电机学知识海洋中遨游。回头看看这四年，可以说没有学长，不会有我们班从大一到大四一直不断的良好学习氛围，也不会有我们班成绩名列年级前茅的时候。

还记得你就算毕业离开长沙理工大学，远在山东，依然不忘关心我们。你一直坚持关注我们，我们的每一次进步和成长，你在背后给我们掌声和鼓励。我们做的遗漏不足之处，你给我们指出，帮助我们弥补改善。就算你毕业离校了，你依然是我们班的下班党员。在校期间你给我们分享高我们两届的学习经验，离开学校你又继续给我们分享先我们两年步入社会的人生经验。让我很是感动的一件事是，在我微信告诉你我们已经毕业离校这事后。晚上凌晨近 2 点，学长熬夜忙完工作后，知道我们已经毕业离校，没有休息，用心良苦写了一段长达 600 多字的毕业寄语发给我们，其中有对我们未来工作考研读研的经验，也有给我们的毕业祝福。

纸短情长，记不下你为我们做过的点滴；言疏意厚，道不尽我们对你的感谢。谢谢你，学长，我们的青春因你而美好。

时间很残忍，现在我们也都毕业了，各天一方。但未来的路还很长，青春还没有散场，每次离别都是为了下次更好的相见。在下次相见前的这段日子，我们一起出发，沿途逐枝怒放，绽放出属于我们的美丽。

作者简介

姓名：罗国香

性别：男

班级：电气 1405 班

所属党支部：电气三支部

任职情况：现任电气 1705 班下班党员，曾任电气学院学生会勤工助学部副部长和电气学院 2017 年赴国网岳阳供电公司暑期社会实践队队长。

获奖情况：校级优秀学生干部、校级三好学生、校级二等奖学金、校级三等奖学金、校级暑期“三下乡”社会实践先进个人、院级优秀勤工助学工作者。

座右铭：如果你接受失败，那你就会得到失败。

乍见之欢不如久处不厌，愿你出走半生归来仍是少年

——写给电气1501班下班党员迟诚

电气1501班

校园的树郁郁葱葱，每一间教室都洒满明媚的阳光。从熟悉的地方走过，与熟悉的人道别，心中难免惆怅。你陪我们走过了大一大二的青涩与迷茫，我们陪你度过了大学的后半段时光。你的优秀，一直是我们前进的动力。相聚是缘，懂得是福。在茫茫人海中你和我们的相识更是一种难得的缘分。尽管你已离校，别忘了我们的约定，等我们毕业时再来陪我们一起拍毕业照，这样你就陪我们走过了整个大学时光，尽管分别，心中却从未分离。

学姐，我们想对你说——

亲爱的迟诚学姐：

开始大家刚知道这个名字时都以为是一个帅气的学长，最后却惊喜地发现是一个非常漂亮的学姐。你顶着大太阳来慰问军训时累得虚脱的我们，虏获了班上一大半男生们的心。还记得当时他们为你庆祝生日，大一的“别墅趴”，大二鹅洲岛通宵狼人杀。你与我们一起创造了太多太多美好的回忆。初进大学，你热情地迎接我们，热心地为我们做各种生活、学习上的安排。大二末我们拿着精心准备的礼物为你送行。大学两年，两年的陪伴，两年的无私奉献，让离别显得格外的伤感。即使你现在已经毕业，但还是依然关心着我们，为我们解决各种生活学习上的问题。下班党员这个职位把你和我们班的每位同学紧紧地联系在了一起，这是一辈子都不能磨灭的情谊。

——曾妮妮

亲爱的学姐：

三年前，因为长理，你与我们26位同学紧紧联系在了一起，两年的陪伴，你已成为我一生都不可割舍的一部分。

永远记得第一次在汀香前坪见到你时，你给我的第一印象就是：这个学姐看起来就是很靠谱！哈哈……

你第一次到我们寝室关心我们的学习生活时，我甚至都有点吃惊，为什么大学里的下班党员那么好！当时就感觉你很亲切，大三明明是学业最紧张的时期，你却能用自己的休息时间来陪伴我们，而我们有时候为了能多和你聊会儿还调皮地故意锁住门不让你走！

大一时，刚上大学什么都不懂，鸡毛蒜皮的小事也会问你，可你却从来不会不耐烦，有困难的时候也总是把你当作寄托，当时自己没电脑，为了选课晚上 11 点多给你打电话，已经睡下的你依然毫不犹豫地起来帮我……

在整个大学阶段，我们会认识很多学长学姐，但是，谁都取代不了你在我们心中的地位，因为只有下班党员才是真正了解我们、懂我们的人，只有下班党员，才是真心为我们着想、为我们付出的人！

还记得你毕业离校前一天，我们和你聊了挺久，即将离别，自己明明很舍不得，却不知道该和你说些什么，两年时间过得太快了，我不知道用什么方式感激你，就让我的感激寄托于这封短短的信里吧！

谢谢你，迟诚学姐！

——单源

亲爱的迟诚学姐：

因为缘分我们联系到了一起，从陌生人到熟悉，品尝到的是学姐对我们的真心与负责，你与我们班 26 位同学留下了抹不去的羁绊。

大一刚进大学的时候，什么都不知道懵懵懂懂的，在来校的第一天晚上，迟诚学姐和一位学长下寝嘱咐我们新生开学的事项，从学姐的描述中我对大学有了大概印象，对学姐印象很深，长得好看还耐心负责！不论生活和学习都对我们有很大帮助，会问各个时期应该做什么，未来规划怎么样，小到四六级怎么过，大到未来考研就业的选择，记得有一次我们班同学滑旱冰摔了一跤，有点严重，那会晚上 11 点多了，二话不说打车就往医院赶……一个人的好就这么点点滴滴积累起来了。你是我心里完完全全的女神。

我们大三的时候，学姐也毕业了，纵然万般不舍，但是我知道学姐是去更广阔的天地，实现自己的价值，愿学姐前程似锦！谢谢学姐这几年的陪伴与帮助！

——陈瑞

亲爱的学姐：

繁华三千，看淡即是云烟，萍聚萍散，想开就是晴天。人生本就是一场场遗忘，也是一场场相遇。如果，你是我的过客，我会把你停留在最美的时光里，待到光阴褪去你的红装，我依然会想起你最美的模样。在忙碌交织的岁月里我会永远珍惜这份友情，轻轻地道一声祝福，却道不尽心中的万语千言，只愿温馨的帖子，捎去我衷心地祝福，我的空间因你而美丽，感谢一路上有你！

——刘艳天

亲爱的迟诚学姐：

从一开始进入校园的军训，到后来的班级活动、班级班会，进入大学的每一次成长都有着你的身影，指引着我们向着完善自我更好的方向前进。不论我们有什么疑问，你总是会在第一时间给我回答。很幸运在大学遇到了学姐，就如那句话，很幸运在最好的年华遇见了你。感谢学姐两年的陪伴，也衷心地祝愿学姐在山东工作顺利，天天都能开开心心的，我们会永远记得我们在一起的这些快乐时光的。

——黎枝鑫

可爱的迟诚学姐：

如果说每一次的分离是成长的必然，那么每一次的相遇就是生命中最美的期盼，前路因未知而艰险，亦因未知而绚烂。初次相知是在 QQ 群里，乍见之欢不如久处不厌的昵称与猫主子的头像相衬出有趣的灵魂，名为迟诚。这幅灵魂到底栖居在什么样的皮囊里呢？谜底在大家首次相聚一堂的时候揭开，高挑的身材，微胖的圆脸，精致的鼻子，丰满的嘴唇，自是极好看的，然而不同于我们初入大学的懵懂中带着惊慌，时已大三的学姐含笑的眉眼中，荡漾出的是淡然与坚韧。对于学姐还能用什么来形容呢，大概只有完美吧。后来学姐与我们的相处也正如我们料想的一样愉快，从军训到入党积极分子，平时的学习等方方面面都关照我们很多，唯有的一点缺憾，可能就是欢乐的时光过于短暂，大二下学期的时候学姐就毕业工作去了。但那又怎么样呢，从初见时的惊艳到后来分离时的不舍，有过美好的回忆，足慰大学四年乃至余生。此去山高水远，恐有穷途末路，更有碧水蓝天，唯愿你眼中长含笑意，归来仍是少年，纸短情长，还念你万千。

此致

安好！

——唐昊辰代表 B429 全体

佳人：

乙未羊年，时维九月，四日日落时分，得一信。“亲爱的2015级新同学，欢迎来到……你所在电气1501班下班党员为迟诚……祝你学习顺利，生活愉快。”迟姓人氏，有趣有趣。下班党员，何职位也？

入学当日，班导召应，商要事，学生咸集。首排靠右，见一女子奇美，窃喜，莫非吾将与其同窗，春秋四轮？不料班导解释，此乃学姐迟诚，入学两年，现今负责新生党建工作，亦可为鲜肉排忧解惑。如此一来，女友之梦，化为泡沫。

重忆游，昔日实属莽夫，才女何能仅凭相貌辩之，话虽如此，然学姐不以貌美执事，纵观两年，以学姐之经验，铺后辈之大道，累累业绩，当才貌双全得以形容。

今日之学姐，已赴北上，从业持家，不必再费心力，社会之事，后辈已知一二。祝福之言明月当替我传达，在此只望学姐不为琐事所困，开心为重，我们后会有期。

——胡建林

最美好的祝福送给你

——给家奇兄的一封信

电子 1501 班

亲爱的家奇兄：

马上你就毕业了，三年前，你将刚刚高中毕业懵懵懂懂什么都不懂的我们领进了长理的校园，在这陌生的校园里，你就像我们每个人的大哥哥一样带着我们一点点地熟悉，一点点地适应。还记得，在工一的某间教室里，你给我们召开第一次班会，那是我们的第一次见面。其实你也是第一次当学长，你也还是一个大男孩，可是我们来了，因为我们的需要，你就突然变得无所不能了。生活上不能解决的事找家奇学长，学习上遇到困惑了找家奇学长，甚至当同学之间有矛盾了，也还是找家奇学长。三年来，对于我们每个人提出的问题和要求，你都会尽心尽力为大家解决，快要期末考试了，你会提前把你之前搜集到的复习资料上传到群里，聚会时，你恨不得把你所有的经验都传授给我们。三年的时间，你给予电子一班每一位同学的关心和帮助都是无限珍贵的，三年后的现在，我们送你毕业，可是却送不上一份同样珍贵的礼物，只能够把我们心底最美好的祝福送给你。

或许你并不知道，你对我们的影响有多大，或许你也不清楚，你在同学们心中有着多么重要的地位，所以，有位同学想这样对你说：学长，在我心里学长一直是一个成熟稳重关心同学温柔善良的好孩子，一直给我们树立着各种模范。记得学长在我们大一开学第一天晚上下寝，相比于室友的活泼，那时候和同学都不熟一句话也没有说的我，学长很细心地注意到并主动关心我，可能学长一些不经意的行为对我来说却是无比的温暖。后来知道学长成绩很优秀并且已经成为一名优秀的党员后对学长更加崇拜，一直希望自己能够向学长学习。大学期间虽然没怎么和学长交流，但一直都有听说学长的很多事迹，偶尔看到学长在班群里发表言论，从那些三观很正的话语就可以感受到学长的正直。很遗憾一直没有勇气和学长交流，学长就毕业了，不管学长毕业多少年，我都会一直记得曾经我的大学里有过这样一位暖男对我们的照顾与引导，感谢学长出现在我的大学里带给了我很多美好。学长毕业了，也匆匆开启了新的美好旅程，愿学长能够勿忘初心，坚持优秀下去，最好的祝愿送给学长。

你不仅仅是电子的学长，你更是我们每一个人的大哥哥。你教给我们的，绝不只有你说的。有位学妹是这样说的：第一次见家奇学长的画面已经记不太清了，但是学长和我们一起度过的记忆碎片让人难以忘怀。还记得第一次班级聚会时，学长貌似喝过头了，一直跟男生强调要好好照顾女生，那个时候就觉得学长是个很温暖很绅士的人。还有一次选课，因为机房没位置了，我们当时就找了学长，学长立马就答应让我们用你的电脑选，学长真的是个很热心的人啊！班委选举时也不停地鼓励我们勇敢去尝试，记得大一竞选宣委就是因为学长当时对这个职位的介绍吸引了我。这样的小事还有很多很多，感觉学长一直都在很认真很用心地引导着我们，能及时指出我们的不足并给我们鼓励和支持。前一段时间学长学姐们特地过来给我们讲考研经验，让人受益匪浅，后面还跟家奇学长单独交流了一点点，学长的建议都特别实用，让人很有方向。不管以后学长身在何方，都希望学长万事胜意前程似锦。

是啊，你教给我们那么多，我们却不知何以回报，只有送上一颗真诚的心和最诚挚的祝福。三年前，你领我进校，三年后，我送你离校，相信我们的缘分远不止这些，今后，我们一定会再相遇。

最后，想把世间所有美好的祝愿都送给你，都汇成一句祝你万事胜意！

电子 1501 班全体同学

2018 年 6 月 20 日

近朱者赤，近你者甜

——给下班党员曾中泰学长的一封情书

电卓 1601 班

故事始于每个人青春最美好的大学四年，第一次见面是在军训期间的第一次班会，你有一双好看的酒窝，眼睛会笑，弯弯的，就像一座桥。当你在黑板上洋洋洒洒写下你的名字，我当时就想写字也这么好看的男生应该会很好相处吧。

还记得大一，初来乍到，军训刚开始的一天晚上身体不太舒服，刚进入大学面对新的环境，又独自一人，遇到困难难免会有些无助。在我难受难过的时候，突然就在 QQ 上收到了学长的关心，虽然只是一些简短的话语，但还是很让人安心。你还叫了班长陪同我去校医院，当时无助的我甚至都忘了还可以去校医院寻求医生的帮助，你的指引让我慢慢放松下来。这些事情看起来很小很小，但对当时的我来说却是莫大的安慰，让我倍感温暖，身体上的难受都缓解了很多。后来无论是远在云塘还是远在金盆岭，虽然总是因在不同的校区带来了诸多不便，但学长即使自己身在忙碌中，也一直都在关心着我们的学习和生活。班级的成绩不理想，学长语重心长的教导和焦急担忧的神情至今历历在目。

也许是好奇，也许是你的笑颜正中红心，我迫不及待地想要多了解你一点。你内心善良，摄影、阅读、刻章、写文章、志愿服务，无所不能。在班级，我看到一个认真负责的下班党员；工作上，我看到一个英姿勃发的指导者；生活上，我看到一个温柔耐心的小哥哥……你教会我们选择比努力更重要，加入什么学生组织，参加什么团学活动，考研就业或是出国，都要选择适合自己的，更能激起自己内在某种特质的往往对一个人的成长更有益，时间与精力要花在塑造自己的刀刃上。因为我们一直都隔着校区，见面的次数很少，但是每次在线上向学长提出的问题都可以得到及时的解答。毕业前夕你忙着青志盟的工作和出国准备事务，还有毕业答辩和毕业典礼的各种琐事，也不忘来参加我们最后一次班会。会上你说回顾大学四年，最亏欠的就是我们。其实，作为我们的下班党员，你及时地为我们点亮了一盏明灯，给了我们很多建议和指导。你严厉又温柔，做正事的时候一丝不苟，私下里又如同哥哥一样，温柔地陪着我们成长。

你的眼睛里有蓝色的海，你喜欢旅游，喜欢跑步，喜欢未知的未知。人们常说，身体和灵魂总有一个要在路上。像你这样身体和灵魂都在路上的人少之又少，才会被我们很多迷妹奉为男神吧。男神啊，你的简历似乎可以写成一本书，你的能力和坚持得到了老师们的褒奖和同学的钦佩，可是哪有不摇曳就绽放的花，专业学习深奥难懂，学生工作接连不断，德语学习占据大量课余时间，你也有过迷茫吧，你总淡然一笑道：每次以为生活要崩塌的时候，积极去面对总能找到一条小道，走出泥潭后，会发现自己不仅安然无恙，反而满身荷花清香。也许，想法单纯，目标单一的人总是能够一往无前吧。

转眼又一个夏季，你即将远离亲人朋友，去往一个陌生的地方，踏上漫漫求学路，还真是有些小难过，但想到你即将飞向更高的天空，真为你感到高兴。希望远在德国留学的学长万事顺心，保重身体，时常联系，愿你历经千帆，归来仍旧是少年！

相信未来会披着金色圣衣、踩着七彩祥云来寻你。我们都懂，离别是为了再次更好的遇见。再见了，学长！愿你有远大前程奔赴，亦有锦瑟年华回首！

林青见鹿，梦醒见你

——写给电气1608班下班党员李林青的一封情书

卢　盼

学长，一直想给你写一封情书，在阳光灿烂的午后，在长满爬山虎的窗前，在风灌满两袖的麦田，在橘子味汽水的夏天，提笔却不知从何记起，怪我。

一样是可爱的夏天，就在阳光明媚的8月7号那天，我遇到了大家，遇到了你。虽然对大学满是憧憬，却带着一丝丝的不安，很意外地当上了军训负责人，我鼓起勇气，加了你的QQ。我还记得跟学长说的第一句话是，"学长，你好，我是卢盼"，我也记得那时给学长打的第一通电话，初来乍到，跟学长讲话，有些听不懂但又不敢问，只会说好。直到现在想起这些，自己还总是情不自禁地笑起来。那时看学长有些严肃，心里还有一些害怕，但到现在我都记得军训早上很早集合，我们拖拖拉拉到达西五旁排队时，学长已经在了，当时我的心弦就被触动了。军训期间有次晚上学长过来慰问我们，给我们买了甜甜的西瓜，可能是被军训虐到不行，当时就觉得学长真的好暖。之后各种班会、班级活动，学长能来就一定会陪着我们，金村和云塘的距离阻挡不了你对我们的关心。大一时因为十月诗会的彩排到云塘正好把同学们的入党申请书给学长，还记得当时学长说在图书馆学习，就这样一个又暖心又有担当又认真对待学习的形象在我心中建立了起来。渐渐地对学长少了份害怕，多了份信任。

学长也成为我大学第一个信任也是一直信任的人，之后有什么事就总是找学长，甚至还让学长帮我解高数题，但学长却不厌其烦，耐心解答。有次因为自己有事没法选课就拜托学长，中午醒来发现已经过了开始的时间2分钟，心都凉了，忐忑地问学长，学长说已经选完了，当时真的超感动，这速度比我自己来都快了好多。学长在给我们开的团日班会上讲了很多自己在大学的感受和经验，关于学习，关于生活，关于思想。作为下班党员自然少不了向我们讲述关于中国共产党的相关知识，还记得学长说如果中国有战争了，那肯定是我们中共党员站出来，当时就觉得中国共产党是一个神圣的政党，学长也身体力行地向我们证明了什么是中共党员。这深深地影响到了我，这也是我坚定想要加入中国共产党的力量源泉。自己很幸运，现在成为一名中共预备党员，自己也是十分希望能成为一名下班党员，因为学长对我的影响是很大的，可以说没有学长的引导、鼓励和支持就没有现在的我，我也希望自己能够带给18级的新生一点正能量，正如学长当初带给我的一样，哪怕只有一个人因为我而改变，我也会感到很开心。

在两年的相处中，学长在我迷茫时给我指点方向，在我放松时告诉我要好好学习，在我畏缩时给我鼓励。现在你要暂时离开了，没有你，我会更加坚强、勇敢、积极向上，去寻找更好的自己，我愿追随你的脚步，只为来日更好的重逢。

学长影响的从来就不是某个人，而是一群人。

易阳说："曾经，在寝室第一次看见你的场景还历历在目。曾经，你领着我们一步步地适应大学生活，一点点的积淀工作经验。曾经，我们随你一起欢歌，一起纵笑……而如今，你却真的要走了，我们相逢在陌生时，却分手在熟悉后。明天，你就要在自己的舞台上开始人生新的篇章。我们也会做好学长学姐的角色，就像你当初帮助我们一样帮助他们。"

子桂说："两年的时间，在你的指引下，我学会了很多，成长了很多。虽然没有在一个校区，但是你真的在我大学的前两年留下了不可磨灭的印记。不管未来的路有多久，我都会记得成长的路上有过你；不管经历多少个春夏秋冬，我也都会记得我们共度的青春年华。接下来的日子，我会向着优秀的你不断靠近。你即将离开校园，步入社会，这是你的新起点，相信以后你的一路上一定会繁花似锦。未来的路还很长，青春没有散场，离开只为未来更好地遇见。再见了，我的青哥。"

薛克说："如果有人问我谁是我大学时代的榜样，那我一定会说青哥。喊青哥喊着喊着都快喊成亲哥啦，哈哈。从大一时期当班长开始，他就告诉了我作为班长，你的收获就与你的付出、你对班级同学的奉献有关。学习工作上是最优秀的榜样，课余生活上也和我们打成一片。喊成学长只会喊生分，青哥是我们大学时代最好的下班党员、最好的学长、最好的大哥哥！听说青哥去了广东，祝鹏程万里！"

时光向来刻薄，像吹散一朵蒲公英似的，把我们吹向不同的地方。大抵人生总是这样，充满了邂逅与别离。转眼你就要毕业了，如果上天让我知道此时别离的伤痛，再给我一次选大学的机会，我还是会选择长理，选择电气，选择遇上你。因为学长，帅气是你，责任担当是你，才华是你，怀里的微风是你，浮云是你，夜里的星辰是你，往后余生，回忆里总有你。你就如山间清爽的风，如古城温暖的光，从清晨到夜晚，从山野到书房，温暖着、影响着我们每一个人。从不后悔你从我的全世界路过，更惊喜你在我生命中留下绚烂的一笔。

多年以后，希望你一如既往的勇敢，依然相信美好，阅尽人生百态，知世故而不世故，总有人陪你赏明亮的星，讲最长的故事，也有人与你饮清甜的茶，聊美好的人生。希望你一样的善良，一样的相信美好，一样的热爱生活。学长，愿你出走半生，归来仍是少年。现在，我们在长理等你，两年后，我们江湖再见，青春，永不言散！

作者简介

姓名：卢盼

任职情况：曾任电气1608班两年班级团支书、院学生会学习部干事，现任党建办公室主任。

基本技能：通过英语四级、计算机二级，全国普通话等级考试取得二级甲等。

所获奖励：2016年参加“十月诗会”并担任领诵，获校三等奖；2016年获军训征文院三等奖；2016年第七期“青马工程”培训中获“优秀学员”称号；2016年在“第十二届寝室文化节”中获院三等奖；2016年在“朋辈心理互助员培训”中获“优秀学员”称号；2017年获校“三好学生”称号；2017年在“第八届标本制作大赛”中获校三等奖；2017年党校培训中获“优秀学员”称号；2017年获大一学年校二等奖学金；2017年参加“物电杯”获校优胜奖；2018年参加“电子设计大赛”获校二等奖一项、校优胜奖一项；2018年获“校优秀团干”称号；2018年参加“互联网＋创新创业大赛”获院级铜奖。

各项活动：担任学校60周年校庆志愿者，积极参加献血，参加院级答辩两次，大一暑假参加山东国网“三下乡”社会实践。

致姗姗来迟的你

——致轨道1601班下班党员王珮锟

邓　君

9月，炎热的秋，一个带着红霞的傍晚，我们迎来了班级见面会。同学之间或生疏或熟悉，但是大家一起认识的是你——下班党员王珮锟。

缘分，是一种很神奇的东西，在它到来之前，我们不会知道自己将遇到的会是谁，更不能预测到他（她）们会是怎样。

相识。

初见你时，是在见面会，因为之前在网上看过你的照片，而且进教室门坐门口的就是你。脱口而出的“学长好!”记得你那时点了点头还回了个很温暖的笑容，我一直以为学长会像高中老师那种严肃的感觉，这样一看，我带着见网友的心倒是放松了不少。你给我们上了大学的第一课，以一个大哥哥的姿态。在我们的自我介绍中开些玩笑拉近陌生面孔的距离，还扯一些他的大学生活的趣事和解答我们的一些对大学的问题。一群懵懂的少年，对大学生活充满着好奇与憧憬，是你帮我们指引着前进的道路。

相知。

军训期间的夜晚，你不远从云塘而来，还带着西瓜下寝来关心我们，用你壮硕的身材和激励的话语鼓励着我们，给我们带来正能量，熬过那严酷的军训。你简直就是火炉寝室的冰晶，驱散我们皮肤中炎热秋天画下的那一笔。军训结束后那晚，在金盆岭的草地，那是你第一次组织我们班一起促膝而谈，谈人生谈理想，之后各种游戏，真心话大冒险，还展示了一系列我从未见过的游戏套路，你就如光的指引，将同学间的尴尬的冰雪消融。

12月，在漫天飞雪的圣诞节里，我们一起前往“别墅趴”，一起煮着我们的火锅，那时，你是主厨，我们一起过了开学以来欢声笑语最多的一天。一年后的元旦节，我们在西门再一次室内聚会，你还是主厨，和下班干部一起联手炒了一碗红烧肉，你不止给我们解决学习上的问题，还给男生上了一课，给我们秀了一手居家男人的味道。

你不是三分钟热度，在我们开学接触最密集的时间段后，你没有将我们一抛脑后，还是时刻地关注我们。我们班级有些什么问题也会主动向你请教，你就像我们班的第三十六人，一个人便可以做我们班的智囊团。尽职尽责，定期给我们传输党的知识和思想，净化我们的思想，为班级选取入党积极分子，并积极给他们上党课。

你身上的标签很多，阳光自信，积极向上，充满活力，为梦想奋斗，自觉学习都是你的闪光点。当我们知道你为梦想打篮球脚受伤而休学一年，我们都为你担心，很多同学组队去看你，去陪你聊天，再次谈梦想。即使在这时，你也没有消极心理，后来你甚至说，这是塞翁失马——在他同学毕业后他还可以多学一年，提高本事。我真切地感受到你对未来充满希望的心灵，感受到你积极向上的心态，谢谢你，你真的是我们的榜样。

还有这个，一个竞选两年班长的现任谌班长对你说的话："亲爱的王珮锟学长，感谢你在我最需要帮助的时候出现。当时的心情确实是处于低谷，学长你到我们寝室，和我说你的事，开导我，让我改变了对自己的伤的态度，真的很感谢。

锟哥你给我的感觉很独特，你很亲切，很和我们闹，很有思想，在关键的时候推我们一把，抑或是点醒我们。在军训第一天集合时，你五点多钟就起床从云塘赶过来，虽然吐嘈了两句。但你始终挂着笑脸，这种精神挺打动我的。在选班委的时候，大家都不愿意上，你和邹文学长就一直在讲着一些简单的道理，"怂恿"着我们去，所以……所以我就去了。虽然落选了，但也不失为一种体验吧，哈哈，真的很谢谢……对了，锟哥，看了男生录的视频吗，本小胖可是唱得很卖力的。"嘿嘿，其实全班人都是对你抱有感激之心的哦，其他还好多就不放上来了！

光阴荏苒，岁月如梭，6 月的夏，心情是潮湿的，毕业季看起来美好，却有伤感的味道。离别的钟声即将敲响，不久，我们就可以一起看着大四学长背上行囊奔赴远方。或许是上天安排，我们注定能在青春活力的校园多相处一年。希望剩下的相处时间你和我们能一直一起玩耍，能一起交流学习。

最后，希望你不忘初心，一直保持你积极乐观的心态，也祝愿你在未来一年里努力学习，考上自己梦想的研究生，走上人生的正轨，永不脱离。望若干年后，当我们回首平淡如水却又镌刻心扉的大学生活时，弥漫着无限的感慨和深深的依恋之情，散发着这段美好记忆的淡淡余香……

作者简介

姓名：邓君

性别：男

班级：轨道1601班

所属党支部：自轨二支部

任职情况：现任班级副班长，曾任电气学院学生会文娱部干事。

基本技能：英语四级，普通话考试二乙。

参加活动：2017学院班级答辩一次，2017迎新生活动，2017物电杯和电子设计大赛分别获得优胜奖。

座右铭：不要懒懒散散地虚度光阴。

贴心如你 将平凡演绎成优秀

——致电气 1705 班下班党员罗国香学长的一封信

尹　浩

宇宙第一帅的罗国香学长：

不知不觉，已经一年啦，我们都未曾发觉，时间竟过得这么快！你也感觉对吧，已经带领一群什么都不懂的萌新们成为一个个老司机，是不是很有成就感呢？哈哈哈。咳咳……回到正题，这一年里，很感谢你对我们电气 1705 班的付出，接下来，我想代表 1705 班全体同学，说一下你与 1705 班的故事，向你表达我们的感谢与祝福。

故事的开始总是这样让人猝不及防，开学的第一天号称史上最大规模的网友见面会，那一天班主任、李昭良学长、你以及全体 1705 班成员到场的第一次班会，那是我们的第一次邂逅，也是我们相识相知相助故事的开端。尤记得，你认真听我们每个人的自我介绍，然后语重心长地对我们讲大学生活应该要怎么度过才有意义，要过一个充实而精彩的大学时光。自那时开始，我们有了一个叫罗国香的下班党员，有了一个什么问题都能问的知心大哥哥，于是你不厌其烦，于是我们脸皮更厚，于是我们有什么事都找你，于是我们 1705 班的记忆里印下了一个无法抹去的名字——罗国香。

你总是很主动，在大四这个别人忙于找工作与考研的时间段，你记得 1705，我们甚是感动。有一次，班级需要每个人的白底证件照，你在看了群消息后马上回应我们，推荐适合用的 APP，一来能够为我们省下一笔费用，二来能够方便我们。在知道我们很多问题之后，你直接说帮我们弄。现在想来，我们真的占用了学长不少时间，实属感动，让我们觉得你是一个特别特别贴心的学长。

你对我们的学习生活也很上心，上学期班会时，你知道我们还没有开始期末考试，然后告诉我们期末考试的大致形式与内容，告诉我们其他科目的备考方法，同时强调了学习是一件很重要的事情，帮我们举了很多学长学姐的例子，让我们知道了有一个好的学习成绩，将来不管是考研还是就业都对我们有好处，以此来激励我们学习。上学期，我们班取得了不错的成绩，自然也离不开学长无微不至的关怀。谢谢学长的付出！

除了这些以外，还有好多好多小事情也能体现出你对我们的关心，比如帮我们开班会找教室什么的。学长也是巨可爱的啊，有一次说做俯卧撑，最后失败压到鼻子的事情，哈哈哈！

学长虽然已经毕业，但是我们的故事并没有结束，希望我们再次重逢之时，我们能像老友一样敞开心扉倾诉所有。

最后，插入1705班老团支书马猜的祝福：非常感谢学长一年来对我们的关心与指导。还记得学长会在我们考试前贴心地向我们传授复习方法，分享国网及考研的资料，每次入党积极分子学习班会都会引导我们认真学习相关知识，也曾像大哥哥般同我们介绍1405班先进班集体的建设经验，当你拿出1405的班级纪念册时，真的可以看出你眼中的自豪呢。一年时光匆匆，很幸运大学第一年能遇见如此优秀的学长，为我们展示了大学的无限可能。我们将接过你手中的接力棒，把优秀继续传承！

祝学长平安喜乐，未来可期，前程似锦！

作者简介

姓名：尹浩

性别：男

班级：电气1705班

任职情况：现任电气1705班团支书，曾任院督查队干事

获奖情况：院优秀团员

学长，我想对你说

——电气1708班同学写给下班党员安志洋的“情书”

电气1708班

亲爱的安志洋学长：

感觉你是一个很热心很好的学长，军训的时候还借我针线给我补军训服，一年来一直非常照顾我们班，祝学长能考研顺利，爱情美满，学业有成。

——陈思铭

非常感谢这一年以来对我们班级的照顾，也非常感谢你每次在百忙之中总可以抽出时间来参加我们的班会，给我们讲你的学习经验、为人处事的道理。时光匆匆，转眼一年时间就要过去，您也要变身考研大军中的一员。在此，祝福你能考上自己理想的学校！

——林键炜

你是一个很热心肠的学长，教给我们很多经验，我很高兴你能当我们下班党员，希望你学有所成，顺利实现目标。

——韩彬

感谢学长，感谢党，感谢祖国。伟大的祖国和谐发展、朝气蓬勃，党的光辉照万家，祖国母亲的怀抱最可靠最暖和。

——程新翔

第一次看见你，就觉得你像个帅气阳光的大哥哥，认真负责，积极进取，还玩王者荣耀，经常出现在我们班会上，调节气氛，祝你考研成功。

——陆文张

首先一定是感谢学姐学长的帮助。大一对于我来说就是萌新探索世界的过程，安学长和刘学姐对大家十分负责任。希望学长学姐在以后的征途中能一帆风顺！

——尹航

给比较帅气的安志洋学长，从去年的竞选班干部开始一直都对我非常照顾。一直记得上学期去森林园烧烤的车上跟我强调玩归玩，高数电路要学好，还有来我们寝室跟我讲考研的事情，明明自己忙不过来还一直对我们好。祝学长考研考到自己想去的学校！

——陈俊杰

学长好，进入大学一年来，你陪伴着我们成长，跟我们语重心长地交流了很多东西，感谢你的到来，感谢你的陪伴。希望你前程似锦，心想事成！

——涂晓帆

安学长你好，我是朱佳奇学弟，转眼间我们已经相处了一年了，学长为我们做的、付出的努力我们都看在眼里，我真诚对你表示感谢。

——朱佳奇

安学长，我是袁皓楠学弟，转眼一年已经过去了，我们认识已经一年了，很感谢学长为我们的付出，过节还来陪我们一起玩狼人杀，给我们买月饼，总之对我们很好。希望学长以后越来越好，学业顺利！

——袁皓楠

安志洋学长，感谢你一年来对我的帮助与照顾，是你让我的大学变得不迷茫，让我知道了如何过好自己的大学生活。

——钟磊

我们最潇洒英俊亲切的安学长，可以真心感受到你对我们的照顾和关爱，从第一次的见面班会开始你就跟我们讲了很多我们有关大学生活的事情，每一次的班级活动就算很忙你也会积极地来参加，真的是很暖心的小哥哥。哈哈，祝你以后学业顺利，能考上自己理想的学校！加油！

——袁雨薇

安志洋学长，首先这个学长给我的感觉是很敬业并且很热情。当时大一刚进入大学的时候他确实给了我不少帮助，我也向他了解到了很多事情。感谢学长的帮助，祝你考研成功！

——李卓昂

感谢学长对我们一学期的照顾与帮助，让我们逐渐适应了大学的新生活，每次班级聚会都会有学长的身影，让气氛更加活跃，也让班级更加有凝聚力。

——张奕

非常感谢下班党员的照顾，特别是军训那一段时间，给了我一种很亲切的感觉。

——王有鹏

初次见你的时候就觉得你平易近人，一年来的相处更是很好地证明了这一点，首先要对你说的是谢谢你，你辛苦了！这一年来你为我们班做的工作太多了，有大事，也有各种小的疑问，可能很多同学都会找你，真的谢谢！最后祝学长考研顺利！

——罗尚松

感谢学长为我们班所做的一切，祝你考研成功。

——江宇峰

写给安志洋学长和刘梓琳学姐：

首先谢谢学长学姐这一年来对我们的关心和照顾。关心和照顾都记在心里。谢谢你们在各个方面对我们的耐心指导。希望在以后，你俩都能找到好的工作，过自己想要的生活。

——张玉江

安志洋学长，就像大哥哥一样，给人一种非常亲近的感觉。他经常来我们寝室看望，提一些学习和生活的意见。他给我们带了一个好榜样，告诉我们怎样才能让大学生活更有意义。十分感谢这一年来他给予我的帮助，谢谢。

——邓煜轩

看见你的第一眼就感觉你很和蔼，大一刚开学你教会我很多知识，这让我更快地适应了大一。大一有你这样的引路人我感到很开心，感谢你对我的指导，你不是我的老师，却很像我的老师。祝你考研成功。

——汪郴平

感谢学长对我们的关心，一边照顾我们还一边考研，一定很辛苦。祝学长考研成功，以后道路也能一帆风顺！

——杨键

从我们进学校开始就一直受你们照顾，记得刚刚开学还是学长帮我搬的行李，班里面同学有什么问题都很关心，每次开班会你们也都会参加。本来你们就很忙，还要抽出时间来管我们的事，真的很感谢你们这一年来对我们的关心和帮助。

——周歆莹

大学第一年，有劳你们费心了，给予了我们学习和生活无微不至的关注。时间如白驹过隙，去年我刚来，你们刚读完大二，转眼你们即将毕业迎接崭新的生活。愿你们前程似锦，幸福快乐！大恩不言谢，都在心里。

——刘玮玥

谢谢这一年来对我们的关心和照顾，这些我们都记在心里。感谢在各个方面对我们的细心指导。希望以后你们工作中，蒸蒸日上，节节高升，过自己想要的生活。

——宋学涛

你大概是一个非常亲民的学长吧，哈哈哈，感觉什么时候、什么问题都可以问你，感觉每次班级聚会，无论你是不是很忙，你都会来参加，而且笑得很开心。很幸运能够遇到你当我们的下班党员，陪我们一起疯，一起认识了解我们自己的大学。最后祝你考研运气爆棚，补充一句，你越来越帅了，不知道被谁影响的，哈哈！

——张莹

你是工作细致、认真负责的下班党员，你是温文尔雅、亲切细致的温暖学长，很开心能够在大学第一年遇见你。祝你考研顺利，心想事成哦！

——赵孟娇

在我的印象中，学长就是一个非常正直的社会主义接班人。哈哈哈，谢谢学长一直以来对我们的照顾，还有对我们班的贡献。

——周晗靓

学长，这一年过得好快，你也做我们的下班一年了，虽然最近联系比较少，但你还是那个有颜值又幽默的好学长。最近考研比较忙，你还是挂念着我们，祝你考研顺利呀。

——陈志高

谢谢学长这么细心的带我们走进大学，了解大学的情况，负责地教我们大学应该懂的道理，应该做的事，传授我们作为学长的经验。谢谢学长啦，谢谢。祝学长考研成功！

——王金阳

学长，祝你考研顺顺利利，越长越帅。不过以后还是会碰见的，如果在学业上有问题我还是回来麻烦你的，希望学长不要厌烦咯。

——谢泽龙

时间很快，就像你刚才在饭桌上说的，好像刚见到我们是才发生的事。一年时间，我们的班聚以及一些重要班会你都来了，感觉你是一个很亲近的学长，很开心下一年的下班还是你，祝学长考研顺利，考入自己理想的学校！

——邓雨佳

愿你乘长风，破万浪

——给时学长的一封信

崔梦星

如果说在大学选一个我最尊敬的人，那我会毫不犹豫地选择我的下班党员——时国良学长。作为我们的下班党员，学长给我们的印象是沉稳、踏实、温暖。他就像一个大哥哥一样，所以有什么问题，我们都喜欢找学长，因为无论我们的问题有多么的幼稚，多么的麻烦，他都会给我们分析得透透彻彻，不厌其烦。

学长是忙碌的，我们大一的时候生活在金盆岭，而学长在云塘，相距很远，坐地铁过来也需要半个多小时，一个来回基本上需要半天的时间。但是每次我们的班会总会有他的身影，无论是竞选军训负责人还是班委，学长总是早早地来到教室和我们一起聊天。我们之间的共同话题很多，包括最近学校发生的事情，还有最近班级的动态。我们之间的聊天没有一点的隔阂，他的口才不是很好，但每次会议的发言总会给我们耳目一新的感觉，这与他的充分准备是离不开的。大三的功课有很多，学长还是学院“红帽子”协会的团支书，并做校外的培训兼职，但我们从未从他疲惫的神情中看出一丝的烦躁。

学长是优秀的，他的优秀当然是众所周知的。学习上，大三结束之前，通过英语四级、计算机二级、参加科技立项、互联网+、电子设计大赛，并申请创新实验项目。他充分地利用自己的课余时间，自学C语言、编程等，完全是一个我们学习的模范。生活上，作为一名党员，献身公益事业，把“红帽子”协会办得有声有色！我们曾经特意去学长的宿舍采访过学长，对于这一件件令我们惊艳的事情，在学长口中却是那样的稀松平常。他告诉我们他也曾经迷茫过，也曾放纵过自己，但他总是会了解自己、反思自己，明白自己大学的意义，明白自己的目标，明白自己作为一名党员的责任。这样一个有血有肉的才是我们尊敬和喜欢的学长呀！

学长是贴心的，我们的QQ群里面为班级同学发生日祝福的总有他的身影，忘不了大一时学长为我们准备的明信片，珍藏了我们每个人的梦想。大一时我是班级的学习委员，因此与学长的交流特别多，像文化早餐、阳光晨跑等，每一件事情其实背后都有学长的参与。我第一次竞选积极分子失败时，学长单独找我谈话，明白我的委屈，倾听我的抱怨，并告诉我他自己第一次也没有竞选上，正因为如此，我才会鼓起勇气再次参与竞选。

学长是平凡的，他给我们的感觉是朴素沉稳的，可以说站在人群中的学长毫不起眼，没有散发那种属于学霸的气息。哈哈哈，也正因为如此，我们都喜欢和学长聊天吧。学长每次“教育”我们时，都会讲述自己的亲身经历，从来不会夸夸其谈，他会告诉我们自己在大学生活中犯的错误，让我们能够规避。每次与我们意见相左时，他不会因为是学长而看不起我们的观点，而是认真倾听，和我们一起解决问题。

学长如今毕业了，也考到了自己喜欢的学校读研。我为学长感到欣喜，也希望学长在未来前程似锦，乘长风，破万浪。

——自动化 1602 班　直系小学弟　崔梦星

五

榜样的力量：特色支部与先进个人事迹

党员是旗帜，支部是熔炉，只有不断经历锤炼与打磨、风雨的洗礼，旗帜才会更鲜艳。支部是党员的家，无论在组织上还是精神上，都是灵魂的引领、思想的感召。星星之火可以点燃更多的青春！

（一）特色支部风采

强服务用心育人，勇探索谱写忠诚

——记长沙理工大学电气与信息工程学院行政党支部

这是一个主动服务、用激情点燃青春的团队，这是一个甘于奉献、用奋斗书写责任的团队，这是一个勇于创新、用卓越成就使命的团队。它就是长沙理工大学电气与信息工程学院行政党支部，秉承“服务、奉献、创新”的理念，它不断奋勇拼搏，立足本职工作，铭记党员使命，充分发挥基层支部的战斗堡垒作用，努力打造“优秀管理育人团队”。

电气与信息工程学院行政党支部现有党员12名，由行政科室党政办、教务办、科研办、学工办的党员组成。

1. 管理育人，服务为本

多年来，行政党支部坚守一个中心工作，服务两个主体，落实三项任务，即以学院中心工作为要务，“服务教师教育教学”“服务学生成长成才”，助力教学、科研、学工工作的顺利开展。日常工作中为师生提供高效、便捷的服务，关心关爱困难、病患教师，辅导学生成长用心用情。在全院营造了团结、向上、温馨、和谐的氛围。

2016年，在学院机关严重缺编的情况下，又有3人休产假、1人借调，但支部全体党员凝心聚力，丝毫未影响工作的正常开展。邵巧艳老师怀孕临产仍坚持在一线，周敏老师带病坚持工作；暑期期间，学工办周卓、彭怡峰带领学生参加“三下乡”社会实践活动，党政办吴文斌全程负责教师工程实训的管理与服务。支部全员深入学生，陪伴学生成长……这一切共同诠释着“服务、奉献”的内涵。

2. 攻坚克难，创新创活

行政党支部在“两学一做”教育活动中，着重强化思想建设与组织建设，以思想为基，扎实推进“两学一做”专题教育；以文化为砖，着力搭建“党员E家”微信平台；以院风为瓦，精心培育“务实创新”优良作风；用实践浇筑，匠心打造“全员育人”开放局面。党支部将“四讲四有”与“双联双学”“微党课”、社会实践活动等有效结合，以“全员、全程、全方位”的育人理念，构建“党员E家”微平台，开启“线下党建与线上党建”双重互动，讲好学院党建故事，传递正能量，发挥了党建在高校思想政治教育工作中的引领作用。一年来，学院“党员E家”共发布微推463条，阅读量95700次，“网络E家”微平台共发布微推3067条，阅读量达304320次。

3. 凝心聚力，主动作为

党支部以“党员E家”微平台为媒介，通过过程育人、文化育人、实践育人、科技育人等形式，打造了行政、教师、学工“全员育人”的新局面，取得了显著的成绩：

“党员E家”微平台荣获全国高校“两学一做”支部风采展工作案例优秀作品奖；2016年，学院被评为全国大中专学生社会实践优秀团队、湖南省暑期社会实践优秀团队；2017年，学院被评为湖南省五四红旗团总支。

连续四年获得湖南省道德素质提升工程立项三项，其中“心情驿站”特色成长辅导室项目为全省首个答辩获得优秀的成长辅导室；2016年3月丁丹副书记在湖南省大学生思想政治教育工作视频会议上做题为《带队伍、建平台、促合力，切实提升院系大学生思想政治教育质量》的发言，2016学校学工考评全校第一；学院实践育人模式在全校召开成果推广会。

丁丹获评全国高校辅导员优秀博客奖提名、百篇优秀博文奖、湖南省最受欢迎的青年教师道德情操奖、2016年湖南省高校思想政治教育优秀论文一等奖；周卓获评湖南省第五届辅导员技能大赛二等奖、挑战杯先进工作者，李婵、彭怡峰获评湖南省“三下乡”社会实践活动优秀指导者；周敏、周卓获评校十佳辅导员，邵巧艳获评校十佳辅导员提名奖；支部党员14人次获评校级优秀个人。

因事而化、因时而进、因势而新，作为承担“管理育人”使命的电气与信息工程学院行政党支部，将继续打造“创特色、接地气、有温度”的二级学院党建文化，唱响电气好声音，传递党建正能量！

以“两学一做”为契机，构筑大学生创新创业之路

——记长沙理工大学电气与信息工程学院电工电子实验中心党支部

在学院党委的领导下，电气与信息工程学院电工电子实验中心支部党员坚持把党的思想建设放在首位，以尊崇党章、遵守党规为基本要求，以习近平总书记系列重要讲话精神武装自己，坚持做一名合格党员。通过“两学一做”，进一步坚定了理想信念，进一步增强了政治意识、大局意识，立足岗位奉献，勇于担当作为，充分发挥先锋模范作用。支部围绕学校和学院中心工作，结合电工电子实验中心特点，在实验中心的整体工作中，从支部建设、制度建设、党风建设等各方面着手，大胆创新，扎实工作，充分发挥了支部的战斗保垒作用和先锋模范作用，加强了全体实验中心工作人员的凝聚力，充分利用现有资源走出了实验中心实践教学的创新之路。我们的主要做法如下：

一、扎实开展组织建设与主题实践活动

支部紧密结合实验中心的教学、科研等工作，组织全体成员有计划有针对性地采取多种途径和形式积极开展了形式生动、主题鲜明的“两学一做”学习教育和党员教师师德教育活动。

1. 在实验中心全体教师中开展了以“教风与学风”“做群众贴心人”“做学生满意的好老师”为主题的思想讨论活动，关注教师思想、成长、生活与心理状态。与学生支部开展以“提振教学、加强学风建设”“绿色出行，美在星城”公益环保宣传，“我们一起竞赛”等为主题的别开生面的“双联双学”组织生活活动，通过教师党员与学生党员一对一交流谈心等活动，加强了教工党员与学生党员之间、教工支部与学生支部之间的交流，进一步促进了师生之间互帮互学、教学相长，助力良好教风、学风的形成。

2. 积极开展“两学一做”学习教育，制定活动方案，学习党章党规，习近平总书记系列重要讲话精神、依法治校与大学文化、从严治党与作风建设等，就“如何抓好党风廉政建设、发扬民主、改进作风”“如何结合实验中心教学科研特点，创新党员学习与活动方式”等主题召开民主生活会和开展党员民主评议等活动，深入开展党风廉政教育和纪律作风教育，使党员在新的历史条件下始终保持先进性，处处以身作则起表率作用。

3. 坚持每学期对党员的政治学习、工作、组织纪律进行全面考核，监督党员认真履行党员义务，做合格党员，争做优秀党员；同时认真做好预备党员的继续培养教育考察工作，2015 年支部发展了刘建新和年近退休却对共产主义始终怀有崇高情感执着追求的廖晓科两位同志加入党组织。

二、支部党员带头，实验中心工作开展有成效

中心党支部在实验中心的整体工作中，以党员的模范作用为表率，带动教师，激活队伍，起到了把握方向、掌握政策、凝聚人心的作用，带领全体教师，围绕教学，走出了实验中心实践教学的创新特色，充分发挥了先进基层党组织的战斗保垒作用和党员的先锋模范作用。党员在岗位工作中勇挑重担，勇于改革创新，中心工作开展有成效。主要如下：

1. 以“教学为中心，创新为核心”，优化课程体系，整合教学环节

（1）教学课程体系方面：为了适应不同专业、层次实践教学需要，打破强电、弱电和非电的界限，我们完善和深化了纵向递进式的“三个层次”，横向形成“六个单元”的课程体系结构。

三个层次分别为：基础理论与实验技能培养、综合应用能力培养、创新思维与设计能力培养。六个单元分别为：电工测试技术实验单元、电子测试技术实验单元、电工电子基础工艺实习单元、电机实验单元、微机和单片机实验单元、“3+1”创新实验单元。

（2）教学管理体制方面：电工电子实验中心是一支充满活力、具有丰富教学经验的集体，并且是一支工作干劲十足的集体，2015 年获“校级优秀基层组织”称号，2014 年获“省级芙蓉标兵岗”，2012 年获“校级优秀党支部”称号。全中心仅有 18 位教师（教授 2 名，实验师 16 人），每学年不仅扎扎实实、保质保量完成全校所有工科和部分理科 25 个专业的电路、模拟电子技术、数字电子技术、微机原理、单片机技术、电机学（包含《电工测试技术（上）》《电工测试技术（下）》《电子测试技术（上）》《电子测试技术（下）》4 门独立

开设实践课程）等多门课程的实验教学任务、电工电子工艺实习任务、课程设计和部分毕业设计，实验开出项目达92个，实验课时达30000人次，实习周次达每年36周。还承担了全国大学生电子设计竞赛培训、指导任务和学生课外电子科技制作指导任务。从这里走出了荣获“教学奉献奖”的张一斌教授，李小颖、李平、曾小勇等多位“优秀教师”和“优秀党员”。

实验中心党支部及成员近年获奖情况

单位或教师姓名	获奖名称	获奖年份	备注
电工电子实验中心	湖南省芙蓉标兵岗	2014	省级
电工电子实验中心	先进党支部	2016	校级
电工电子实验中心	先进基层组织	2015	校级
张一斌、樊绍胜、谌海霞等	大学生电子设计竞赛	2016	省级一等奖3项、二等奖2项，国家级二等奖2项
张一斌、樊绍胜、马钧、曾小勇、蔡灏等	大学生电子设计竞赛国家一等奖/二等奖	2015	国家一等奖2项、国家二等奖3项
张一斌、樊绍胜、马钧等	大学生电子设计竞赛国家一等奖	2014	1项/国家级
张一斌、樊绍胜、马钧等	大学生电子设计竞赛省级一等奖	2014	6项/省级
夏向阳	省科技进步奖二、三等奖	2014/2015	2项/省级
马钧、张一斌、樊绍胜等	校级教学成果一等奖	2015	校级
马瑞	校级教学成果一等奖	2015	校级
张一斌	教学奉献奖	2013	校级
李平、谌海霞	校级规划教材	2015	省级
谌海霞	优秀支部书记、优秀教师	2014、2016	校级
马钧	优秀教师	2015	校级
李小颖	优秀共产党员	2014	校级
曾小勇	优秀共产党员	2014	校级

（3）实验教学内容和教学手段方面：当前电子技术飞速发展，对我们实验教学提出了新的要求。要培养跨世纪的科技人才，必须不断改进教学内容，因此我们不断修改和编写了新的配套实验教材。近三年中，编写了省规划教材《电子测试技术》，校规划教材《电工测试技术》《电机及拖动基础实验教程》三本。在新教材中，舍弃了过时陈旧的内容，引入新的内容，增加了电子线路软件仿真的内容，使硬件软件相结合，丰富了实验手段。

同时中心教师在教学中积极探索，不断改进。获得“省科技进步奖二等奖”1 项、三等奖 1 项；“校级教学成果”一等奖 1 项，三等奖 1 项；在《校企合作共建电气工程及其自动化人才培养基地的研究与实践》《基于卓越工程师计划的电气信息类大学生创新实践能力培养探索》《面向电气信息类专业工程教育认证开展工程训练中心建设的探索》《依托省级示范创新平台着力城南学院电子技能课外培养机制建设》等七个教改项目中取得良好的成效。撰写教研教改论文 15 篇。

依托校园网，建立网络化实验教学和实验室管理信息平台，包含省示范实验室《长沙理工大学电工电子实验中心》教学网站、《电路》《电子技术基础》省级精品课程教学网站和《电工电子技术实验》校级精品课程教学网站，制作并完善了一系列具有特色的多媒体课件和网络课件。

2. 依托省级创新训练中心，构建大学生电子创新人才培养第二课堂的长效机制，深化素质教育

在总结数年来电子竞赛培训工作的基础上，2012 年在实验中心成立了省内首批“大学生创新训练中心”之一的培训基地——长沙理工大学电子创新训练中心。

电子创新训练中心以培养学生创新思维和创新能力为核心，以科技项目和科技竞赛为驱动，以学生课外学术、科技研究及发明创造活动为主线，通过学生提出创意并申报科技立项，参与教师科研项目，参与校企合作项目等多重方式，全方位提高学生创新、创业能力，实现本科学生教学、科研、生产的有机结合。实施“136”工程，即突出一主题（以培养学生创新思维和创新能力的训练主题）、创建三平台（大学生创新创业人才培养平台、科技大赛支撑平台、高校创新培训交流平台）、达到“六化”（管理模式开放化、训练手段多样化、训练目标科学化、能力塑造个性化、基地建设特色化、指导教师聘任灵活化），从而确保电气电子信息类专业学生在创新、创业能力方面能得到稳步、有序的提高。

近年来，学校和学院依托该创新训练中心，成功承办了多项与电子信息专业相关的科技竞赛。在这些竞赛活动中，中心支部党员起到了很好的模范带头作用，从而保证了科技竞赛活动的有序开展。特别是在由我校承办、湖南省教育厅主办的2016年电子设计竞赛中，中心支部受学院和学校的委托，承担了该项任务的组织工作。但由于该项竞赛参赛院校达31所，参赛队员达822人，且由于赛制约定所有比赛作品必须在赛场内完成，这对任务的完成提出了挑战。实验中心全体教师在中心支部党员同志的带领下，克服比赛场地不足、测试设备欠缺、中心教师不够等多重困难，提前谋划，积极发动学生，多渠道寻求解决办法，充分利用暑假休息时间，终于圆满地完成了学校和学院下达的任务，获得了参赛院校和参赛选手的一致好评，并成功获得2017年全国大学生电子设计竞赛湖南省赛区的承办资格。

2016年为全面深化高等工程教育综合改革，强化电气信息类专业大学生创意创新创业能力培育，主动服务区域经济社会发展，本着“面向工业界、面向未来、面向世界”的工程教育理念，以服务电气信息行业企业技术进步为导向，学院依托基地，通过与长沙市智能电力设备产业技术创新战略联盟企业进行校企合作，共同制定具有电气信息行业特色的创新创业人才培养计划和方案。（一方面校内创新创业教育：依托湖南省电子信息类专业大学生创新训练中心对大学生开展从入门到具有一定创新能力的递进式创新实践教育，企业选派工程技术人员参与学生创新指导和教学工作；对于具有一定创新成果和创业意识的高年级学生进入长沙理工大学创新创业园继续开展创新成果转化与创业活动。另一方面联盟企业创新创业教育：对于在学校完成基本创新学习的学生，结合学生的不同兴趣、特长和个性，在联盟企业中选择最合适自己的企业继续开展企业创新创业教育学习任务。）确定课程体系和教学内容，构建专业人才质量的监控与评价体系，探索新形势下创新创业教育的有效模式。通过后3年建设，配合学校、学院把基地建设成管理模式规范化、培训形式多样化、资源充分共享的省级校企合作创新创业教育基地，探索并建立紧密对接智能电力设备产业链的创新创业人才培养机制，为本地智能电力设备产业发展提供所需的人才培养和技术创新服务，实现省内高校与智能电力设备行业企业联盟在合作进行大学生创新创业教育方面稳步、高效、有序地发展目标，为国内地方性大学产教融合发展起到示范作用。

2016年6月湖南省副省长蔡振红赴长沙理工大学调研大学毕业生就业、创业工作，重点参观了长沙理工大学湖南省电子信息类专业大学生创新训练中心，充分肯定了基地的创新创业成果。

中心党员教师借助此平台，近三年指导1项国家级“新型自适应微四旋翼飞行器控制器研制”，3项省级和近三十项校级“大学生研究性学习和创新性实验计划”项目，带出了一批具有较高电子应用技能水平的学生，并取得了全国大学生电子大赛国家一等奖4项、二等奖4项、省级一等奖10项、二等奖2项、三等奖3项的优异成绩。

3．积极探索教学与科研相结合的切入点，积极开展科学研究

近三年本中心党员教师引进科研项目28项，其中国家自科基金2项，省自科基金3项，进校科研经费近510万，发表科研论文26篇。

电工电子实验中心党支部是一个充满活力、具有丰富教学经验的集体，并且是一个工作干劲十足且非常团结的集体，我们将继续不忘初心牢记使命，将一个集学生实验、课外科技活动、创新能力训练和科研实践于一体的电工电子实验中心推向蓬勃发展的另一高度。

备注：该支部2016年推荐参评全国高校“两学一做”支部风采展，其事迹在中国大学生在线展出。

厉害了，我的党支部！

——长沙理工大学电气与信息工程学院自动化轨道学生党支部特色建设纪实

“以工为技，以党为家；红专并进，理实交融；时光荏苒，初心不换；人聚人散，自轨不变。”谈到长沙理工大学电气与信息工程学院学生自动化轨道党支部，老师和同学们都会称赞不已：支部成员个个上进有思想、实干有能力、积极有活力，支部更是连续3年获评“院优秀学生党支部”，两次获评“校优秀学生党支部”。

支部现有党员31人，其中正式党员14人。以创建“能力型支部”为特色的自动化轨道党支部，始终将思想建设作为基础，通过“三会一课”“双联双学”将理论学习做实做活、入心入脑，建立党员示范岗，人人争当标兵。支部成员现任职学生干部比例达100%，在工作中扎根同学，认真履职，信念执着，勇于开拓，成为示范引领的标杆，获省级以上奖励25人次，获奖比例达100%。涌现出了长理十星候选人蔡志强、院学生会主席云彬、校民兵连教官庞丽娜、主动申请并获批赴新疆基层工作的优秀毕业生赵丹、报考基层选调生的高鹏飞等一批优秀典型。

在刚刚结束的2018年研究生选拔考试中，该支部足足地“火了一把”，成为学生眼中的“学霸党支部”。支部19名毕业生党员中有12人参加研究生入学考试，报考比例达63.16%，11人通过国家线，10人考上研究生，分别被中南大学、华南理工大学、重庆大学、燕山大学、东华大学、长沙理工大学录取，上线率高达91.67%，录取率更是高达83.33%，成为学生党支部学风建设的典范。

另外9名未考研的毕业生党员也分别被威胜电气有限公司、湖南邮电规划设计院、杭州杭港地铁有限公司、中交天和机械设备制造有限公司、海能达股份有限公司、海康威视、衡阳镭目科技有限责任公司等知名企业录用。

“特色型学生党支部建设”是长理电气与信息工程学院学生党总支于2017

年9月份启动的“夯基础、创特色”支部建设工程，自启动以来，各支部积极响应，主动凝练特色，并将“特色”建设融入支部日常工作中，“学习型支部”“能力型支部”“科技竞赛型支部”等特色逐渐凸显，打造了“学生党员思想提升与能力发展并重，服务集体与个人成长共举”的新局面。正如学院党委符慧林书记所说：“支部建设是党建引领思想政治教育的根本抓手，我们培养的学生党员应该在日常学习工作生活中唱响电气正能量，彰显党员风采，发挥标杆示范作用。学生党支部要努力打造‘人人追求卓越’的氛围。”

习总书记五四青年节在北大师生座谈会上的讲话指出：“要坚持党对高校的领导，坚持社会主义办学方向，把我们的特色和优势有效转化为培养社会主义建设者和接班人的能力。”高校基层学生党支部建设是落实思想政治教育工作党建引领的关键环节和基础工程，打通最后一公里，提升支部人才培养能力，电气与信息工程学院学生党建行走在路上。

党建带团建："四个建团"引领活力支部"四个培育"铸就有为青年

——"全国活力团支部"电气与信息工程学院电气1405团支部风采纪实

电气与信息工程学院电气1405班团支部由来自13个省份的30名团员（男23女7）组成，支部成立以来，以思想建设为引领，围绕"学风建团、作风建团、能力建团、文化建团"的指导思想，积极创建学习型、活力型支部，支部建设彰显正能量，实现了"人人追求卓越、人人都能出彩"的支部目标。

一、思想建团：用社会主义核心价值观培育信念坚定的四有青年

三年来，支部成员通过41次党课理论学习，12次入党积极分子培训，23次主题团日活动，牢固树立理想信念，听党话，跟党走，支部团员递交入党申请书比例100%，参加党校学习，共有10名团员被党组织吸收发展为中共党员，支部党员比例达33.3%，在全院66个团支部中居最高。

二、学风建团：用勤奋刻苦的优良学风培育本领过硬的四有青年

以打造优良班风学风为核心，支部通过创建"学习交流群"、"图书馆小分队"学习合作机制、三年如一日坚持开展"课堂手机袋""文化早餐""云影讲坛""学霸课堂"等活动，有效铸就了支部成员勤学、乐学的优良学习风气。支部成员三年来学业平均分80.45，居全院第一；连续两年获得优良学风班集体，共有46人次获奖学金，比例8.75%，远高于学院平均比例6.66%；四级过级率90%，六级过级率30%，计算机二级过级率53.3%；学生参与科技立项、

电子设计大赛等各类学科竞赛共18人次，3个团队获得校级科技立项三等奖，1人获得省级物理竞赛“三等奖”。

三、文化建团：用团结友爱进取的特色家文化培育担当有为的四有青年

“家文化”是电气1405班团支部一直以来始终卓越优秀的灵魂。自支部成立以来，通过班团一体化管理、网络建团、支部例会、干部梯队培养、特色支部活动等构建家文化，保障团支部的高效、稳定运行。团支部紧贴当代大学生独立性强的特点，用情凝聚人心，用活动团结成员，打造了班级生日活动、班级成长纪念册、女生节活动、化装晚会、荧光夜跑、“走出宿舍，拥抱青春”班级环校跑、班级成员纪念扑克等特色班级活动。全体成员团结友爱，人人争当班干部，人人乐意服务集体。三年来，共获得个人省级荣誉20项，校级荣誉145项，院级荣誉56项。支部先后获校级先进示范班集体、校级五四红旗团支部及其他荣誉共20项。

四、能力建团：用班级网络微平台培育能说会写的新工科人才

团支部紧跟时代发展，依托班级微信公众号，通过线下生动展示，线上联动记录，讲好1405故事，唱响1405好声音。公众号分小组运营，全员参与，人人都是小记者，人人都是主人翁，人人都是主角，大大提升了团员的综合素质。三年来，班级微博发布班级成长记录309条，总浏览量达65万人次，班级微信公众号推送图文304条，总浏览阅读量达44991次，点赞2698，转发1238，更打造了“吾爱吾班”“吾爱吾师”“书香有约”等品牌栏目。由于表现突出，线下支部交流会和答辩展示会14场，宣传支部文化，影响2060余人次，成为学院班级微支部建设的标杆和榜样。

3年，1170天，30人，1个家，汇成电气1405团支部。也曾顶天立地谈信仰，也曾意气风发论年华，有欢笑，亦有泪水。聚是一团火，散做满天星，将信仰传播，将能量传递，将活力展示，将优秀培育。新时代，我们将继续携手，行稳致远！

（二）优秀学生党员风采

全面发展书写青年华章

——记湖南省百佳大学生党员李梅

李梅，女，1988 年出生，中共党员，2011 年进入长沙理工大学电气与信息工程学院攻读电力系统及其自动化专业硕士学位。入校以来，该生严格遵守学校、学院的规章制度，性格乐观开朗，关心集体，乐于助人。就读研究生期间，一直担任 11 级第二党支部书记，并在各方面都能争取全面发展。历任校自理委员会信息部副部长、年级党支部书记、08 级助班、院研究生会文娱部部长、学工办助理、院组织部干事、班级党团支书。获得英语四级、六级；全国计算机二级、三级、四级；网络工程师证书；湖南省普通话水平二级甲等证书。曾获研究生国家奖学金、湖南省第五届“挑战杯”大学生创业计划竞赛省级铜奖、湖南省普通高等学校 2011 届“优秀毕业生”、校“优秀共产党员”、校“优秀研究生干部”等 20 余项荣誉。

一、政治思想求上进

李梅同学思想素质过硬，本科入学便递交了入党申请书。在党校学习期间，认真学习党的理论知识，踊跃参与小组讨论，在入党积极分子结业考试中取得较好成绩。成为中共预备党员后，进入预备党员培训班并顺利结业，成为大学期间第一批加入中国共产党的学生，并在之后的求学生涯中一直担任党支部书记。在日常生活中，时刻保持党员先进性，关心时政，热心服务他人。李梅同学在本科期间加入了学生会，秉持服务他人的理念，积极参加公益活动，如校园环保活动、募捐、看望老人、义卖等，让在校贫困生及社会弱势群体感受温暖，并解决生活困难。此外，李梅同学于大三起担任2008级助班，帮助新生顺利完成入学各项任务，并指引新生尽快适应大学生活。其间其结合自身经历向新生传授大学学习与生活的经验，开展四、六级经验交流会，并着重强调理论与专业学习的重要性。

步入研究生求学期间，李梅同学能保持乐观开朗的心态传递出正能量，笑对每一天是其生活的信条。积极帮助在学习上、生活上需要帮助的同学是她最大的快乐。常常与实验室的同门、师弟师妹们热情交流，共同分享生活的乐趣。同时，能积极为学校的本科生学弟学妹们分享考研的心得和帮忙搜集复习资料。2012年，她还作为电气与信息工程学院新老生交流会电力系统及其自动化专业的代表，与刚入学的师弟师妹们交流经验，指引前行的方向。

二、学习工作求卓越

李梅同学入学后就制定了奋斗目标，做出了详细的求学规划。认真上好每一堂课，努力消化每一个知识点是最基本的要求，最终以优异的成绩修满学分。其次，在课余时间会积极与导师沟通研究方向，搜集前沿资料，了解最新的科研进展，从而确定自己的兴趣所在。李梅同学深知专业基础知识的重要性，经常与同门探讨最新的想法和思路，进行深层次的探索研究。经过不断努力，现已在中文核心期刊上发表了多篇学术论文。论文《风电网电压波动特性影响因素的建模仿真》已被中文核心期刊《低压电器》录用；论文《基于切换系统的变速变桨风力发电机组建模与控制》已被《中国高等学校电力系统及其自动化专业第29届学术年会》录用；论文《变速变桨风电系统的多模型自适应切换系统建模与控制研究》已投至CSCD核心期刊《电力系统自动化设备》（在审）。她始终相信，学习是当代大学生最根本的任务，无论是课本上的知识获取还是社交活动中的能力培养，都需要通过学习获得，“学无止境”在她身上得到了最好的印证。

在工作中，李梅同学同样能尽职尽责地干好导师布置的科研任务，在帮助导师管理好实验室的同时也能积极为同门师弟师妹们服务，从生活、学习、思想上保持良好沟通；在担任学工办助理、党支部书记期间，保质保量地完成老师交予的工作，积极影响并带动周围同学加入中国共产党，为党组织吸纳强有力的骨干力量做出自己的努力，工作表现获得了老师和同学们的一致肯定。

三、科技创新求突破

不仅在学习上，在各类竞赛中，李梅同学也能积极参与并投入极大的热情，例如在参加湖南省第五届“挑战杯”大学生创业计划竞赛中，她勇敢地担任起项目“长沙胜宇电气科技有限公司”的负责人，从最初的材料搜集到分工的具体安排再到后来的演讲培训，每一项都亲力亲为，与自己的团队成员共同探讨项目的进程、细节及具体实施方案，因为她相信，集体的力量是无穷的，火花就在思想的碰撞中产生，每一个新颖的好点子都能促成最后的成功。

在这近三年的研究生生活中，李梅同学在学习、生活、工作等各方面起到了奋发向上的带头作用，时刻以党员的高标准严格要求自己，以成为认真、有激情、创新、自信的当代有志青年为奋斗目标，全面提升自己的能力素质。虽然人不能做到尽善尽美，但她能做到在各方面力求完善自己，在此过程中，取得了一定成绩，并继续为实现自己的人生目标和人生价值而奋斗前行，以积极的姿态迎接新的挑战。

砥砺前行，勇攀高峰

——记湖南省百佳大学生党员谢李为

谢李为，男，汉族，1993 年 7 月出生，长沙理工大学电气与信息工程学院 2011 级本科生，2015 级研究生，2013 年 11 月 28 日被组织吸收成为一名预备党员，2014 年 12 月 8 日通过转正申请成为正式党员。入学以来，曾任长沙理工大学学生会学研部副部长、中国电机工程学会国际部和奖励工作办公室志愿者、长沙理工大学研究生会主席，多次参与“互联网 +”、挑战杯和科技立项等课外科技竞赛活动，获湖南省普通高校百佳大学生党员、第三届“互联网 +”全国大学生创新创业大赛铜奖、2016 年“挑战杯”全国大学生创新创业大赛铜奖、“创青春”湖南省大学生创新创业大赛金奖、银奖、铜奖等省部级及以上奖励和荣誉 10 余次，并跟随导师参加了 2015 年国家科学技术奖励大会。

一、牢记使命，争当思想合格者

谢李为同志牢记党的宗旨，明确自己学生党员的身份和应尽的义务，时刻保持学生党员的先进性，在校学习期间能认真学习党的理论知识，踊跃参与小组讨论，并有较为独特的见解和深刻的发言，积极进取，思想素质过硬，具有坚定正确的政治方向，认真学习马列主义、毛泽东思想、邓小平理论和“三个代表”重要思想、新时代中国特色社会主义思想，树立了正确的人生观，价值观和世界观。他坚持以服务广大同学为己任，坚持“一切为了群众，一切依靠群众，从群众中来，到群众中去”的思想，真抓实干，不断发扬理论联系实际之风。

二、勿忘初心，争当学习先锋者

作为一名学生党员，谢李为同志深知学习是学生的第一要务，他认真学习，刻苦求知，在大二以专业第一的身份和总分第一的成绩转入电气与信息工程学院，并辅修英语第二学士学位，在大四以专业前5%的成绩取得免试攻读长沙理工大学硕士学位研究生资格。本科期间，累计获得校级及以上奖励和荣誉30余次；研究生期间，累计获得校级及以上奖励和荣誉30余次，发表核心期刊和国际会议论文7篇，其中第一作者的CSCD期刊论文和国际会议论文各2篇，并受邀在韩国APAP 2017年国际会议上进行项目汇报，论文《基于IEC 61850的智能保护装置自动建模研究》获湖南省第九届研究生创新论坛一等奖，所参与项目《非有效接地电网故障的安全防护与自愈控制智能化技术及成套装备》获得2016年中国电工技术学会科技进步奖三等奖，并以综合排名第一的成绩获得研究生国家奖学金。

作为研究生课题组的一员，他深知自己肩负着传帮带的责任和使命。在老师的指导下，他带领着师弟师妹一起参加“互联网+”和挑战杯等科技课外活动。作为项目负责人，他深知要想把项目做好，不能只浮在表面，要沉下心踏实干。“没有哪一份荣誉可以轻松获得，没有哪一种优秀与生俱来，光辉成绩的背后都有长期脚踏实地的付出与积累，让优秀成为一种习惯，但更要习惯成为优秀。”是老师对他们团队的期待，同时也是谢李为同志对自己的要求。

在参加比赛的日子里，他除了参加正常的教学课程外，便整日待在实验室准备比赛相关事情，有时累了，便席地而睡。最后，他们团队分别获得“互联网+”创新创业大赛国家级铜奖、省级金奖、“创青春”创业计划大赛国家级铜奖、省级金奖、长沙市创新创业大赛二等奖。

三、乐于奉献，争当团干引领者

谢李为同志在努力完成自己学业任务的同时，积极参加校内外实践活动，并担任长沙理工大学校研究生会主席。在2016年3月以第一负责人身份组织长沙理工大学第十一届研究生“学术文化节”，完成15个学院4类别29个活动的跟进和资料收集整理；同时以负责人身份全程带队组织长沙理工大学研究生辩论队队员选拔和为期1个月的培训工作，最终辩论队获得湖南省辩论赛三等奖；并在5月以第一负责人身份策划和组织2016届长沙理工大学研究生毕业典礼和毕业季系列活动，顺利完成了为期2个月的前期准备和1天的毕业典礼；在10月以第一负责人身份组织和参与长沙理工大学第十二届“博力学术”论坛，收集298篇优秀论文，40名科研能力突出的校内外专家、学者，10余名优秀校友和57名优秀研究生举办近百场学术交流活动。

他曾参与湖南省男子篮球联赛、第五届和第六届长沙理工大学研究生辩论赛、第八届长沙理工大学研究生“云影讲坛”、第十一届长沙理工大学“博力学术”论坛和湖南省第九届研究生创新论，获得湖南省“优秀志愿者”称号，并在湖南省第九届研究生创新论坛“多能源互联智能电网新技术”分论坛作为学生代表发言。同时，他注重学生干部自身能力的提升，顺利完成2016年度湖南省大学生青年马克思主义者骨干培训，获得“管理人才”单项奖学金和学校团系统评优最高奖项“十佳团干”称号。

作为一名研究生团干，他带领电气与信息工程学院研究生专业实践团队前往国网岳阳供电公司调度与控制中心和配网所分析岳阳市10kV配电网网络结构和电力负荷，研究岳阳市历史停电数据。针对目前10kV配电网无法对台区和支路线路停电情况进行监控的问题，提出一种基于大数据关联性分析的故障停电监测方法；针对配网断线故障后，变压器缺相运行，降低电能质量，毁坏设备，引起接地故障，甚至电死人畜，危害人身安全的问题，提出一种基于序分量的断线故障定位方法；针对三相不平衡时负荷转移过程需要停电操作的问题，提出一种配电网三相不平衡的不停电切换方法。

通过与湖南省电力公司运营监控中心负责人进行技术讨论，对汨罗市配电网进行实地故障停电监测。实地验证团队所提方法能够有效解决当地配电线路停电监控盲点问题，项目成果得到国网岳阳供电公司领导的肯定，并获得长沙理工大学2017年研究生暑期专业实践一等奖。

四、全面发展，争当能力先行者

谢李为同志始终坚持实事求是的工作作风和为人处事态度，长期坚持良好的生活习惯，注重培养自身兴趣爱好，积极参加体育锻炼和科技文化活动。他曾获得长沙理工大学“十月诗会”现场诗歌创作大赛一等奖、长沙理工大学“我的中国梦”征文比赛二等奖、长沙理工大学“优秀辩手”称号和“文体活动”单项奖学金，在长沙理工大学学报发表诗歌6篇；参与中国科协2015年海峡两岸智能配电网与新能源技术及应用研讨会和2017年国家自然科学基金项目检查交流暨研讨会的相关工作，并在2016年1月，参加了2015年国家科学技术奖励大会，认真听取国务院总理李克强的相关报告。

一个人的能力是在实践中逐步发展和提高的，作为一名新时期的中国共产党员，谢李为同志热爱科技和文学，在学校期间不断地培养自身的科技人文素养，提高自身综合能力，努力为身边的同学、师弟、师妹们排忧解难，他始终坚信，保持良好的学习生活习惯不仅能快乐自己，更能鼓舞他人。他时刻牢记党的教导，不断努力，提高自己的思想政治觉悟，为成为一名优秀共产党员而不懈努力。

激昂青春的奋斗者之歌

——记湖南省百佳大学生党员张卫明

张卫明，男，汉族，1989 年 1 月出生，是长沙理工大学电气与信息工程学院 2010 级本科生，2014 级研究生。2013 年 12 月被发展为中共预备党员，2014 年 12 月如期转正。入学以来，先后担任班级学习委员、院级学生会成员、校级办公室助理、课题组负责人和长沙理工大学“智能电力设备监控技术创新团队”负责人。他学习努力，积极进取，坚持德、智、体、美、劳等方面的全面发展，品学兼优，科技创新能力突出。先后获得过国家励志奖学金、首届“互联网 +”全国大学生创新创业大赛金奖、第六届全国大学生“节能减排”社会实践与科技竞赛一等奖、第十三届“挑战杯”全国大学生课外学术科技作品竞赛三等奖、湖南省级特等奖、一等奖等十多项国家和省级荣誉，并发表有中文核心期刊论文、EI 检索国际会议论文以及发明专利。

一、思想上进，先锋模范作用突出

他刚进入大学就展现出良好的精神风貌，特别注重培养正确的人生观、价值观和世界观，努力提高思想政治觉悟。入学当年 12 月就被选为班上仅有的一名入党积极分子，在党校学习期间，他认真学习党的理论知识，踊跃参加小组讨论，积极组织并参加党组织生活，党校结业时被评为“党校优学员”。平时的学习生活中，他也很注重加强党性修养的提高，时刻以共产党员的标准严格要求自己，处处努力起好党员的模范带头作用。曾经主动报名参加学院发起的义务支教活动，在 2011 年暑期积极组队发起院级“三下乡”赴湘西慈利县调研留守儿童问题的活动，回校后带头创办了院级“小羽毛”献爱心协会，关注边远地区儿童的学习生活；在当年的“创先争优”活动中曾获得“社会实践先进个人”“学生工作先进个人”等称号。

二、学习努力，成绩优秀堪当楷模

他明白学习仍然是学生党员的首要任务，不管担任多少学生干部职务，始终端正学习态度、刻苦努力。入学以来，他成绩一直名列前茅，大二时凭借学院成绩第二的排名拿到转专业资格并顺利转入电气与信息工程学院，本科毕业时凭借学习科研成绩的优异表现获得推免本校研究生资格继续留在学校电气与信息工程学院深造。其间，他还顺利通过全国英语四六级和国家计算机二级考试，取得了电工进网许可证、CAD 证和办公自动化设计证等，获得国家励志奖学金、长沙理工大学研究生新生奖学金、学业奖学金和学习科技竞赛单奖奖学金共11 次；专业学习之余，在学校大学生科技创新实验室进行电子设计实践培训学习，赴湖南省大唐华银株洲发电有限公司株洲电厂参观学习，于湖南省电力公司星沙培训分中心实习，获得相关老师和专家的一致好评。

三、潜心科研，科技创新成果丰厚

最初跟随工程经历丰富的老师学习不久，他就在科技创新研究方面展现出浓厚的兴趣。他说到，要不断进取，成为一个富有较强人文素养和专业素养的、具有创新意识和实践能力的、具备管理才能和团队精神的电气工程师，为此他开始了不懈的努力。本科生期间，经过几个阶段的选拔性学习，他得以加入长沙理工大学大学生科技创新实验室，进行硬件电路制作和软件编程的学习。踏踏实实，废寝忘食，实验室负责人张老师介绍说，张卫明比别人更下功夫，几乎每天在实验室都能见到他。天道酬勤，厚积薄发，掌握了扎实的科研技能后，他组建起一个科研创新团队，并找学院樊老师探讨“水体污染侦测机器鱼”的构想，用于工厂企业偷排污水的侦查，最终，项目得到国家级和湖南省的科技立项和经费支持，成功设计出装置样机。

至此，他真正开启了科技创新与创业的实践之路。推免研究生之后，跟随曾祥君团队从事智能电网保护与控制的研究，同团队一道潜心钻研，他担任项目学生主要成员，配合老师从事硬件和软件两大核心部分的开发，虚心好学，吃苦耐劳，成功设计出了一套“配电网故障行波定位装置”。该装置完成了产品合格型式试验，已顺利在广东佛山、江门、茂名和河北秦皇岛等地的电网线路上安装运行，并成功帮助门江供电局诊断出电网线路上隐蔽难查的故障发生点。读研期间，他成功发表了“中文核心”期刊论文 1 篇、EI 检索“国际会议”论文1篇，已授权“发明专利”一项。

凭借丰硕的科研成果和丰厚的科研实力，他被选为长沙理工大学“智能电力设备监控技术创新团队”队长，带领团队于2014年成功申请了国家级“小平科技创新团队”（湖南省仅四项），作为学校学生代表赴人民大会堂和京西宾馆参加“中国青少年科技创新交流大会”，并做了“科研与创新、实践的密切联系”的发言。由于这些优秀的事迹，他受到湖南省教育电视台、中国青年报和长沙理工大学校报的采访，还曾多次参加学校的学术交流活动，在长沙理工大学第十届博力学术论坛”、长沙理工大学“电气星播客”和电气与信息工程学院“新生入学典礼”上做报告，用自己的科研经历带动更多感兴趣的同学投身科研与创新创业活动，还就“课堂内外创新能力培养和实践”建言献策。

此外，他还多次以队长或主要科研人员的身份参加国家级“互联网+”“挑战杯”“节能减排”大赛，曾获得首届“互联网+”全国大学生创新创业大赛金奖（排名第二）、第十三届“挑战杯”全国大学生课外学术科技作品竞赛三等奖（排名第二）、第六届全国大学生“节能减排”社会实践与科技竞赛一等奖（排名第一），湖南省级和校级一等奖多项，通过参赛他带动了一批学弟学妹们投身科技创新创业活动。

四、工作踏实，校内外工作实践出色

学习科研的同时，他很注重发挥党员先锋模范的作用，全心全意投身实践工作，为同学服务，为老师分忧，为学院奉献。学生工作方面他曾在班级担任学习委员，建立同学和老师之间的沟通桥梁；在学院担任学生会办公室成员，为学院的行政管理和学风建设努力奉献；在学校保卫处办公室担任学生助理，协助学校做好校园内的安全隐患排查工作。社会实践方面他曾经协助学院积极推进与湖南新化供电公司建立“校企联合培养人才”基地，并担任实践队队长。积极响应校团委的号召，积极投身“三下乡”湖南湘西慈利县的留守儿童调研活动，主动参加长沙“烈士公园”清明节扫墓活动。另外，他还热爱文学活动，曾在校报上发表散文和诗歌，曾获长沙理工大学“我的中国梦”征文三等奖。

五、生活简朴，勤劳努力，阳光向上

生活中的张卫明朴素节俭，品德端正，勤劳努力，阳光向上，体现了当代大学生的良好风貌。他主动团结关心同学，帮助学习困难同学补课，为学弟学妹们排忧解难，帮助师兄师姐们做力所能及的事情，在生活中建立了良好的人际关系，获得了大家的尊重和支持。他还注意加强体育锻炼，有热爱健身和打篮球的爱好，以保持健康的体格和心态，用自己积极乐观的心态传递着青春的正能量！

卓越之路始于足下

——记优秀大学生党员徐元璨

徐元璨，女，汉族，湖南省娄底冷水江人，1996 年 1 月出生，于 2014 年 11 月 28 日成为预备党员，长沙理工大学电气与信息工程学院电气工程 2013 级卓越班学生。曾任电气与信息工程学院学生党总支本科生电气四支部副书记，2013 级电气卓越班下班党员，曾担任过校学生会学研部副部长，多次参与挑战杯、科技立项等课外科技竞赛活动，曾获得“创青春”挑战杯创业计划大赛国家银奖、“互联网 +”大学生创新创业大赛国家铜奖、挑战杯创业计划赛省级金奖、“互联网 +”创业计划大赛省级金奖、“湘能杯”电力智能设备产业技术创新创业大赛省级金奖，大四以专业前 2% 的成绩取得免试攻读硕士研究生资格，在国外重要会议上发表论文一篇，国外重要期刊上发表论文一篇，国内核心期刊上发表论文一篇，省级重要期刊上发表论文一篇，曾被评为院、校优秀大学生党员，在电气与信息工程学院 2015 级新生开学典礼上发言，并作为项目负责人在学校、部分学院的创新创业工作会议上发言。

日常学习生活中，徐元璨同志积极参加学校、学院组织的各项文体科技活动，正确处理学习、工作和生活的关系，勤奋刻苦，兢兢业业，时刻以党员的标准严格要求自己，在思想政治、学习科研、工作实践和生活爱好等各方面都较好地发挥着共产党员的先锋模范作用。

一、从群众中来，到群众中去

徐元璨同志牢记党的宗旨，明确自己的党员身份和应尽的党员义务，时刻保持党员先进性，工作中兢兢业业、踏实肯干，并将这种工作态度传递给身边的同学，积极进取，思想素质过硬，有自己独到的意见与看法，具有坚定正确的政治方向，认真学习马列主义、毛泽东思想、邓小平理论、“三个代表”重要思想、社会主义科学发展观和“中国梦”系列思想，认真贯彻“两学一做”学习教育，树立正确的人生观、价值观和世界观，平日关注时政，与党中央保持高度一致，时刻以共产党员的标准严格要求自己，影响并带动周围同学积极加入党组织，真正起到了模范带头作用。她坚持以服务同学为己任，担任下班党员期间，深入群众日常学习生活，例如组织班级学习讨论小组，定期下寝访问。坚持“一切为了群众，一切依靠群众，从群众中来，到群众中去”的思想，真抓实干、发扬理论联系实际之风。

二、坚韧不拔　芳香满园

作为一名学生党员，徐元璨同志有着良好的学习态度和“较真”的精神，专业学习成绩拔尖，每学年综合测评成绩均居专业前列，荣获校特等奖学金一次、校一等奖学金三次。综合获得平均学分绩点 3.52，平均分 86.68，并通过英语四六级考试、德语四级考试和计算机二级、三级考试。

自 2014 年起，徐元璨同志通过不断参加国际、国家级、区级以及省级数学建模竞赛，对遗传神经算法进行深入思考与研究，综合参赛建模经历，于 2016 年参与撰写遗传算法相关论文“*Improved Free-Matrix-Based Integral Inequalities for Stability Analysis of Delayed Neural Networks*”投稿 IEEE 美国电气电子工程协会。同时利用 2015 年暑假期间在湖南省电力科学院实习，参与分型尺寸与断路器相关研究，发表会议论文“*Combination Forecasting Method and Application Based on the Fractal Dimension Weight*”，收录于 EI；《一例 110kV 断路器疑似家族性缺陷分析》，发表于《湖南电力》杂志。由于对电力电子方向十分感兴趣，她于 2016 年参与电力电子方向相关课题组研究 MMC。

在“大众创业，万众创新”精神的引领下，徐元璨同志对于创新创业也有着自己的理解和看法，并且将其付诸实际行动。她明白创业不是一时兴起，更无法一蹴而就，只有具有笨鸟先飞的执着和不畏困难的韧性才能勇攀高峰。2016 年，她分别参加“创青春”湖南省大学生创业计划大赛和建行杯“互联网 +”大学生创新创业大赛。在参加挑战杯和“互联网 +”比赛历时一年半的日子里，徐元璨同志除了参加正常的教学课程外，便整日待在实验室准备比赛相关事项。暑假近 3 个月的时间奔走于比赛培训以及各大小赛事，积累了丰富的实战经验，最后，她分别获得“创青春”挑战杯创业计划大赛省级金奖、国家银奖、“互联网 +”大赛省级金奖、国家铜奖。

三、服务他人　奉献集体

徐元璨同志在努力完成自身学业任务的同时，还努力锻炼自身的工作实践能力。曾任校学生会学研部副部长，并在 2015 年 3 月以第二负责人的身份策划组织第六届长沙理工大学“挑战杯”校内选拔赛，顺利完成了为期 3 个月的前期准备和 1 天的比赛工作，并且自 2013 年 12 月至 2015 年 12 月，负责每年全校所有学院的科技立项申报、审核以及结题工作，最终被评为校级优秀团干，入选第十三届校学生会主席团候选人名单。

任电气四支部副书记期间，积极组织支部“两学一做”理论教育学习、民主生活会、党员发展与转正大会，明确支部建设制度，每一次的党支部活动都征询支部成员的意见，提高参与度，从而利于支部活动顺利展开。同时动员支部成员参加各类竞赛，提升自我学习能力和专业技能，身为下班党员的她通过自身努力加强班级同学与老师之间的沟通交流，在学习、生活上提供帮助。她还时常参加 2014 级、2015 级和 2016 级的班级交流会，为学弟学妹们提供建议，解决问题，用自身的力量去感染并且激励他们，为他们树立正确的世界观、人生观、价值观献出了自己一份力。同时，她注重个人社会实践能力的提升，积极参加中国扶贫基金会“善行 100”和“青春光明行”等活动，并两次获得先进个人称号。

四、全面发展　璀璨青春

徐元璨同志进入大学以来，不仅在专业学习上严格要求自己，更注重个人综合素质的全面发展。充分利用课余时间学习第二外语德语，并于 2017 年完成德语学习，参加德福考试，具有音乐、运动特长，被选拔为长沙市愿景交响乐团首席小提琴手，多次在湖南卫视登台出演，同时曾获得湖南省定向越野中距离赛第四名，在校期间多次参加校运会，获得女子 1500 米长跑第二名。她也十分重视口才锻炼，曾获得校级“力行杯”演讲比赛第一名，“电气演说家”称号，入围“希望英语”演讲比赛湖南省前 100 名。

除了自身能力和思想认识的提高，徐元璨同志还关注社会弱势群体所面临的问题。她积极帮助困难学生：她曾帮助家庭经济困难学生，利用寒暑假时间，去往北京水利医院探望身患骨肉瘤的同学，在当时资金筹款不足的情况下，捐出自己所获的奖学金，发起众筹，联系高中、大学同学和老师，规范筹款渠道，最终筹得近 100 万元资金，用微薄之力帮助同学及其家庭走出困境；大一时便参加善行100志愿活动，通过向路边行人一个一个的介绍扶贫项目，说动他们为贫困偏远地区的孩子们购买100元的学习用具爱心包裹，1天内便实现筹款1000元。通过这样点点滴滴的积累，切实地为解决贫困儿童读书问题做出力所能及的贡献。

她作为一名共产党员时时牢记所肩负的责任，确立良好的工作作风：开展工作不能懒惰要勤快；要清楚目的；要事无巨细的准备；要全面地考虑问题；要敢于下决心；要有正能量的工作态度与作风；将思想上的正确引领摆在重要位置。她扎实学习党章党规与党的系列思想，时刻牢记党的教导，继续加倍努力，提高自己的思想政治觉悟，努力使自己更加优秀，为成为一名名副其实的优秀共产党员而不懈努力。

（三）优秀教师党员风采

电力之光耀湖湘　师德之魂闪长理

——记全国高校“黄大年式”教师团队之智能电网协同创新育人教师团队

2001年曾祥君博士毕业，婉拒电力行业高薪和重点高校优异平台团队，成为长沙电力学院（长沙理工大学前身）电力热门专业的第一个博士，担当起学科专业带头人和开拓者，披荆斩棘，板凳甘坐十年冷，创建了“智能电网协同创新育人教师团队”。带领团队申请发明专利和国家科技项目、发表国际期刊论文，主办国内外学术会议，创建了硕士点、省重点学科、省协同创新中心和教育部工程研究中心，共建了国家重点实验室和国家工程实验室，获国家科技进步一等奖、国家杰出青年基金、长江学者特聘教授；并引领团队开展创新创业教育，获50余项国家学科竞赛奖励，位居全国高校团队前茅，创建了暑假社会实践与实习融合、思政教育融入专业教育的协同育人新模式，成为第一个通过国家工程教育专业认证的普通高校电气专业；实现了学科专业的跨越式发展，已名列地方院校前茅，受到媒体的广泛报道，并在清华大学、美国俄亥俄州立大学等知名高校进行了大会报告，成为协同创新育人典范。

一、心有大我，志诚报国，以师德师风彰显名师风采

团队扎根地方高校，致力于智能电网科学研究与电力“双创”人才培养，团队负责人曾祥君教授痴迷科研，热爱教育，将“一颗红心”奉献给国家的教育与科研事业。他身为热门专业国家高层次人才，曾婉拒多所985、211大学和

企业的高薪聘请，一直坚守在地方院校工作岗位，坚定带领学院教师将当初仅有一个博士、没有教授的电气学科培育成今天拥有国家重点实验室和国家工程实验室、25 名教授、32 名博士、26 名海归，学科排名全国前 30、通过国家工程教育专业认证，名列地方院校前茅的特色专业学科。在学生眼中，他是“创神”；在老师眼中，他是“铁人”，经常工作到凌晨，坐在实验室倒头睡着是常事。正是这种甘于寂寞、忘我的工作精神，“中国电气工程杰出青年工程师”“国家杰青”“长江学者”等荣誉接踵而来。他攻克了电网冰灾防护与电网故障定位的世界难题，分别获国家科技进步一等奖和国家技术发明二等奖。2017 年他入围中央电视台“寻找最美教师”全国 100 人名单，人民网、光明网、湖南卫视、湖南教育电视台、中国电力报等媒体多次报道他的先进事迹。

团队其他成员在这种精神的感召下，扎根基层，执着育人。陆佳政教授潜心问道，攻克电网防冰、防火等自然灾害难题，主持获国家科技进步一等奖，并获全国五一劳动奖章。丁丹副书记执着耕耘，用“笔”记录，用心打造网络在线思政课堂，写下了 400 多篇 30 多万字的博文，用心、用情打造一方与学生沟通互动的心灵家园，两次获得全国优秀辅导员博客大赛“优秀博客奖”提名，“党员 E 家”微平台获全国高校“两学一做”支部风采优秀案例奖。新华网、中国大学生在线多次报道其优秀事迹。

二、立德树人，教书育人，以先进教学理念培育“双创”人才

团队长期关注“双创人才”培养，构建全员育人合力，把思想政治工作贯穿教育教学全过程，成效显著。团队针对高校实践育人的痛点，创建了暑假社会实践与实习融合、思政教育融入专业教育的协同育人新模式，获得全国高校大学生“三下乡”暑期社会实践先进团队，多次在国家电网电力人才就业论坛进行大会报告，已成为电力企业网络联盟高校（清华大学、华北电力大学等 46 所高校参加）人才培养的典范，被中国大学生在线、红网、新浪、新华网等媒体报道转载近 90 次。

曾祥君、樊绍胜、丁丹创建了团中央认定的全国强电方向第一个的“小平科技创新团队”，在党的十八大以来，累计指导大学生创新创业获得国家级奖项 11 项、省级奖项 25 项、申请专利 23 项、发表论文多达 100 余篇，获全国优秀指导教师；其中在近三年全国大学生“互联网 +”创新创业大赛中获得一金两银两铜的好成绩，成为全国高校获奖最多的团队；团队培养的学生创办了高科技企业 5 家；有效支撑了学校成功入选首批全国创新创业高校 50 强。

曾祥君教授担任中国工程教育专业认证专家，每年在国内高校主讲“适应

专业认证要求，全面推进教学改革”报告近十次；成为全国创新创业教育典范。团队成员兼任班主任或班导师，所有教授均为本科生上课，及时学习先进教育教学理念，将最新科研成果融入教学中，十八大以来获省级教学成果奖4项、省级思想道德素质提升工程3项、湖南省高校信息化教学竞赛奖一等奖1项。

三、敢为人先，开拓创新，以科研创新引领电网减灾防灾领域发展

团队成员开拓进取、披荆斩棘，凭板凳甘坐十年冷的坚守，发扬“白+黑”“5+2”连续作战的精神，聚焦智能电网建设国家重大战略实施和湖南缺煤、少气、无油、“水电靠天吃饭、火电找米下锅”、能源对外依存度高的现实，凝练了电力系统保护与故障自愈控制、电力系统分析与低碳运行、高电压与电网防灾和电力电子与柔性输配电四个富有特色的研究方向；在电网故障自愈控制、绿色能源市场决策、电网冰灾和山火灾害防治技术、电力系统防雷接地技术、带电作业机器人等领域取得了富有特色的领先成果。

近年来团队承担了国家自然科学基金重点项目、国家重点研发计划项目、国家科技支撑计划项目和“863”计划项目等国家级项目20余项，省级项目50余项，获得国家科技进步一等奖和国家技术发明二等奖；获授权发明专利50余项，发表SCI/EI论文近500篇，出版专著7部，以科研创新引领电网减灾防灾领域发展，有效促进了电力行业的科技进步。

四、知行统一，甘于奉献，以卓越成果服务社会

团队成员立足地方行业特色院校，甘于奉献，以卓越成果服务电力行业。研发了具有国际领先水平的广域电网故障行波定位与保护技术、电网大范围冰冻灾害预防与治理关键技术、配电网智能消弧与接地保护技术、大型电厂冷凝器的污垢检测技术、输电线路的新型杆塔接地装置与防雷成套新技术、变电站机器人智能巡检系统等20余项代表性高科技产品，已在合作企业产业化生产，并在湖南、湖北、贵州、福建、河北、山西、内蒙古、江西、安徽、广东、浙江、四川等地电网公司、发电企业和化工、造纸等企业供电网推广应用，带动地方电气设备制造产业链增产近千亿元，社会经济效益显著。

团队承办了中文核心期刊《电力科学与技术学报》，主持建设有“电网输

变电设备防灾减灾”国家重点实验室、“电力生产与控制”国家虚拟仿真实验教学中心、“电网安全监控技术”教育部工程研究中心、“清洁能源发电与智能电网”湖南省2011年协同创新中心，对外开放，服务社会。其中曾祥君教授担任湖南省科技特派员，带领团队成员入驻电力企业，有力支撑湖南省电力产业联盟的成立和“长沙电力智能控制与设备”国家创新型产业集群的建设。

五、团结协作，持续发展，以优质文化夯实团队建设

构建了“传帮带”协同创新育人的团队文化，曾祥君教授带领团队成员申请发明专利和国家科技项目、发表国际期刊论文；吸引一批婉拒电力行业高薪和重点高校优异平台团队的青年千人、国内外博士加盟，目前已拥有骨干成员18人，其中12位博士、15位留学归国人员。团队已明确智能电网减灾防灾的研发目标、社会实践与专业实习结合的实践能力培养特色、“3+4+5”循序渐进创新创业人才培养模式；发展规划清晰，确保了团队的可持续发展。

团队树立了师德师风建设和专业能力建设两条主线，创建了暑假社会实践与实习融合、思政教育融入专业教育的协同育人新模式；符慧林书记牢牢把握党建工作内核，用党建引领团队思想建设，牢固树立科研服务社会，科研反哺人才培养，开拓校企联合育人渠道，人才培养成效显著；曾祥君教授与陆佳政院长一道带领樊绍胜、杨洪明、李泽文、王媛媛、邓丰等专业教师积极拓展科研内涵，勤研创新，学科实力不断增强，打造了国家级特色专业，创建了国家重点实验室、国家工程实验室、教育部国际合作联合实验室等学科科研平台；实现了学科专业的跨越式发展，已名列地方院校前茅，受到媒体的广泛报道。曾祥君教授已在清华大学、美国俄亥俄州立大学等知名高校进行了大会报告，彰显了协同创新育人团队典范。

陪伴学生走向卓越

——记全国高校辅导员年度人物提名奖获得者丁丹

一、个人简历

丁丹，女，汉族，1982 年 7 月生，中共党员，教育部中国大学生在线就业创业指导老师，现任长沙理工大学电气与信息工程学院党委副书记。2003 年 6 月毕业走上辅导员岗位，历任建筑学院、继续教育学院辅导员、电气与信息工程学院党委副书记，2017 年 3 月全国青年骨干教师高校行政管理出国研修项目阿尔伯塔大学访问学者。2018 年 6 月荣获全国高校辅导员年度人物提名奖。

二、工作思路

15 年扎根学生工作一线，从辅导员到副书记，她始终用“坚定的信念、坚持的探索、坚守的陪伴”守护着一批批学生成长。将思想教育工作做实做细，创新创活，她坚守“立德树人、知行合一、协同育人”的理念，主动出击，走出校园，走进企业，走向家长，走入专任教师与学生心中，带队伍，建平台，促合力，大力开展“过程育人”“文化育人”“科技育人”“实践育人”，探索了富有成效的院系大学生思想政治教育模式，学院辅导员专业化比例达到 271%，筹集了 73 万元创新创业教育基金，建设了遍布全国的富有行业特色的基层电力公司暑期校地合作实践基地 13 个，带领学生连续三年登上全国高校“互联网 +”大学生创新创业大赛的领奖舞台。2018 年，《让每一个学生都走向卓越——长沙理工大学电气与信息工程学院以“四育人”提升人才培养质量纪实》登上《中国教育报》。她自己也收获了第五届全国高校辅导员年度人物入围奖、全国高校辅导员博客大赛“优秀博客奖”提名奖、湖南省最受欢迎青年教师最具道德情操奖等国家级省级荣誉 17 项，校级荣誉 23 项，主持省厅级课题6项，发表论文14篇。她所在的团队“智能电网协同创新育人教师团队”获批全国高校黄大年式教师团队称号（排名第二）。

三、育人实效

（一）坚定信念不放松，她用“相信”守护成长

负责近3000人的学院学生工作，千头万绪，事无巨细，但只要一出现在学生面前，只要一谈及学生工作，她的脸上从来都是神采飞扬，这是发自内心地对学生工作的热爱，才能让她始终是学生眼中那个“不知疲惫，充满激情”的丁老师。

因为坚定，她成长为国家二级心理咨询师、全球职业规划师，“专业化的知识 + 丰厚的实践经验”让她在15年的学生工作生涯中所在学院近百例危机事件干预中未发生过一例非正常事故。学生小杰患上了抑郁症，在她面前一哭就是三个小时，她坚持三年如一日地陪伴，帮她垫付医药费，坚持带她复诊求医。毕业时小杰不仅走出了抑郁的阴影，更走进了500强企业，她说“没有丁老师，就没有我的今天”。该案例也被收录进《心灵的花园》一书。在丁丹眼中，没有差生，只有没找到自我、缺乏梦想的学生。面对两次受到学籍处理、被退学预警的学生，她为学生争取试读担保，“我相信你 ”。一年的时间，该学生补回了50多个学分，成为进步最大的典型，并登上学院的领奖舞台，学生动情地说“老师，是你的不放弃让我重新找回了自己”；面对身陷“校园贷”家里一贫如洗的学生，她自己掏钱帮学生还贷，还发动个人力量帮学生精神解困，学生办理休学手续后，自己担保把他推荐到企业兼职，让他懂得“何为成长代价”。学生发来短信：“我为自己是一名电气人感到幸运，感谢老师们劳神费力为我的无知与过错付出的一切，我会怀着感恩之心渡过这一关的。”

用心记录人生，与学生一起成长，2008年至今，她一直行走在网络思政的教育大路上，通过腾讯QQ、中国大学生在线写下了500多篇50多万字的博文，通过微博、微信开辟“微课堂”，记录本人工作、生活、情感、学习的点点滴滴，用心、用情打造一方与学生沟通互动的心灵家园，传递“热爱生活、努力奋斗”的精神宗旨，很多学生将读丁老师的博文看作是“捞东西”，学生家长、用人单位、同事都为她点赞，认为她的微信、博客时刻传递着“正能量”，透过这里了解了电气与信息工程学院人才培养特点与特色，这种对生活、对工作的热情与对学生的爱深深影响和感染着每一个人。其博文被收录进《立德树人，“博”导人生》书籍中。目前，她本人的博客文集也与中南大学出版社达成了出版意向。

（二）坚持探索不断线，她为一线思想政治教育注入活水

“肩负使命，我们要有教育家的情怀。”这是她经常在心里激励自己的话。社会对优秀人才的期待让她始终对待工作如初恋，力求完美，她注重工作细节，因为她深知，“德育为先”的有效性关键在一线思政工作过程中做实做细。15 年来，她坚持深入一线，任何问题向学生要答案，坚持深入学生宿舍、课堂、班会、年级大会、第二课堂活动，用激情与智慧传递“心灵鸡汤”；她坚持倾听、关注学生心声，开展个体辅导、团体辅导，利用网络媒介每日与学生进行交流，用“见字如面”的良苦用心无声引领成长；她坚持改革创新，积极探索实践育人的方案，深入用人单位，四年多来几乎没有休过暑假，用“能为与可为”打通了校企携手育人的壁垒；她坚持做实做细，创新创活，学院思政工作向精品化发展，每一次活动都是一堂生动的思想政治教育课，提升了学生的归属感与荣誉感。

因为坚持，2014 年，她主持的“心情驿站”特色成长辅导室项目在湖南省第一个通过答辩并获得优秀，吸引了国内、省内高校近 1000 人参观交流，而她，也因此被省内高校纷纷邀请交流经验，担任项目培训教师。

因为坚持，她用自己的初心去感染全院教师的育人热情。2016 年，她作为唯一学院副书记代表以“带队伍，建平台，促合力，切实提升院系大学生思想政治教育质量”为题在湖南省大学生思想政治教育工作视频会议上发言交流。2017 年，她代表全国高校“黄大年式”教师团队“智能电网协同创新育人教师团队”在湖南省高等教育学术年会暨高等教育热点论坛上作为唯一实践派代表作了《构建全员育人模式，深化人才培养改革》的报告。

因为坚持，她创建的电气与信息工程学院“网络 E 家”微平台获湖南省网络文化精品项目立项，“文化早餐”让工科生们张开了嘴，全院四大官方公众号66 个班级微支部让全院学生动起了笔，真实地记录了学生的成长生活，平均每年近4000 条原创推文，有的班级已经毕业，但班级微支部仍在继续。“党员 E 家”微平台荣获全国首届“两学一做”微支部风采优秀案例奖。

因为坚持，她将思想政治教育融入专业实践教育、创新创业教育，校企家育人合力促推人才培养实效，一项项省级、国家级荣誉纷至沓来。实践育人在学校召开成果推广会，两次受邀在国家电网电力人才就业论坛上做主题经验交流发言，成为全国“电力人才联盟网络”高校（46 所高校）实践育人的典范；电气与信息工程学院赴基层电力公司暑期社会实践团队一次获得全国大中专学生暑期“三下乡”先进团队、两次获得湖南省社会实践活动先进团队，电气1405 班获评全国活力团支部。

（三）坚守成长不掉队，她为学生插上梦想的翅膀

要给学生力量，自己首先得充满力量。从为人师的第一天起，她就告诉自己，学生工作是一项工程，更是一门艺术。15 年来，她把握住一切学习机会，在理论中学，在实践中学，向着“专业化、专家化”的道路迈进。她将在实践中探索的基层学生党建工作体系、实践育人模式整理归纳，已与中南大学出版社签署合作协议，专著《菁菁校园党旗红——长沙理工大学电气与信息工程学院学生党建工作实践探索》与《校企联合，实践育人——“思政 + 专业”大学生主动实践创新能力培养模式》正在书稿整理过程中。

坚守成长，她学习不断线，在被誉为当前“最具影响力”“规格最高”的全国“互联网 +”大学生创新创业大赛中，她连续三年带领学院项目冲进国赛，捧回了 1 项全国金奖、2 项银奖、2 项铜奖，6 项省级金奖。她自己更是兼任其中项目的指导老师，每一次赛前陪伴学生通宵达旦改稿，赛中场外鼓劲助威，学生亲切地说：“有丁老师在，我们就有了冲锋的力量。”因为始终保持着学习的热情，她获得湖南省思想政治教育研究与实践优秀案例奖、湖南省思想政治教育优秀论文一等奖，主持湖南省辅导员名师工作室项目。

四、经验总结

2018 年的春节，她收到了一名毕业生的短信，短信中写道：“一直想好好感谢您，但见面又常常说不出什么，可能不善言辞吧。从您那里我学到了很多，您是个有想法也有作为的人，非常感谢您，有您这样的老师超幸福。”

做一名让学生感到幸福的老师，做一名能给学生力量的老师，15 年来，她一直在努力。她始终坚信，思想政治教育工作最大的法宝就是“征服”，要想征服学生的心，辅导员自己得有征服学生的人格魅力与工作能力。

有了发自内心的热爱，辅导员的琐碎也是幸福；

有了发自内心的用心，辅导员的繁忙也是快乐；

有了不断提升的能力，辅导员的价值可以无限。

获奖情况

（一）省级以上个人荣誉

1. 2017 年，“智能电网协同创新育人教师团队”获批全国高校黄大年式教师团队，排名第二。

2. 2013 年，获第五届全国高校辅导员年度人物入围奖。

3. 2013 年、2015 年博客“丁丹的心灵家园”两次获得全国优秀辅导员博客大赛“优秀博客奖”提名。

4. 2013 年，博文《大学，永远的回忆：写给 08 级毕业生》；2015 年，博文《一屋不扫，何以扫天下》两次获得全国百篇优秀博文奖。

5. 2016 年，《微平台 · 巨能量——电气与信息工程学院党员 E 家微平台建设》获得全国高校“两学一做”支部风采优秀案例奖。

6. 2015 年，获得湖南省首届“最受欢迎青年教师道德情操奖”。

7. 2013 年，获 2012 湖南省高校辅导员年度人物提名奖。

8. 2011 年被评为“湖南省普通高等学校思想政治教育研究与实践先进个人”。

9. 2012 年被评为“湖南省高校思想政治教育工作先进个人”。

10. 2009 年 1 月被评为“湖南省高校大学生心理健康教育工作先进个人”。

11. 2015 年度湖南省思想政治教育研究与实践优秀案例《培育实践与创新文化，培养科技创新型人才》。

12. 2016 年获湖南省思想政治教育论文评比一等奖。

13. 2008 年 1 月论文《新时期大学生自我意识存在的问题及其调试》在 2007 年湖南省高校大学生心理健康教育研究会学术年会上获优胜奖。

14. 2006 年散文《春天里的一缕阳光》在长沙市“爱我农村，难忘七日”文艺作品征集活动中获三等奖。

15. 2008 年被评为长沙市“义务献血组织工作先进个人”。

16. 2015 年获国家电网第三届电力人才优秀论文评选中获二等奖。

（二）所带班级及学生获省级以上荣誉

1. 2016 年，电气与信息工程学院赴基层电力公司就业创业见习实践团获评全国大中专学生“三下乡”社会实践活动优秀团队；湖南省社会实践活动优秀团队。

2. 2017 年，电气 1405 班获评全国“活力团支部”。

3. 2014 年，学生“智能电力设备监控技术创新团队”获评全国“小平科技创新团队”，担任指导教师。

4. 2015—2017 年，电气与信息工程学院学生连续三年参加中国“互联网+”大学生创新创业大赛获全国金奖 1 项、银奖 2 项、铜奖 2 项，湖南省金奖 6 项，全程跟踪指导，并兼任其中项目的指导老师。

5. 2017 年，电气与信息工程学院赴基层电力公司就业创业见习实践团被评为“湖南省社会实践活动优秀团队”；电气与信息工程学院团总支被评为“湖南省五四红旗团总支”。

愿做党的一颗螺丝钉

——记电气与信息工程学院电子信息工程系党支部书记贺科学

电子信息工程系虽然小，只有20名教师、不过百名学生，但贺科学就像一颗螺丝钉，专注于党的基层岗位，带领着11名党员教师辛苦经营，先后开展了创先争优、双联双学、党员承诺践诺、群众路线教育等活动，得到了师生的一致认可。“贺老师最大的特点就是谦虚。”同事黄老师笑言，“他总是说自己没做什么，说工作还有要改进的地方，但是他的工作我们都看在眼里，都是认可他的。”

作为基层教学组织的党支部，教学和科研是相辅相成的两个中心内容，都是服务于本科及研究生的培养，在教学科研中充分发挥战斗堡垒作用。老党员积极发挥传帮带作用，青年教师党员则锐意创新、勇挑重担、迅速成长，成为教学科研中的排头兵和突击队。近三年来，电子信息工程系的教学、科研成果绝大部分源自支部党员，老党员先后获得国家自科面上项目2项、国家自科专题1项等课题，青年党员先后获得青年自科基金3项、省自科基金2项、校级青年教学优秀奖2项、指导学生参加全国电子设计大赛获国家级奖励3项。

电子信息工程专业办学时间不长，面向的行业较宽泛，在行业特色非常鲜明的电力专业的光环下，略显黯然了几分。但在贺老师看来，教师育人的职责是不会因为专业的大小、优秀的评定而改变的。针对这一实际情况，贺书记多次组织专业建设及人才培养方案的研讨会，凝练专业特色，凝心聚力，苦练内功，终于使本专业成为湖南省特色专业。

“作为一个老师，最重要的就是旗帜作用。要影响到自己的学生，有时候身教比言传更有用。”课余时间，贺老师经常下到班级与学生们交流，他认为这样能及时了解学生的思想动态，才能使问题及时被发现和解决。

2009级学生陈朝超的父亲身患残疾、母亲改嫁，家里经济困难，为了缓解家庭压力，陈同学经常从事快递、发广告等兼职工作，耽误了很多学习时间。

当时作为班主任的贺老师在了解到他的情况后，带领他参加自己手上的科研项目，不仅在经济上资助他，而且指导其学习专业知识。“授人以鱼只救一时之急，授人以渔则可解一生之需。我是班主任，我必须对他负责。”正是因为他对学生的这种殷切关怀，陈同学在毕业后还和他保持着密切联系，“十一我去贺老师家吃饭的时候，和他说起以前的事情，满是感激。现在面临新的人生岔路口，还是习惯性地向他咨询求助。贺老师不仅是我学习上的老师，他已经成了我人生路上的导师了。”

回想自己的考研过程，2010 级的湛蕾同学最想感谢的就是贺老师，“考研时因为报考不理性只能调剂，贺老师专门为我做了分析，建议调剂学校，现在我在中国民航大学追求自己的梦想，我第一个要谢谢的就是贺老师”。每年都有这样对未来感到迷茫的同学，贺老师带着整个系党支部为他们排忧解难、保驾护航。

贺老师对于过去和未来都有自己的想法：“荣誉只会带来更大的鞭策，目前我打算继续落实‘三会一课’制度，还希望有时间带着支部的党员们以各种形式体会党的精神，而不止于开会。”

“贺老师是名副其实的优秀党支书。”同事席老师说道，“他把时间和精力都放在了系的工作上，本来他是在读博士，但因为系里事情多，他只能挤出私人时间来忙工作。”

听到大家的肯定，贺老师很谦虚：“其实我在我们支部中只起了一个牵线搭桥的作用，因为我们有十一位党员，有年龄很大的教学经验丰富的老教师，有刚参加工作的富有活力的年轻教师，而我只是把他们召集起来，大家一起出谋划策。”

踏踏实实做事，老老实实做人

——记长沙理工大学樊绍胜教授

“穿着白衬衫，戴着一副眼镜，黑发之间夹杂着丝丝白发，看起来总是那么的精神但又不失学者的气息。”这是我对樊老师最深刻的印象。很难把樊老师朴素和蔼的外表与他的一连串头衔联系起来，二级教授、硕士生导师、长沙理工大学电气与信息工程学院副院长、自动化研究所所长、控制学科带头人等。我想，这些是樊老师几十年来勤勤恳恳对教育和科研最真实的写照。

一种追求

樊老师于 1987 年在西南交通大学获电气工程专业学士学位，1995 年和 2006 年在湖南大学控制工程专业分别获得硕士和博士学位；主要研究方向为电力机器人，先后研发了发电厂冷凝器清洗机器人、变电站巡检机器人、电缆管道检测清理机器人、输电线路带电作业机器人，在 10 多个发电厂、供电公司得到应用；研究成果获省部级科技进步奖 4 项，发明专利 11 项，并在国内外重要学术期刊发表论文 20 多篇。

一种态度

樊老师的学习、工作、再学习看上去是无缝对接，实则与其“踏踏实实研究学术，兢兢业业的工作态度”密不可分。敬业，是樊老师留给学生们最深刻的印象。学生高文翔说：“无论是严寒还是酷暑，樊老师都跟学生们一起在带电作业中心调试机器、解决问题，有时候甚至住在带电作业中心。”假期在许多人的眼里或许是休息放松的代名词，可是在樊老师眼里，假期与平日里并无什么不同。今年的中秋节，学生司朋伟留在实验室继续他的学术研究，本以为大家都放假，实验室不会来什么人，直到樊老师来到实验室。樊老师先是跟大家道了声节日的祝福，之后便针对一些学术问题与大家一起探讨和交流起来。他说起当时的经历仍然历历在目。

为了方便电力线路的故障检测和维护，樊老师带领学生们先后做出了爬杆机器人、电力巡检机器人，还为带电作业中心设计了带电作业机器人，使得电力各种参数的检测更加精确。

在2016年全国“互联网+”大赛中，由樊老师指导的“Ego电力巡检机器人”项目获得了湖南省金奖、全国铜奖。面对纷至沓来的各种荣誉，樊老师没有过多的激动和欣喜，他始终谦虚地对待着，他认为这是长期踏踏实实做事的结果。

一种责任

学生杨迪回忆起她的论文修改过程：“樊老师总是谨慎理论、小心论证，从每个公式的推论到论文的格式，都做了严格批注。”每周，樊老师都会定期检查和修改论文，对于论文的质量也是精益求精。

和蔼可亲的樊老师对待学术严谨认真，“理论对不对，你在实际操作过程中自然能体会”。他坚持鼓励学生多动手实践，他很少手把手地带学生们做科研，对于新的科研项目，他会拿出来先和学生们一起探讨，然后交给学生，由学生独立完成。樊老师还承担了部分本科课程，他喜欢听年轻人一些新鲜的想法，鼓励他们在本科期间打好专业基础，对自己的学习和未来有个明晰的规划。

对于樊老师，学生们对他充满了感恩和感谢。樊老师在严格要求学生搞好学术研究的同时，十分关心毕业研究生的就业想法，尽力帮助他们进入想去的公司。不仅如此，樊老师还十分关心学生们的生活是否有困难，时常帮助经济上比较拮据的学生。实验室有个来自非洲的留学生，家里出了变故，经济条件困难，没钱买机票。樊老师了解情况后，用自己的工资帮学生买了来回的机票。一次许是偶然，但他能做到对每一位学生都关爱有加，关心每一位学生的学习生活情况，他不仅是一位严师，更像是一位慈父，处处照顾着我们，时刻温暖着我们，用真心与真情感染和感动着我们。

黑发积霜专学术，粉笔无言育桃李

——记长沙理工大学李景禄教授

一身休闲便装，鬓角几丝白发；端坐，微笑，和蔼中带着学者的儒雅，可亲中带着严师的正气。花甲之年，依然透露着老当益壮的豪气；荣誉等身，依然保持着铿锵的脚步。

他既是我校高电压技术研究所所长，又是高电压与绝缘专业硕士点学术带头人；既是湖南省电机工程学会高压专委会委员，又是湖南省安全生产专家委员会专家。他，就是我的导师——李景禄教授，我们亲切地称之为李老师。

坚持：坚不可摧，持之以恒

李老师毕业于华中科技大学高电压技术及设备专业，自从教以来，他把无数的汗水挥洒在三尺讲台上，把毕生精力投入到电力系统工作中。在电力系统中从事过多年现场生产管理、技术管理、安全管理、科研开发和公司经营管理。对高电压技术、现场试验检修、配电网技术、电力系统防雷接地技术进行过近三十年的系统深入的研究，取得了一项项令人瞩目的成果。从满头青丝到两鬓染霜，李老师仍然坚毅地走在这条路上，无怨无悔。

责任：责无旁贷，任劳任怨

将自己的追求当成一种责任，对李老师来说，已成为一种习惯。对每一个项目他都严格要求自己，力求完美。早期研究配电网多次发生的铁磁谐振，开发了 HXY 型小电流接地系统复消谐装置，在信阳电网中运行了数十套，起到了很好的消谐作用，至今仍在电网可靠运行；随后完成了 GPF－94 高效膨润土降阻防腐剂的开发研制工作，该项目通过了华中电网局组织的技术鉴定，其技术水平达到国内先进水平，产品随后推向了全国电力市场，成功地解决了山区、高土壤电阻率地区输变电设备接地装置的降阻和防腐问题并荣获第八届全国发明博览会金杯奖。李老师主持了ZXB系列自动跟踪补偿消弧装置的开发研制，该项目通过了河南省科委组织的技术鉴定，其水平达到国内领先、国际先进水平；该项目荣获信阳市科技进步一等奖，同年获国家级新产品（98G041D7500023），又被国家科委列为“95国家级重点科技推广计划项目（98020312A）”和第十一届全国发明博览会金奖（D007），被国家经贸委列入《第二批全国城乡电网改造的主要设备产品及生产企业推荐目录》，被河南省政府批准为高新技术产品。荣耀的背后，就是李老师那颗炽热的心。

创新：创造佳绩，新颖有趣

“你们研究生就应该学会创新，独立思考，找到别人没有发现的点。”李老师经常这样叮嘱我们，创新成为李老师的个人标签。李老师在进行10kV配电网可靠性研究中由河南省电业局鉴定，其开发的装置技术水平达国内领先水平，并荣获河南省电业局科技进步三等奖；负责了ZFX－60智能复合型小电流接地系统接地选线装置的开发研制，该项目获得信阳市科技进步二等奖和河南省电业局科技进步三等奖；负责了JKSC低压无功自动补偿装置的开发研制，该项目2001年6月通过了河南省电业局组织的技术鉴定，其技术水平达到国内领先、国际先进水平，同年又完成了产品转化工作，推向了全国电力市场，并在2003年荣获信阳市科技进步二等奖、河南省电业局科技进步三等奖。一个个黄灿灿的奖杯，都少不了李老师独到的见识和另辟蹊径的智慧。

指引：指点迷津，引领人生

“师者，所以传道授业解惑也。”李老师是我们专业知识上的领导者，也是我们人生道路上的领路人。李老师睿智、幽默，有着丰富的阅历，喜欢听我们讲述心中的困惑，不论是学术上的探究，还是生活上的纠结，总是能够给出中肯的意见。他关心着毕业研究生的就业去向，关心着学生的学术研究，关心着刚入学研究生的学习生活情况。李老师既是我们的恩师，也是我们的长兄。我们总能从他那儿享受到如沐春风的教诲。

“野径云俱黑，江船火独明”是您的坚持，“春蚕到死丝方尽，蜡炬成灰泪始干”是您的责任，“删繁就简三秋树，领异标新二月花”是您的创新，“随风潜入夜，润物细无声”是您的指引。三寸粉笔，三尺讲台，三万桃李；数载冬夏，数载星落，数项成就。我最敬爱的李老师，最美的耕耘者！

惜时如金，润物无声

——记长沙理工大学周力行教授

“要抓紧啦，时间已经很紧了。”每当开例会的时候，周老师都会微笑着对我们说这么一句话，“我读书的时候，每分每秒都抓得很紧，生怕时间不够，不能多学点东西，时间不等人啊。”窥一斑可知全豹，观滴水可知沧海，短短几句话，就能看出周老师惜时如金的科研态度。

文不过夜，事不隔天。学生们晚上发过去的论文，周老师第二天就已经提出了批改意见。周老师经常工作到凌晨一两点，节假日也是照样如此。他常常说：“每次告诉自己要早点睡，可是文章看着看着，就觉得时间怎么过得这么快。”正由于这种抓紧时间搞科研的态度，才使得周老师有了现今的成就。周老师先后在武汉大学取得硕士、博士学位，2006 年晋升教授，是长沙理工大学电气工程专业最早的研究生导师之一。作为电气设备绝缘监测与故障诊断、电力系统电磁兼容领域资深专家，周老师先后主持科研项目 20 余项，获专利 3 项，获省电力公司奖励 3 项，发表论文 60 多篇，其中，SCI、EI 收录 30 多篇；主持研发的电气设备状态检测系统、变压器故障诊断软件已在电力系统应用推广。

学术：兴趣是名师

尽管平时十分忙碌，但是周老师仍然坚持每周给我们开一次例会，为我们解答学术上的困惑，引导我们去发现学术的奥妙，激发我们对学术的兴趣。周老师明确要求研究生要多看论文，多写文献综述。“你们现在搞学术，要了解学术前沿，要学会吸收消化已有的学术成果，再通过自己的思考探索，方有可能取得好的成绩。”为了增强我们坚持看论文、搞科研的兴趣，周老师帮我们总结了看论文的方法：“首先你要确定你的研究方向，然后找到相关的论文，先把摘要和结论快速浏览一遍，如果觉得值得深入研究，再仔细从头看到尾。这样下来你就能最高效地学习到相关知识。”他还指出学习不能局限于看论文，多听讲座也能找到研究的灵感，重点是培养自己的兴趣。“兴之所至，心之所安。”周老师笑容可掬地说道。

生活：亦师亦亲友

是师长，是朋友，是亲人。日常生活中，周老师像是一位年长的朋友，时刻关怀着我们，引导着我们。研三的师兄师姐们找工作的时候，周老师认真听取他们的想法，结合师兄师姐们的兴趣，帮他们分析，给出自己的推荐意见。我们生活上遇到一些问题或者困惑的时候，向周老师请教，他都会耐心地帮助我们答疑解惑。他总是面带着微笑，跟你谈心，提醒你，督促你。亦师又亦友，周老师不仅仅是我们学术上的领路人，更是我们人生路上的领路人。

保持兴趣、争分夺秒是周老师的学术态度；热心待人、严于律己是周老师的生活态度。周老师以自己的实际行动感化着我们，就像春日里的细雨，无声滋润着大地，促进万物生长；就像大海中的灯塔，默默指引着方向，不断地给予我们力量。

求真务实，敬业奉献

——记长沙理工大学罗日成副教授

经师易遇，人师难遭。大学时期罗老师就是我的任课老师，我常常觉得自己十分幸运，刚踏入大学时就遇到一位“人师”。新生刚刚踏入大学的校门，往往有一种从牢狱到天堂的快乐，但随之而来的大学生活让我们身在天堂，心在牢狱。迷茫，没有方向感，是我们面临的最大困惑。而罗老师每次上课不仅仅传授我们专业知识，也为我们在成长中遇到的烦恼答疑解惑。

罗老师一直秉持着“做自己喜欢的事情才会一直有动力，才有可能取得突出成绩”的观念，我想这也是为什么罗老师能一直兢兢业业，坚守在教育岗位的原因。

一、立足点——专心致力于学问

罗老师在湘潭大学获得学士学位，又分别在湖南大学和武汉大学获得硕士和博士学位，在清华大学电气工程博士后流动站、华北电网博士后科研工作站从事博士后科研工作。他的主要研究方向为电力系统过电压分析及其防护、电磁场分析与仿真、特高压电网带电作业技术、电气设备绝缘检测与故障诊断。

他先后研发了一种输电线路带电分段直流融冰方法、输电线路零值绝缘子带电检测机器人、一种特高压输电线路雷电绕击与反击识别方法等多项科技成果，分别与国网湖北电力检修公司、国网湖南带电作业中心、海南电力科学研究院等多家企业进行科研合作，研究成果获省部级科技进步奖 1 项，华北电网有限公司科技进步奖 1 项，发明专利 8 项，并在国内外重要学术期刊发表论文 30 余篇。

二、关键点——求真务实于工作

罗老师每次做研究都是秉着求真务实的态度，一步步与实际接近，只要有一点不符合，他就要求重新做一遍。这种追求是我们所需要的，只有这样研究才有目的，才有意义。每当我们遇到不懂的问题的时候，罗老师就会说："这说明你们是在学东西、在思考。因为越不学觉得自己都懂，越学觉得自己不懂的太多了。"我听到这句话以后心里战栗一下，就是这个道理。我们不要以为自己读了那么多年的书懂的就多了，其实不懂的还很多。我想罗老师就是在学术上不断钻研，才有了今天的突出成绩。

我的师兄李稳同学的毕业论文被评为校级优秀硕士学位论文并推荐为2017年湖南省优秀硕士学位论文，另一位师兄潘俊文同学荣获了2016年研究生国家奖学金。一看到这个消息，我们实验室的同门都送上了祝福。罗老师说："功夫不负有心人，只要我们扎实工作，总有我们出彩的机会。"罗老师的这一句话让我记忆深刻，他正是这样每天坚守在自己的教师岗位，踏踏实实地做事。

三、制高点——无私奉献于培养

罗老师每天早上都会很早到办公室，开始一天的工作。有次去办公室找罗老师，已经快到中午的下班时间，本以为罗老师中午会回去休息，想着下午再去办公室找他，但罗老师却说："你什么时候有时间就来，我中午不回去休息的。"我听到这句话后，对罗老师又有了一个新的标签——"工作狂"。

罗老师要求我们实验室的每一个人都要制订一个学习计划，他会认真检查我们的学习计划，并把需要修改和完善的地方用红笔标注出来，再让我们按照学习计划来执行。每到我们需要汇报的这一周，我们会提前做好PPT，根据自己的学习计划，总结这几周自己学到了什么，遇到了什么疑惑，以及后几周的打算。到了星期六的下午，家住金盆岭校区的罗老师会乘车从金盆岭校区到云塘校区听我们的学习汇报，对我们遇到的学习问题，罗老师会一一解答。每次汇报持续的时间都比较长，开完会的时候天也快黑了。罗老师总会说："辛苦了，开了这么久的会，大家都早点去吃饭。"可是罗老师还要从云塘校区返回金盆岭校区的家中才能吃饭。罗老师对待我们的学习认真负责，给我们指明未来的方向，是我们的良师，是我们学习的榜样。

学生眼中的导师

——记长沙理工大学周任军教授

“当初高数没学好，如今兵败如山倒。”周老师微笑着说完这句话时，全班的同学已经笑作一团。本科的时候周老师就是我的班主任，在给我们开班会的时候总是有一些金句从话语间涌现，既幽默又引人深思。挺得笔直的身躯，朴素整洁的衣服，在讲台上侃侃而谈、妙语连珠的周老师，已经博得了全体同学的喜爱。

榜样：耳濡目染的力量

周老师按照现在流行的话来评价，是一个“学霸”。周老师对学习的热爱，以及对内心信仰的坚持，成为我们学生眼中的榜样甚至是偶像。周老师本科、硕士均就读于天津大学，2003—2004 年由学校选派、国家留学基金资助，作为访问学者在德国亚琛工业大学电力系统与电力经济研究所留学。2005 年 12 月于华中科技大学电力系统及其自动化专业毕业，获博士学位。前些日子例会的时候，听周老师提起当时在华中科技大学攻读博士学位的日子，那是大年三十的晚上，万家欢庆，外面烟花绚烂、爆竹声不绝于耳，周老师独自一人坐在自己的房间里，桌上是厚厚一叠文献资料，右手拿着已有些破旧的笔头，眉头微蹙，正仔细地修改着博士论文。这一年，周老师 40 岁。

工作：恪尽职守的态度

周老师在学术方面的造诣也不平凡。周老师对电力系统规划、有功无功优化运行、决策支持系统等领域有深入的研究。主持科研项目 6 项、参加 10 余项、主持教改项目 1 项、在国内外学术刊物或学术会议上发表 30 多篇较高学术水平的论文，其中10多篇被国际三大检索工具收录。

周老师对研究生的管理独具一格。大体上有两个要求：第一，小组例会。作为周老师的研究生，我们被分成了三个小组，每个小组每周一都需要开一次例会，周老师是不在场的，我们以闲聊的方式讨论学术上遇到的问题和各自创新的想法，学弟学妹们也能轻松地在例会上得到师兄师姐的帮助。第二，全体例行汇报。到了每周三，我们所有小组包括周老师聚在一起开会，进行每周的汇报。该周进行汇报的汇报人（每次三个人）需要从相关领域的核心期刊中挑选出最近的论文，在仔细研读以后，做出PPT汇报该篇论文的内容。通过汇报我们所有人都能感受到最新最前沿的研究现状，对我们的视野的宽度以及对国家科研发展趋势的把握有很大的提高。

生活：无微不至的关爱

周老师不仅仅是学术上的老师，也像我们的亲人。周老师在关注着每个人学习状态的同时，也对我们每一位学生的身心健康密切关心。记得有一段时间我很堕落，好几周没去实验室。有一天周老师突然把我叫到了办公室，原以为将面临的责问和呵斥都没有，有的只是询问和关怀。那天和周老师聊了很长时间之后，我的生活又渐渐好起来了。记得当时周老师说："你别看我每天好像没事一样，其实我一直在关注着实验室每一个人的状态，一个也不能少。"这句话一直牢牢地记在我的心里，周老师对所有的学生不仅仅是例行公事的关心，而且是深入灵魂的关爱。这是一个好老师对学子的无私奉献，也是一份似亲人般的情感。在此对周老师再次说一声"谢谢"。

周老师是榜样，是看得见的力量，是科学的探索者，是学生眼中的好老师，也是我们最敬重的人！

知行合一，求是创新

——记长沙理工大学陈众副教授

他甘于寂寞，不畏艰难，凭着对电气工程专业的执着追求和勇于创新的精神，在人工智能、智能控制器设计及其应用方面取得了突出的成绩；他甘当“人梯”，无私付出，全力为青年学生的成长成才创造环境和条件，用坚实的臂膀托举起科研事业的希望；他忠诚教育事业，热爱科研工作，在探索电力新技术的工作中默默奉献。他就是长沙理工大学电气与信息工程学院陈众副教授，陈众不仅自身在科研方面硕果累累，同时在言传身教、提携后辈方面也是有口皆碑。

潜心研究，专业至上，勇攀科研新高峰

“寡言善思、不苟言笑、踏实能干”是很多人对陈众的第一印象，这也是因为通常一个课题的研究，往往需要耐得住艰难和寂寞。

2008 年，考虑到国内的发电机励磁以及同期系统的测试仪器不能用于大容量机组及测试电压量程较小等原因，影响工作人员的安全问题，他决心利用自己的技术积累和团队力量，研发出一款高性能的，用于发电机励磁以及同期系统测试的仪器。研发工作无疑是枯燥、烦琐的，需要每天与专业书本为伴。研发的过程也充满了艰辛，但他丝毫没有怨言，耐住性子潜心研究，每天工作到深夜，节假日也照常在实验室工作。就这样费时好几个月研发了 VIC－2.0 多功能电气参数测试仪。他用严谨的态度认真考量不同用户的实际情况，注重设计的每个细节，最终得到了大唐华银株洲发电有限公司、五凌电力有限公司东坪电厂的一致好评。

他还提出了“基于人类视觉系统特性的图像边缘锐化算法”，该算法认识到人眼对空间频率接近于 0 的平滑区域和空间频率相似的纹理区域有很大的视

觉“钝性”，结合统计理论对图像背景进行识别，采用除法运算取代传统的减法运算，从而使算法只对“突变”和“极不规则变化”的区域感兴趣，达到了比传统算法更为有效的锐化效果，且抗干扰性更强。依据仿人智能控制原理，从模仿人类行为角度出发，提出了基于 HSIC 的 NPID 控制器，对 PID 三个控制分量的改进算法，能够有效地改善系统的性能。

近期陈众副教授又分别与国网公司、中国电科院合作农网低电压治理、采用实测控制信号进行混合仿真的相关理论研究等科研项目，每天都能看见他在实验室和办公室忙碌的身影，这些项目也在他的带领下有条不紊地进行着。

倾心育人，敬业尽责，甘为后学当人梯

陈众对教学的热爱和忠诚，对科学的执着和勤奋，以及严谨的治学态度和独特的人格魅力，使他成为长沙理工大学的旗帜之一。他先后承担了“Matlab 语言与系统仿真”“电力专业英语”“电力系统仿真”等课程的教学工作。在教学中，为了给学生讲好每一节课，讲解透彻每一个知识点，他刻苦钻研，认真备课，以学生为中心，站在学生的立场思考问题，遵循学生的思维习惯来设计整堂课的内容和形式，并把重点、难点化难为易，化繁为简，让学生轻松接受。授课时，他十分注意营造轻松、活跃的课堂气氛，着力向学生传递最新、最前沿的科学信息和成果。

同时陈众也注意启发学生的思维，培养学生的创造能力和创新能力，同时也让大家在良好的学习工作气氛中共同进步。在他的带领下，实验室成员和谐进取，屡创佳绩，先后获得了第二届“创业大本营”全国第二名、第四届“挑战杯”全国大学生创业计划竞赛一等奖。

对待学生，同学们常常用“细心、耐心、责任心”来形容陈众，他总会尽最大的力量来帮助他们。此外，陈众还特别注重在实践中锻炼学生，手把手地指导学生参与电力系统仿真实验，很多学生表示，在实践中受益匪浅。

全心投入，勤奋执着，倾力奉献无止境

“为学之实，固在践履。苟徒知而不行，诚与不学无异”是陈众一直的坚持，他将电力系统及其自动化与智能控制相结合，他的博士学位论文《基于仿人智能控制理论的 UPFC 智能控制系统结构设计》研究了如何根据电力设备自身特点，采用智能控制方法提高其控制性能方面的问题，提出的 UPFC 弱控制理论相关论文发表在《中国电机工程学报》《电工技术学报》《控制与决策》

等高级别刊物上。他在2005年主持的长沙理工大学科研基金项目：基于频域分析的新型故障定位方法研究，就是从模式识别的角度出发，将线路保护装置到系统单相接地故障点视为待辨识对象。当系统中传输线路上发生单相对地短路时，对象结构发生变化，结构的变化将通过电压电流的暂态过程得以反应。因此通过理论分析以及计算机仿真方法来对系统的波形特性进行研究，找出不同故障位置时的不同特性用于判断故障位置，应是合理和有效的手段。

由他主持的长沙理工大学博士基金项目——“图式理论在移动机器人感知系统中的实现”，基于图式理论对认识发展过程的描述，以及自适应谐振理论在模拟人眼功能时所取得的成果，从前期模拟人类视觉系统特性进行图像处理的研究成果出发，首先在背景图式的研究中着力于建立视觉图式的形成和发展过程的数学建模，进而在AmigoBot机器人的运动控制试验中再现理解图式的形成过程。研究内容涵盖了图式理论关于认识发展过程中的“同化”“顺应”和“平衡”等重要概念，并设计了相对完整实物仿真方案。图式理论的认识发展过程在机器视觉系统中的应用，不但利于开拓机器人感知技术研究的新方法，对于机器学习和人工智能学科的发展也有重要的学术价值。

接触过陈众的人都说他有儒雅的气质，而在儒雅的背后，他内心却充溢着坚忍不拔、奋发进取的开拓精神，充溢着求实创新、不甘平庸的钻研精神，充溢着勤勉敬业、求真务实的奉献精神。他以实际行动诠释了一名高校教师对祖国教育事业的热爱和对科学研究的无比执着以及勇于攀登科学高峰的极高境界，正因为有这些精神的支撑，有内外兼修的品格，铸就了他所取得的突出成就。

后　记

打算将学院党建工作实践探索编辑成书是缘于中南大学出版社吴湘华社长带队来我们学院调研，当他听完我们的工作汇报，看了我们日常党建工作中零散记录整理的资料时，他说："你们这是来自一线最真实的声音与探索，将它整理固化下来，可以影响到更多的人，书名就叫'菁菁校园党旗红'。"

就这样，我们团队开始了从碎片化的记录到系统性的提炼之旅，带着一丝惶恐。或许都会有这样的过程，我们都是工作在最基层的第一线，平日忙忙碌碌淹没在日常工作的狂海澜潮中，一旦挣脱出来站在另一个高度去俯瞰我们的工作，实践思考，思考实践，肯定中的否定，否定中的肯定，交织环绕。

一

我们的学院是一个纯工科学院，"电"是我们学院专业的标志，电是无形的，这也决定了哪怕每年都是全校工科专业最高分数录取进来的学子，也依然要用高三的学习态度才能真正悟透其中的无形。因此，老师们教学任务很重，学生们学习压力很大。如何让这群天天与"电流""电压""功率""频率"等打交道的青年学生从内心里葆有对党的无限忠诚与热情，追随使命，践行责任，这是一个从 A 到 B 的课题。

我们的党建工作团队是一个由"60""70""80""90"跨越四个年代出生的人组成的团队，共同培养、引领着"90 后""95 后"这一代"新"人。不同的出生年代，不同的成长环境，不同的思维理念，如何共聚一个信仰，守候一份情操，这是一个由多元到一元的课题。

应该说，我们是幸运的。因为我们终于在长达四年时间日复一日地探索中找寻到了让我们心灵升华的那一抹光亮。

二

2014 年的那个暑假，一支由电气与信息工程学院 16 名大学生组成的社会实践队深入到国网新化县供电公司开展了为期 20 天的暑期实践，日晒雨淋，却没有一个人退缩，没有一个人叫苦，基层电力员工惊叹“你们颠覆了我对‘90 后’大学生的印象，原来，你们如此有责任，有担当”。这一次实践育人模式探索，打开了一扇窗，我们天天喊让学生要有责任，有担当，他们不是没有，他们是不知道自己原来可以如此有。

从那之后的每一年暑假，基层电力处处飘荡着长理电气学子的身影，他们用实际行动践行“责任”的内涵。

三

2016 年新生入校，全部在老校区，距离新校区 12 公里，当时因为辅导员休假人手紧，500 多学生只有一个辅导员，迎新、引领新生适应大学生的重任做实做细只能依靠下班党员这支队伍。但相隔两个校区，高年级学生也有学习任务，能落到实处吗？我的心里是担忧的。事实完全出乎我的意料，担任着 2016 级下班党员的大多为 2014 级大三学生，他们每天利用下课时间往返于两个校区。为了给新生军训鼓劲，他们自己掏腰包买水果慰问新生，只要有时间就过去陪伴他们渡过这初入大学的美好时光。来回奔波的付出虽然是苦的，但我在下班党员浸透着汗珠和疲惫的脸上看到的都是幸福的笑容。那笑容，是品味着责任与担当的充实的快乐。

谁说“90 后”只有自我，不懂奉献？“大学里不担任下班党员是遗憾”已成为电气学生党员精神传承的内心独白。

四

2017 年“校企携手迈入新时代　师生同心开启新征程”迎新晚会上，全体学生党员一首《我们在一起》原创诗歌朗诵，伴随着新党员宣誓，将青春与理想写进了全体学子心中；2018 年毕业生晚会上，全体毕业生党员《致青春志青春》的朗诵，一个个充满力量地向学院汇报、向祖国汇报、服务西部、深入基层的铿锵有力的誓言感动了所有嘉宾与学子的心。谁说当代青年没有激情与理想？不是出生在战争年代的我们依然将理想与豪情写进现实。

五

育人是艰辛的，因为世界上最难的两件事就是“将别人的钱装进自己的口袋里，将自己的思想装进别人的头脑里”，特别在这个思想多元化、信息快餐化的年代，教育何其难?

育人却又是快乐的，当你看着学生们从迈入校园的懵懂，到目光中越来越充满坚毅，充满力量，那一刻，或许，所有的艰辛都是值得的。

六

最后，想说感谢。

感谢这个时代，只要你有想法，就会有空间。

感谢学校党委的领导与信任，电气与信息工程学院这几年的发展遇上了最好的时代，却也遇上了最难的发展。在哪怕冲得头破血流的时刻，却依然有信任的关注，那是信仰的力量始终在指引着我们坚定前行。

感谢我们的团队，四年多时间，我们始终不忘初心，坚守着同样一个梦想，固守着我们内心的纯粹，把有意义的事情做得有意思，无论多少风雨，我们始终在一起。

感谢我们的学生。是你们，让我们固守着育人初心；是你们，让我们始终激情飞扬；是你们，让我们见证引领的力量；是你们，让我们相信坚持就会有奇迹。

感谢自己，坚持，坚定，坚守。

七

新时代已来，我们在一起!

丁丹

2018 年 7 月 4 日

附

不忘初心　牢记使命

——长沙理工大学电气与信息工程学院党建风采集锦

"夯实基层组织，凸显党建引领，促推学院充分发展"
电气与信息工程学院"七一"表彰大会

"不忘初心，牢记使命，夯实党建，促进发展"
电气与信息工程学院党建工作会议

学党史，跟党走，教师学生党员走进党史纪念馆

以“两项工程”建设为契机，全力打造党建精品——
特色学生党支部创建验收现场答辩会

“劳模精神进校园”主题教育活动

“两学一做”主题党日活动：走进韶山

校领导（原常务副校长洪源渤）为全院教工党员上党课

教工党员参加“不忘初心 牢记使命”主题红歌比赛

不忘初心 牢记使命 夯实党建 促进发展

党员观看十九大开幕式

符慧林书记给学生上党课

教工党员在红色基地古田会议纪念地重温入党誓词

校企联合，携手育人

参观黑麋峰抽水蓄能有限公司

教工党员学习十九大精神报告会

“两学一做”主题党日活动：走进刘少奇纪念馆

党性教育：参观毛泽东同志故居

毕业宣誓：到祖国需要的地方去

推优入党主题班会

党员示范岗授牌仪式

电气与信息工程学院第二届人才培养工作会议

学生党员迎新示范岗

学生支部会议

走进党史纪念馆，教工党员合影

我们在一起：将党建文化融入校企联合主题迎新晚会

研究生党支部民主评议会议

学生党员之家

教工党员主题党日活动：走进古田

新党员宣誓

学生党员主题党日活动：植树造林